JN411383

북한이탈주민 사회복지실습

북한이탈주민 사회복지실습

초판 1쇄 발행 2008년 7월 1일

지은이 / 김연희 김선화 박영희
그리스도대학교 남북통합지원센터 편
펴낸곳 / 나눔의집
펴낸이 / 박정희
주 소 / 152-790 서울시 구로구 구로3동 182-13번지
대륭포스트타워 II 1205호
전 화 / 02-2082-0260
팩 스 / 02-2082-0263
www.ncbook.co.kr

값 16,000원
ISBN 978-89-5810-132-1 93330

북한이탈주민 사회복지실습

김연희, 김선화, 박영희

그리스도대학교 남북통합지원센터 편

사회복지 전문출판 나눔의집

그리스도대학교는 "남북통합시대를 대비한 복지전문인력 양성 및 허브 구축"이라는 주제로 2007~2008년도 교육인적자원부(교육과학기술부) 수도권대학 특성화사업 지원대상으로 선정되어 2008년 4월까지 그 1차년도 사업을 완료하게 되었습니다.

그간 본교 남북통합지원SSNI: Support for South-North Integration 특성화사업단(www.ssni.kcu.ac.kr)은 사회복지학부 안에 남북통합지원 특성화과정을 세계 최초로 개설하여 장학금을 통해 우수학생을 선발하고 새터민 전문가 양성 프로젝트를 시작하였습니다. 그 다양한 사업 가운데 핵심 사업은 다름 아닌 남북통합지원 특성화교과목의 신규 개발이었고, 그 성과가 바로 이번에 출간되는 남북통합지원 특성화 교재총서 시리즈입니다. 이 총서의 발간으로 비로소 우리 대학은 세계 최초 북한이탈주민 전문가 양성의 요람으로서 위상을 확고히 하게 되었습니다.

2007년 말 1만 명을 돌파하고 2008년 현재까지 2만 명에 육박하는 등 최근 급증세를 보이는 북한이탈주민은 1백만 명을 돌파한 다문화이주민과 함께 새로운 취약계층으로 급속히 부각되고 있습니다. 그럼에도 불구하고 이들에 대한 체계적인 한국사회 안내 및 적응 프로그램은 아직도 걸음마단계를 벗어나고 있지 못합니다. 이런 점에서 본교 특성화사업단에서 개발한 교재총서는 그 시발점이 될 것으로 확신합니다. 2차년도에서 개발할 교재총서까지 합하면 결코 적지 않은 양과 질이 될 것입니다.

본교 특성화사업은 우선 북한이탈주민을 주요 대상으로 설정하였지만 장기적으로는 다문화이주민까지 포괄하게 될 것입니다. 「북한이탈주민의 보호 및 정착지원에 관한 법률」과 「재한외국인 처우기본법」, 「다문화가족 지원법」 등 법체계의 구비로 본교 특성화사업은 큰 힘을 얻고 있습니다.

본 교재총서 집필에 참여하신 교내외 전문가들께 감사와 치하의 말씀을 드리며, 그간 본 특성화사업 제1차년도 사업에 혼신의 노력을 기울이신 박영희 단장님 이하 9인의 위원교수님들께 심심한 사의를 표하는 바입니다.

감사합니다.

2008. 4.

그리스도대학교 총장 고성주

c o n t e n t s

차례

＊일러두기

북한이탈주민은 「북한이탈주민의 보호 및 정착지원에 관한 법률」제2조 제1호에서 정의하듯이 '북한에 주소, 직계가족, 배우자, 직장 등을 두고 있는 자로서 북한을 벗어난 후 외국의 국적을 취득하지 아니한 자'를 말한다. 북한이주민, 새터민('새로운 터전에 정착한 주민'이라는 뜻으로 2005년 통일부에서 인정한 공식 용어이다) 등의 용어도 사용되고 있으나, 이 책에서는 법률상의 용어인 '북한이탈주민'을 원칙적으로 사용하였으며, 인용의 경우 원문에 기재된 용어를 그대로 사용하였다.

서문

그리스도대학교는 지역사회에 2,000여 명의 북한이탈주민들이 거주하고 있어 지역사회의 책임을 다하는 대학으로서 오래 전부터 북한이탈주민들의 한국사회 통합을 대학이 담당해야 할 주요 과제로 생각해왔습니다. 이에 2007년부터 '남북통합시대를 대비한 복지전문인력 양성 및 허브구축' 이라는 제목으로 교육과학기술부 수도권 특성화 대학으로 선정되어 관련 사업을 시행해오고 있으며, 2008년부터는 남북통합지원센터를 설립하여 운영중입니다. 무엇보다도 본 대학 사회복지학부에서는 특성화 사업의 일환으로 남북통합 시대를 준비하는 복지인력 양성을 위하여 기존의 사회복지 교과목 외 8개의 사업 관련 교과목들을 개설하여 운영하고 있습니다. 이는 우리 대학뿐만 아니라 사회복지계 전반에 큰 의미를 줄 것으로 생각합니다. 이와 함께 남북통합지원센터에서는 1차년도 사업의 결과로 『이주민 정책과 서비스』, 『북한이탈주민 사회복지실천론』, 『북한이탈주민 가족복지론』, 『북한이탈주민 사회복지실습』 등 4권의 교재를 개발하였습니다.

사회복지는 실천학문으로 학교 강의나 전눈서석을 통하여 사회복지 실천 지식을 습득할 수 있지만 그러한 지식이 현장에서 실천되고 그 효과가 검증되어야 사회복지 교육이 완결된다고 할 수 있습니다. 그러나 한국에서 사회복지 교육에서 차지하는 실습교육의 위치는 아직도 매우 미약한 실정

입니다. 학부 사회복지전공 학생이 실습지에 투입하는 시간은 매우 제한적이며, 사회복지 전문교육과정인 대학원 교육에서는 오히려 더 소홀하게 다루어지는 경향이 있습니다.

사회복지 실습생이 특정 사회적 소수자들을 위한 서비스를 체험하기를 원한다면 현장실습 교육을 위한 자원의 부족이라는 문제는 더욱 심각합니다. 북한이탈주민의 국내 유입이 최근 4~5년간 급격히 증가하면서 이들을 위한 서비스기관이 많이 확대되었지만 사회복지 전공생들을 위한 체계적인 실습프로그램을 제공하고 있는 현장은 극소수에 불과합니다.

본 교재는 이와 같은 사회복지 실습현장의 제약을 조금이나마 개선하기 위한 노력의 일환이라고 할 수 있습니다. 한국사회에 최근 10여 년간 다양한 사회 · 문화 · 국적을 가진 사람들의 국내 유입이 증가되면서 한국사회에서 문화적 소수자들에 대한 관심도 증대되고 있습니다. 빈곤하고 억압 받는 사람들의 사회 · 경제적 정의를 구현하고자 하는 것이 사회복지 전문직의 궁극적인 목표라고 할 때, 사회복지 분야 전반이나 사회복지 전공생들 간에 북한이탈주민에 대한 관심은 당연한 귀결입니다. 남한에 거주하고 있는 북한이탈주민의 숫자가 2008년 13,000명을 넘어서고 있고, 그러한 인구 변화에 대응하여 그동안 연구자나 실천가들 사이에 적지 않은 연구와 논의가 있었습니다.

그러나 현장의 일선에서 북한이탈주민들을 위한 서비스 제공자가 될 사회복지 실천가를 위한 체계적인 교육에 관련된 저술은 전무하였습니다. 그러한 문제 인식에 근거하여 본 교재를 개발하게 되었습니다. 본 교재는 문화적 소수자이며 경제적 취약계층인 북한이탈주민에게 효과적인 서비스를 제공할 수 있는 실천가로 훈련시키기 위한 노력의 일환이며, 교재의 내용을 이러한 입장을 반영하고자 하였습니다.

본 교재는 총 5부로 구성하였습니다. 제1부에서는 사회복지실습의 개념, 실습교육의 목적 및 목표, 실습교육의 모델, 실습기관 탐색 및 선정에 대하여 정리함으로써 실습교육 전반에 관한 오리엔테이션을 제공하였습니다. 제2부에서는 북한이탈주민의 남한 유입의 역사적, 정치적, 경제적 배경에 대한 전반적인 이해를 도모하고, 실천현장에서 드러난 북한이탈주민의 사회복지 욕구 및 실천현장의 현황을 알아보았으며, 또한 서비스 제공자와 다른 문화적 배경을 가진 클라이언트와 일을 할 때 필요로 하는 문화적 역량에 관한 논의를 하였습니다. 제3부에서는 북한이탈주민 실습의 내용 및 기술로서 북한이탈주민 실습에서 다루어지는 내용으로서 전문적 발달 측면, 행정과 기술 습득측면, 기본적인 개입기술 등을 다루었습니다. 제4부에서는 북한이탈주민 실천현장에서 개입방법을 다루었는데, 미시, 중위, 거시의 3차원에서 활용되는 기술과 전략으로 나누어 논의하였습니다. 마지막으로 제5부에서 실습사례를 논의하였습니다. 북한이탈주민을 가장 많이 접하는 지역사회복지관과 주요 NGO에서 실습사례들을 다룸으로써 실습에 임하는 학생들에게 좀 더 현장감 있는 정보를 제공하고자 노력하였습니다.

집필은 세 명의 저자가 분담하였는데, 제1부 전체, 제2부 6장, 제3부 8장, 제4부 12장은 대구대학교 김연희 교수가, 제2부 4장, 5장, 제3부 7장, 9장~11장, 제5부는 그리스도대학교 김선화 겸임교수가, 제4부 13장, 14장은 그리스도대학교 박영희 교수가 집필하였습니다.

통일의 길목을 함께 준비한다는 마음으로 이 책의 출판을 흔쾌히 승낙해 주신 나눔의집출판사 류보열 사장님과, 늦어지는 원고를 마지막까지 꼼꼼히 손보아 책으로 만들어준 편집부 여러 선생님들, 특히 집필진과 대학과 출판사를 연결하느라고 마지막까지 마음 졸인 이주연 선생님, 원고정리를 위해 수고한 대구대학교 대학원생 장경영 학생에게 진심으로 감사의 마음을 전합니다.

1차년도 사업을 마감하며

저자 일동

I

실습 개요

1 사회복지현장실습의 개념과 목적

1. 사회복지현장실습의 개념과 의의

사회복지를 공부하는 학생들은 교과목의 필수과정으로 사회복지현장실습을 수강한다. 사회복지교육에서 중요한 교과목인 사회복지현장실습의 의의와 목적을 살펴봄으로써, 사회복지현장실습이 학생들의 사회복지전문가로서의 개발에 어떻게 도움이 되고 어떠한 영향을 미치는지를 이해하도록 한다.

사회복지현장실습은 학생들을 사회복지전문가로 준비시키는 중요한 정규교육과정의 하나이자, 학부 및 대학원에서의 사회복지 교육과정의 보편적 구성요소로 필수적인 과정이다. 사회복지현장실습은 현장실습[Field Work], 현장경험[Field Experience], 실습교육[Field Instruction], 현장지도 및 현장학습[Field Coaching & Teaching], 실습[Practicum], 인턴과정[Internship] 또는 현장교육[Field Education]

등 다양하게 지칭된다(Royse et al., 2003).

사회복지는 실천학문이다. "실천이 없는 이론은 사용하기에 너무 추상적이고, 이론이 없는 실천은 의미 없는 기교이다"라는 말이 있다. 즉, 사회복지는 사람을 대상으로 하는 학문으로서 단지 이론으로 그치는 것이 아니라 실천에 기반을 둔 이론, 또 단지 행동만이 있는 것이 아니라 인간에 대한 지식과 이론을 기반으로 하여 실천을 한다는 뜻이다. 그러므로 실천학문인 사회복지를 전공함으로써 사회복지전문가로 준비 중인 학생들은 수업에 참여하여 사회복지의 실천원리, 가치, 그리고 윤리적 행동을 배우고, 전문 지식과 과학적 증거를 기반으로 한 실천을 위해서, 학생들이 슈퍼비전 아래 수업에서 배운 것을 실제 상황에 적용해 보는 것이 사회복지현장실습인 것이다(Royse 외, 2003).

미국의 사회복지교육협의회[CSWE]의 대학인가 규정과 정책 및 대학교과과정지침 안내서(2001)에는 사회복지현장실습의 목적을 다음과 같이 설명하고 있다(Garthwait, 2008: 1). "현장실습은 사회복지교육의 신념, 목적 및 교과과정 수준에 적절한 지식과 기술을 다루는 교육과정이어야 한다. 실습은 전문직의 목적, 가치, 그리고 윤리를 갖춘 전문직으로서의 정체성을 강화하는 현장이며, 경험과 실천에 기반을 둔 지식의 통합을 촉진하고, 전문적 능력의 발달을 증진시키는 학습의 장이다. 현장실습은 이러한 학생 교육의 목적을 달성하기 위해 학습과정이 조직적으로 계획되고, 지도·감독되고, 조정되고, 평가되어져야 한다."

사회복지현장실습은 대체로 일차적인 사회복지실천현장이나 또는 관련 기관 안에서 이루어지며, 이러한 기관이란 조직적인 배경 또는 실천현장은 실습기관, 현장기관, 실습현장 또는 실습장소라는 용어로 지칭된다. 학생은 기관에 근무하는 경험 있는 전문가의 지도와

감독 하에 훈련받게 된다. 현장실습 훈련은 몇 가지 초점을 두고 이루어진다. 첫째, 학생이 그들이 선택한 직업의 가치와 기본적인 원칙을 실천과정에 적용하고 통합시키는 것을 배운다(Garthwait, 2008). 둘째, 실습을 통해 학생들은 개인적 가치와 태도, 자신의 강점과 한계 등 자기인식을 개발하고, 자신에 대한 이해를 증진시켜 나가게 된다. 실습교육 중에 클라이언트, 동료, 지역사회와의 접촉을 통해 학생들은 전문사회복지실천의 문화, 규범 그리고 가치를 익힐 수 있는 계기가 된다. 셋째, 교실에서 논의된 개념, 원리, 이론을 역할 연기와 모의개입에서 미리 연습해 보고, 실제 내담자와 함께 기술과 기법을 적용해 봄으로써, 인지적으로 학습을 통해 배운 지식과 기술을 실천에 통합하는 작업을 시도하게 된다. 또한 사회복지현장실습에서의 경험은 문헌 및 강의실에서의 연구내용을 심화시키고 도전의식을 갖게 하며, 학생들은 인간행동, 사회구조, 사회정책, 개입의 다양한 대안, 그리고 그들 자신의 실천을 개념화하고, 분석적 사고방법을 개발하고 정리할 수 있게 한다. 마지막으로 학생들은 사회복지현장실습을 통해 사회복지가 자신에게 있어서 최적의 진로인지를 탐색하는 계기를 마련해주는 기회가 될 수 있다(오혜경 외, 2007).

2. 사회복지현장실습의 목적

앞서 살펴본 사회복지현장실습의 의의를 달성하기 위해 실습과정에서 성취하여야 할 구체적인 목적은 크게 네 가지로 나누어 볼 수 있다.

① 사회복지현장실습은 수업 중에 배운 지식과 기술을 실제 적용함으로

써 사회복지전문가를 준비시킬 수 있다

직업으로서 사회복지는 많은 능력을 요구한다. 역할과 활동영역이 다양한 사회복지사가 되기 위해서는 수업에서 배운 것을 실천현장에서 활용하여 적용해 보지 않을 수 없다. 따라서 현장실습은 학부생과 대학원생 모두에게 요구되는 사회복지전문가로서 반드시 거쳐야 할 학습과정이 되어야 한다.

그러므로 사회복지현장실습은 실무를 위해 배운 지식을 교실 밖에서 시험해 보는 기초 과정으로 필수적이다. 실습은 다른 기초적인 배경 안에서 학생들의 경험적 학습을 제공하는 데 특히 유용하며 사회복지의 가치와 윤리, 다양성, 사회 · 경제적 정의, 그리고 위험인구집단 등을 실제 상황에서 경험적 학습을 통해 배우게 한다(Royse et al., 2003).

사회복지사는 기본적인 기술로 개인, 가족, 집단, 조직 및 지역사회와 관계하고, 욕구와 문제를 사정하며, 적절한 계획과 개입을 할 수 있는 능력을 함양해야 한다. 사회복지사는 옹호자, 중개자, 교육자, 집단 지도자, 조정자, 임상가, 지역사회 계획자와 조직가, 행정가 등의 다양한 원조 역할을 수행하는 것에 숙련되어야 한다(Royse et al., 2003).

② 다른 숙련된 실천가가 다양한 기술, 역할, 개입 전략을 실제로 적용하는 것을 관찰함으로써 학습하도록 한다

실습은 단지 학습한 내용을 현실에 적용해 본다는 실천의 의미만을 갖는 것은 아니다. 이는 함께 근무하는 사회복지사를 비롯한 다른 전문가들을 관찰하는 간접적 경험을 통해 학생 스스로 배우고 깨달으며 자신의 것으로 만들어 갈 수 있는 기회가 된다. 기관에서 단 한 번의 실습 기회를 통해 사회복지사를 비롯한 다른 전문가들이 수행

하는 다양한 역할에 대한 전문적 지식을 습득할 수는 없다. 하지만 다른 실천가들의 업무 수행을 관찰함으로써 사회복지실천에서 다양한 전문영역과 개입기술을 배울 수 있고, 다양한 원조자로서의 역할을 알 수 있다.

③ 사회복지전문직의 문화, 규범, 가치 등을 배우고, 사회복지전문가로서 사회화되는 과정이다

사회복지를 전공하는 학생들은 현장에서 실천적 경험을 습득하는 것뿐만 아니라, 전문직 안에서 사회화된다는 것이 중요하다. 사회복지전문가로서 사회화는 전문가 집단에서 모든 구성원들에게 부여되는 보편적 기대와 역할모델을 수용하는 것과 전문가로서 자기 개념, 직업 정체성의 개발 등에 초점을 둔다. 현장교육 동안, 내담자, 동료 그리고 전문가 사회와 접촉을 통해 학생들은 전문직의 문화, 규범 그리고 사회복지의 가치 안에서 교육되고 훈련되는데, 이러한 경험을 통하여 학생은 수동적인 학습자에서 능동적인 전문가로의 변화 과정을 겪는다(Royse et al., 2003).

④ 사회복지현장실습은 사회복지전문직이 자신에게 적절한 직업인지를 결정할 수 있도록 자신의 적성과 관심을 확인해 보는 기회가 된다

현장실습은 학생들이 사회복지가 자신에게 가장 적합한 직업인지 아닌지를 평가해 볼 수 있기 때문에 사회복지 교과목의 일부로서 가치가 있다. 직업 선택은 중요한 결정이며, 모든 사람이 사회복지사가 되는 데 적합하지 않을 수도 있다. 그러므로 학생들은 스스로 사회복지사로서의 역할과 활동을 경험하고 면밀히 관찰하고 평가하여야 하며, 기관 슈퍼바이저의 역할 중 하나는 학생들이 자신의 강점과 약점을 인식하도록 돕고, 사회복지가 학생 자신에게 가장 최선의 선택

인지 아닌지를 결정하도록 도와야 한다. 또한 스스로 실습경험을 통해 다양한 대상과 실천영역에서 자신의 관심사와 욕구에 맞는 경험을 해보고, 자신의 역량을 발휘할 수 있는 기회를 가져봄으로써, 자신의 직업선택에 대한 객관적인 평가를 갖는 기회로 삼는다. 많은 학생들에게 현장실습이 직업 선택을 결심하는 데 있어 가치 있는 경험이 됨에도 불구하고 기관 선택에 충분히 시간과 노력을 투자하지 않고서 실습지를 결정하게 될 때, 학생들은 실습교육의 중요한 혜택을 누릴 수 없게 된다.

따라서 사회복지현장실습은 사회복지를 공부하는 학생들이 실습현장에서 사회복지사로서의 정체감을 획득하며, 사회복지전문가의 소양을 쌓고, 사회복지 지식과 기술을 습득하며 사회복지사로서의 올바른 태도와 실천기술을 개발하여 전문인으로서의 능력을 향상시키는 데 그 목적이 있다고 요약할 수 있다.

실습교육의 목표를 실천과정 속에서 지식, 기술, 가치관이란 전문적 역량의 세 요소를 통합하는 것이라고 설명하는 이론가들도 있다(Matson, 1967; Schubert, 1965; Simon, 1966; 김정진, 2004; 오혜경 외, 2007). 이들이 제시한 지식, 기술, 가치관의 각각의 목표는 다음과 같다.

① 전문 지식의 습득과 지식의 목표

사회복지전문직으로서 갖추어야 할 전문지식의 영역으로는 사회복지의 주 대상인 인간의 이해와 개인과 상호작용하는 환경, 환경 속에서 내담자에 대한 전반적인 이해 등을 포함한다. 실습교육을 통해 획득할 수 있는 또 다른 지식의 영역으로는 사회규범, 지역사회서비스 연계망, 지역사회기관들의 상호관계, 관료조직의 구조와 기능, 스트레스에 대한 개인적 대처 반응에 대한 지식 등이 있다. 현장실습을 통하여 습득되어야 할 구체적인 지식의 내용은 다음과 같다.

· 복잡한 개념적 틀의 구조와 의미, 그리고 전체와 부분들 간의 연계성을 이해하는 것
· 이론 및 원리들에 대한 이해를 강화하는 능력, 자신의 업무 수행 및 실천을 지식에 근거해서 분석하고 사정하는 능력 등을 발전시키는 것
· 이론적으로 학습한 사회복지 개념들을 현실을 기반으로 이해하는 것
· 이론을 실천행동과 통합하는 것
· 기본과정의 지식 및 이론을 이해하여 통합하고 적용하는 것
· 교실에서 학습한 이론과 원리들을 현장 상황에서 검증하는 것
· 학생들이 사회복지교과과정의 모든 영역에서 이해력을 높이는 것

② 전문 기술 개발의 목표

실제로 실습생이 전문가로서 사회복지활동을 하는데 요구되는 전문기술을 개발하는 것이다. 자기인식과 정체성에 대한 이해는 물론이고, 클라이언트와 그의 환경에 있어 문제를 사정, 개입, 평가할 수 있는 다양한 기술을 익힌다. 또한 기관에서의 사회복지사가 당면하는 여러 가지 업무와 문제들을 해결하기 위한 활동을 경험하며 개발하게 된다. 학교에서 배운 이론과 실천기술, 개입전략 등이 실천현장에서 어떻게 적용될지 원조과정에 실천적 기술의 습득도 중요한 기술 교육의 내용이 된다.

실습교육을 통해 습득될 수 있는 사회복지실천기술은 다음과 같다.

· 문제해결과정 및 지식의 적절한 적용에 필요한 일반적인 기술을 습득한다. 전문가적 실천은 과학을 기반으로 하여 인과관계에 대한 합리적인 설명이 가능한 개입방법을 선택하는 기술이다.
· 자신의 의식적 활용과 관련된 일반적 기술을 습득한다. 전문가적 실천은 사회복지사 개인의 주도성, 독립성, 융통성, 창의성에 의해 영향 받는 예술적 요소를 가지므로, 자신의 개인적 경험과 특성을 문제해결을 위해 의도적으로 활용할 수 있는 능동적 자세가 요구된다.
· 동료 및 서비스 제공자와 전문적 관계를 발전시키고 유지하는 기술을 학습하고 지속적으로 정교화시켜야 한다.
· 실습교육을 통해 구체적인 실천전략과 기법을 학습하고, 실천하고, 검증하여야 한다.

③ 전문인으로서 태도와 능력 개발, 가치관의 목표

전문사회복지사로서의 철학 · 가치 · 목적 · 윤리와 실습생 자신의 개인적인 가치와의 관계를 이해하는 것도 전문적 역량의 또 다른 영역이다.

· 원조서비스를 하는 전문가로서의 자신의 태도와 감정, 책무성을 개발한다. 지속적으로 학습하고자 하는 개방적 태도와 전문가로서 성장하려는 책임 있는 자세를 갖추는 것이 중요하다.
· 사회복지실천에 있어 평가의 중요성을 인식하고, 객관적으로 평가할 수 있는 방법을 갖추고, 지속적인 개선의 중요성을 인식하는 태도를 갖도록 한다.
· 사회복지의 가치와 관련된 것으로 학생은 실습지도자, 전문직 동료, 사회제도와 상호작용의 과정을 통해, 자신의 가치관과 감

정을 인식하고 분석할 수 있는 능력을 개발한다.

· 실습교육 경험의 중요한 부분은 학생이 현실적 여건에 의해 제기되는 딜레마를 통해서 판단력을 키우며, 이러한 상황에서 적절한 태도를 취하도록 노력하는 것이다.

3. 실습교육의 모델

실습모델 및 실습교육의 모델은 여러 학자들에 의해 다양하게 제시되어 왔는데, 김정진(2004)은 훈련센터 모델, 교육센터 모델, 교수중심 현장교육단위 모델, 기관중심 현장교육 모델로 나누어 설명하였다. 태화기독교사회복지관(2003)은 실습교육을 크게 전통적인 실습지도 모델, 실습지도의 내용 및 기술 향상에 관련된 모델, 실습지도의 과정 및 전략에 관한 모델, 실습지도의 특정 관심 분야에 관한 모델 등 4가지로 분류해 볼 수 있다고 하였다. 실습교육의 4가지 모델을 좀 더 살펴보면 다음과 같다.

1) 전통적인 실습지도 모델

전통적인 실습지도 모델은 개별지도 모델로 알려져 있다. 즉, 현장의 실습지도자와 실습생은 일대일 관계를 형성하고 개별적인 슈퍼비전을 주고받게 된다. 이와 동시에 이 모델에서는 학교와 현장의 학습이 동시에 이루어져야 한다는 가정에서 학기 중 실습지도를 실시하게 된다. 그러나 실습과 일대일 슈퍼비전 실시의 현실적인 어려움을 해결하기 위해서 방학 중 실습지도와 집단 슈퍼비전을 활용하는 대안적인 방법들이 등장하였다. 특히 일대일 슈퍼비전의 한계를 극복하기 위하여 팀티칭이나 지역사회 내 여러 기관이 연합하여 실습을 진행하는 실습지도 센터 등이 운영되기도 하였다. 기관 간에 협력하여 실시하는 연합 실습지도는 우리나라에서도 실험적으로 실시한 사례가 있으나 많은 시간과 인력을 필요로 하기 때문에 효율성에 의문이 제기되고 있다.

2) 실습지도의 내용 및 기술 향상에 관련된 모델

이 모델은 학생의 기술 개발에 초점을 둔다는 특징이 있다. 실습지도를 통해서 학생들의 다양한 실무능력을 향상시키기 위한 모델이 개발되었고, 대부분의 학교에서는 학생들이 실습기간 동안 성취해야 하는 핵심적인 기술과 지식을 제시하게 되었다. 이와 같은 모델에는 실무능력 중심모델(Collins & Bogo, 1986; Larsen, 1980; Pilcher, 1982)과 핵심적인 내용 및 기술에 따른 모델(Fortune, 1994) 등이 있다.

포춘(Fortune, 1994)의 핵심적인 내용 및 기술 모델은 실습지도에 있어서 학부와 석사과정 학생들이 공통적으로 학습해야 하는 핵심적인 내용과 기술에 초점을 둔 모델이다. 이 모델은 실습교육의 내용을 전문적 발달 측면, 행정적 측면, 정책적 측면, 기본적 대인관계 기술 측면, 내담자체계 개입의 측면 등의 5영역으로 범주화하여 사회복지 실습지도의 핵심적인 내용과 기술을 포괄하는 실습교육을 제시하였다.

(1) 전문적 발달 측면

전문적 발달 측면에 관한 내용에서 다루어져야 할 것으로는 사회복지의 가치와 윤리에 대한 의무, 문화적 다양성과 문화적 역량 개발에 대한 의무, 사회 · 경제적 정의 증진의 의무, 자기인식의 필요, 전문적 성장의 책임 그리고 효과성에 대한 평가 등이라고 지적하였다. 사회복지의 가치와 윤리에 대한 의무로는 개인의 가치와 존엄, 인간의 자율적 선택의 권리를 존중하고, 개인의 욕구를 충족할 자원획득을 돕고, 좀 더 인본적인 사회제도들을 만들고, 다양성을 존중하며, 윤리적 행동과 실천에 대한 책임 등을 포함한다.

문화적 다양성과 문화적 역량 개발에 대한 의무는, 학생들이 다양성을 존중하며, 다른 배경, 관점 또는 재능을 가진 사람과 함께 조화롭게 일할 수 있는 역량을 개발하는 것이다. 다문화 관점을 수용함으로써 문화집단 간의 차이를 존중하고 서로 다른 문화의 강점을 인식하게 하는 것이다. 다양성을 존중하고, 다양한 배경, 관점, 가치를 가진 사람들에 대한 이해라는 원칙은 문화뿐만 아니라 성별, 성적 선호, 신체적 장애 등으로 인해 차이를 갖는 집단들에도 적용되어야 한다. 세계화, 국제화의 추세 속에서 오늘날 한국사회가 급격히 다양화되면서 결혼이민자, 이주노동자, 북한이탈주민 등 다양한 문화, 언어, 가치, 윤리, 행동양식을 가진 사람들이 함께 어울려 살아가야 하는 이 시기에 매우 시급히 개발되어야 할 역량이라고 할 수 있다. 그러므로 사회복지 전공학생은 문화적 역량을 개발해야 할 필요가 있으며, 이러한 기술과 지식을 전문가로서 역량 발달을 위해 불가결한 능력으로 인식하여야 할 것이다.

사회 · 경제적 정의 증진의 의무란 사회 내의 억압, 차별 그리고 경제적 불평등을 제거하는 데 기여하는 것이다. 모든 실습 학생은 인종, 국적, 성별, 성적선호, 이주 지위와 상관없이 모든 사람이 균등한 기회를 갖고, 자신의 삶과 관련된 의사결정에 참여할 수 있으며, 자원에 대한 접근성에 제약을 받지 않도록, 사회 내의 불평등을 완화 또는 제거함으로써 모든 사회구성원들에게 경제적 정의와 사회적 정의를 구현하는 방법에 대한 교육을 받아야 한다.

자기인식이란 자기 자신의 욕구, 정서와 사고 양식, 자신의 강점과 약점에 대한 이해 등을 포함하며, 전문가로서 성장의 기본이다. 자기인식은 관계형성과 개입의 기초가 되기 때문이다. 자기인식은 현장실습, 사례회의, 과정중심, 임상기록 등을 활용하여 개발되고 강화될 수 있다.

전문적 성장에 대한 헌신은 또 다른 전문적 개발의 측면이다. 전문적 성장은 중요한 가치이면서 일련의 기술을 필요로 하는 것이다. 실습과정에서 전문적 성장을 도모하는 기술로는 자기 평가, 다학제 간 지식의 교환, 전문가 협회활동에 참여, 최근 연구 자료의 숙지, 자문의 활용과 같은 방법들을 통해 성취할 수 있다.

효과성에 대한 평가는 개인의 실천의 효과성을 평가하는 것으로, 이것은 내담자가 보여주는 성과, 프로그램 시행을 위한 재정자원 확보, 예산 관리의 엄밀성 등이 실천가의 효과성 평가의 기준이 될 수 있다.

(2) 행정적 측면

행정적 측면에서 다루어지는 내용으로는, 기관의 목적, 행정 구조에 대한 이해뿐만 아니라, 관료체계로서 기관의 기능, 문서 보존과 작성의 활용 등 실제 기관에서 행정적 측면과 관련한 지식과 기술 교육 등이 포함된다고 하였다.

기관의 목적과 관련된 내용으로 내담자 서비스에 대한 기관의 설립이념, 철학 그리고 정책 등을 이해하고 지지하는 것이 있다. 기관의 구조와 관련하여서는 공식 · 비공식적 행정절차나, 정보 전달과정이나 의사결정과정, 내담자들을 위한 기관의 자원 배분 등을 이해하는 것들이 포함된다. 관료체계 안에서의 기능이란 기관의 관료적 체계 안에서 정치적 역할을 이해하는 것이다. 문서 보존과 작성의 활용에 대해서는 실습 학생은 서비스 기록하는 법을 배우고, 서비스 기록이 기관의 재정확보와 서비스 전달체계를 유지 또는 확장하는 것과 어떤 관련이 있는지를 배워야 한다.

(3) 정책적 측면

정책적 측면에서 다루어질 내용은, 사회 정책, 지역사회의 이해, 지역 서비스 전달체계에 대한 인식과 지식을 개발하는 것이다.

서비스 전달체계의 맥락과 관련하여서, 사회복지실습생은 서비스 전달과정에서 더 큰 사회적 맥락을 이해할 필요가 있다. 사회적 맥락은 크게 세 수준에서 볼 수 있는데, 사회정책, 지역사회, 지역사회의 서비스 전달체계이다. 사회정책이라면 국가, 지방 정부의 정책이 기관 서비스에 미치는 영향을 이해하는 것을 말한다. 예를 들면, 북한이탈주민과 관련된 정부의 입장이나 통일부의 정책은 북한과의 관계에 대한 국민 정서나 정치적 상황, 남북 간의 관계에 따라 점차 변화하여 왔다. 이러한 다양한 사회적 맥락은 북한이탈주민 정착 관련 정책에 변화를 가져왔고, 이는 북한이탈주민 개인들에 대한 정착 지원 수준에 영향을 미쳤을 뿐만 아니라, 북한이탈주민 관련 서비스에 대한 재정 지원 수준과, 제공되는 서비스의 종류에 변화를 가져왔다.

서비스대상이 거주하거나 소속하는 지역사회라는 맥락에 대한 지식과 이해는 매우 중요하다. 거주하는 지역사회의 경제적, 사회적 상황과 정치적, 문화적 특성이 내담자 개인의 적응에 긴밀히 영향을 미치기 때문이다. 그 예로, 북한이탈주민이 수도권에 집중되는 현상은 취업기회, 기존의 북한이탈주민 지역사회의 존재, 주거환경, 서비스 자원 등이라고 할 수 있다. 내담자들을 위해 동원될 수 있는 서비스 자원과 이들 서비스가 전달되는 체계와 구조에 대해 이해하는 것도 매우 중요하다. 특히 공식적인 서비스 전달체계뿐만 아니라 비공식 서비스 자원들을 개발하고, 동원하는 것도 중요하다.

(4) 기본적 대인관계 기술 측면

기본적 대인관계 기술 측면은 효과적으로 업무를 수행하기 위해서 매우 필요한데 대인 간 의사소통기술, 동료와의 관계기술을 들 수 있다. 대인간 의사소통은 기본적 의사소통기술로 경청, 공감할 수 있는 능력, 명백한 의사소통을 하고, 정보를 파악하고, 언어 · 비언어적 의사소통을 읽을 수 있는 능력이다.

동료와의 관계는 동료와 협력적 관계를 유지하는 능력으로 협력, 갈등해결, 팀 활동 참여 능력 등을 포함한다.

(5) 내담자체계 개입 측면

내담자체계 개입 측면에서 실습생 교육은 인간행동과 다양성에 대한 지식을 실천에 적용하고, 내담자 관련 상담 기술을 익히며, 내담자체계를 사정한 후, 치료 계획을 설정 및 실행한 후 평가, 종결하는 기술을 제시할 뿐 아니라, 집단개입기술, 내담자의 의뢰, 사례관리, 옹호 기술 등이 포함되어야 한다. 일반적 내담자체계의 개입은 개인, 가족 그리고 집단개입 방법을 포함한다.

수업 중에 배운 인간행동과 다양성에 대한 지식과 이러한 지식의 적용, 고위험군에 대한 지식과 사회적 정의를 실현하는 전략의 학습도 실습에서 다루어질 중요한 내용이다. 내담자 면접, 문제 사정, 치료계획, 치료개입의 실행 및 평가 등은 내담자에 대한 개입 기술의 중요한 부분이다. 미시적 차원에서 다양한 개입 기술과 더불어 중요한 기술, 제도적 문제를 변화시키고, 자원을 동원하는 옹호기술이 있다.

내담자 관련 상담 기술로는 협력자-내담자의 상호작용과 이해, 상담 기술, 내담자체계의 사정 기술, 다차원 자원체계로부터 정보를 수집하고, 조직하고 분석하는 능력과, 강점관점, 체계 관점, 환경 속의 인간이란 생태체계적 관점을 활용하여 개입전략을 계획하고, 실행하고 평가할 수 있는 능력을 포함한다.

3) 실습지도의 과정 및 전략에 관한 모델

과정 및 전략을 제시하는 모델은 실습지도자와 학생이 교육과 학습목표를 달성하는 전략과 과정의 단계에 초점을 맞춘 교육 방식이다. 즉, 사회복지 교육에 성인교육 원칙을 적용하여 학습의 단계를 제시한 모델(Knowles, 1972)이 있는가 하면, 실습생에게 실천기술을 가르치기 위한 교육 지침을 제시한 모델(Shulman, 1994)이 있고, 학생이 실습기간 동안 학습해 가는 단계에 초점을 둔 모델(Reid, 1984), 임상 이론에 기초한 실천접근법(예컨대, 과제중심 모델)을 실습지도에 적용한 모델(Caspi, 1997) 등이 있다. 대부분의 문헌들이 유사한 실습지도의 단계를 제시하고 있는데, 일반적으로 초기 단계, 중간 단계, 종결 및 평가 단계로 구분하고 있다(Royse et al., 2003; Berg-Weger & Brikenmaier, 2000; Baird, 1999; Ford & Jones, 1987).

4) 실습지도의 특정 관심 분야에 관한 모델

앞에서 제시한 것 이외에 학교와 현장의 통합을 강조하는 모델

(Bogo & Vayda, 1998)과 학생의 실습 성과 평가에 관한 모델(Wilson, 1981), 실습기간 동안 학생이 경험하는 불안 등 정서적인 반응에 초점을 맞춘 모델(Catalano, 1985; Wilson, 1981)이 있다. 이 모델들은 사회복지 실습지도의 특정 관심사를 다루고 있지만, 실습지도 전반에 걸친 세부적인 지침은 제시하지 못하고 있다.

2 자기인식과 정체성 개발

1. 자기인식의 개념 및 필요성

인간은 기본적으로 자신에 대한 끊임없는 의문을 가진다. "나는 어떻게 만들어졌는가?", "나는 어디에서 왔으며, 어디로 가는가?", "어떻게 내 자신과 나의 행동, 나와 관계한 다른 사람들, 내 인생과 미래를 이해하고 조정할 수 있는가?" 등 우리는 이러한 질문들을 끊임없이 스스로에게 던지면서 자기 자신을 찾아보고 이해하려고 노력하며, 자신이 어떻게 살아야하는지에 대한 해답을 강구해 나간다. 이러한 과정이 바로 자기인식이다.

1) 자기인식의 정의

자기인식이란 자기 자신에 대해 아는 것이다. 즉, 자기가 누구인지, 자기가 어떠한지를 스스로 알고 이해하는 것이라고 할 수 있다. Fortune은 자기인식을 자기 자신과, 전문적 성장의 기초가 될 자신의 강점과 약점을 이해하는 것이라고 했다(Fortune, 1994).

2) 자기인식이 필요한 이유

인간 본연에 대한 끊임없는 질문을 통해 우리는 스스로를 알아가야 할 필요가 있으며, 더불어 자신은 물론 타인에 대한 이해도 가능하게 된다. 특히 사회복지를 포함한 모든 휴먼서비스 제공자는 내담인과의 직접적인 관계를 통해 그들의 욕구를 이해하고 변화를 위한 개입을 시도하기에 자기 자신에 대한 이해와 타인에 대한 이해가 무엇보다도 중요하다고 할 수 있다(Brill & Levine, 2005). 자신과 인간의 기본적인 욕구, 삶과 생활양식, 개인과 전문직의 가치와 철학에 대한 객관적이고 균형 잡힌 이해라는 기반이 있을 때, 사회복지실습생은 내담자 개인의 내적 경험과 환경과의 상호작용 속에서 개인의 욕구와 자원을 정확하고 포괄적으로 이해하고 이에 대한 적절한 실천적 접근이 가능한 것이다.

사회복지실천가로서 준비하는 데 사회복지실습생이 먼저 그들 자신, 자신의 욕구, 욕구를 만족시키는 방법, 다른 사람과의 관계에서 그들 자신을 사용하는 방법을 인식하는 것이 필수적인 이유는 자기인식 없이는 사회복지사가 내담자와 자기 자신의 욕구를 잘 구별할 수 없으며, 자기수용이 없이는 타인을 수용할 수도 없기 때문이다. 사회복지사가 자신을 인식할 때 내담자와의 전문가적 관계에서 경계를 분명히 할 수 있으며, 이러한 명백한 경계의 발달은 실천에서 자신을 의식적으로 사용하여 전문적 개입을 실천하기 위해서 중요하다. 효과적인 사회복지사가 되려면, 사회복지에 매력을 느끼게 되는 개인적 욕구를 인식하여야 한다. 만약 이러한 욕구를 이해하지 못하면, 실천개입을 결정하게 된 동기가 무엇인지를 분별할 수 없을 것이다. 또한 충족하고자 하는 것이 자신의 욕구인지, 내담자의 욕구인지를 명백하게 구별할 수 있어야 한다.

이러한 자기인식의 발달은 슈퍼비전이나 개인 및 집단 상담에 참여하는 등의 방법을 통해 자신에 대한 이해를 심화시키고 새로운 수준의 자기통찰을 이룩할 수 있다. 사회복지사가 자기를 인식할 때, 자신의 느낌과 감정들은 내담자의 원조과정에서 강력한 도구와 치료를 위한 잠재적 자원이 될 수 있다. 반면, 사회복지사의 자기인식이 없다면, 내담자의 사정과 개입을 방해하는 요인이 될 수도 있다(Derezotes, 2000).

자기인식이 사회복지실천 과정에서 내담자와 관계형성에 중요한 요소가 되는 이유는 다음과 같다. 첫째, 자신의 감정을 분명하게 표현하고, 이에 대해 논의하는 것에 익숙해 있다면, 내담자와의 이러한 과정을 촉진하는 역할 모델의 역할을 할 수 있다. 둘째, 사회복지사가 자신의 삶에 대한 관점을 객관적으로 바라보고, 수정할 수 있는 자기인식을 갖추고 있을 때, 내담자의 변화의 가능성과 의사소통 능력에 대한 신념을 갖기가 쉬울 것이며, 그 결과 내담자의 변화 가능성은 더욱 많아진다(Royse et al., 2003).

3) 자기인식의 예

자기인식의 한 가지 예를 들면, 한 아동의 알코올 중독자 부모를 만났을 때, 사회복지사는 알코올 중독 부모에 대한 분노와 거부감을 경험할지도 모른다(Royse et al., 2003). 알코올 중독 부모와 알코올 중독 내담자에게 왜 분노하게 되고 반감이 생기는지, 그것이 뜻하는 바가 무엇인지, 또 그러한 감정으로 인해 자신의 행동이 어떻게 영향을 받는지에 대해 스스로 생각하고 알고자 노력하는 자세가 바로 자기인식의 과정이다. 이러한 반응은 실습생 개인의 삶에 알코올 중독이 미친 영향 때문일 수도 있고, 알코올 남용 행동이 '책임감 있는 부모' 에 대한 실습생의 신념과 생각에 상치되기 때문일 수도 있다.

또 다른 예로는, 중년의 사회복지사가 탈북청소년과 일하는 과정에 전문적 원조관계의 경계를 넘어서는 정서적 몰입과 개입을 보일 때가 있을 수 있다. 내담자에 대한 과도한 책임감이나 정서적 몰입의 이유는 사회복지사가 내담자와 자신을 과도하게 동일시하거나, 자신 내면의 충족되지 않은 욕구를 투사하는 경우일 수 있다. 전문적 원조관계에서 적절한 사회적 거리를 유지하기 어려워하는 자신의 행동의 이유와 자기 내면의 어떤 감정 변화와 동기를 이해하는 과정이 자기인식 과정이다.

4) 자기수용

사회복지사에게 있어서는 자기인식과 더불어 자기수용도 필요하다. 자기수용은 어쩌면 사회복지사가 할 수 있는 가장 기본적이지만 개인이나 전문가로서 성장을 위한 급진적인 변화이다. 자기수용은 원조관계에서 공감적 이해의 발달을 위해 자기인식과 마찬가지로 필수적인 요소이다. 사회복지사가 자신을 받아들일 수 있는지 여부에 따라 다른 사람을 사랑하는 능력과 자유로움을 촉진할 수 있는 사람이 될 수 있는지 여부가 결정된다. 이것은 자기인식과 마찬가지로 사회복지사 역량의 한 중요한 부분이다. 자기인식 없이 자신을 수용할 수 없고, 자기수용이 없는 자기인식은 원조관계에서 내담자를 수용하는 데 있어서의 어려움을 가져올 수 있다. 자기인식이 오랜 시간에 걸쳐 개발되는 것처럼, 자기수용도 지속적으로 개발되어야 하는 것으로, 자기 자신에 대한 공감과 만족하는 태도를 갖게 되는 것을 의미한다. 이러한 상태는 개인적 결함에 대한 부정이나 또는 과소평가가 아니며, 개인적 선택에 대한 책임감의 회피 또한 아니다. 자기수용은 개인의 발달 과정에서 일어날 수 있는 개인적 성향이나 한계를 용납하고 이해하는 관점이다.

사회복지사가 자신의 정서적 반응을 수용할 수 있을 때, 자신의 정서적 성장을 촉진시킬 수 있으며, 정서적 과정을 수용하지 못할 때 정서적 성장이 지연되는 경향이 있다. 사회복지사가 자신을 수용할 수 있을 때 자신의 내담자를 수용할 수 있을 뿐 아니라, 그들에게 긍정적인 자존감 모델이 될 수 있으며, 이러한 긍정적 자존감과 수용은 개인과 가족의 정신건강의 기초가 될 것이다.

사회복지 교육은 궁극적으로 사회복지사가 자기인식과 자기수용을 증대시키는 것이라고 할 수 있다. 내담자는 완벽한 사회복지사를 필요로 하는 것이 아니라, 내담자들의 결함을 보고 기꺼이 수용할 수 있는 사회복지사를 필요로 하는 것이다. 사회복지사는 자신에게 한계가 없기를 바랄 수도 있지만, 모든 사람은 결함과 한계를 가지고 있다. 내담자에게 자신의 결함을 일부러 드러낼 필요는 없지만 이러한 결함을 객관적으로 인식하고 수용하며 자신의 강점과 약점을 인정하고 받아들일 수 있을 때, 개인적 강점을 활용하고 개인적 한계가 주는 영향을 최소화 할 수 있다. 자신의 어떤 면을 수용하지 못하는 태도는 실천과정에서 문제를 가져올 수 있다. 사회복지사가 자신의 모습을 수용하지 않을 때, 자신과 타인과의 욕구를 분별하게 하는 자기인식에 어려움을 겪으며, 타인에 대한 균형 잡힌 인식을 잃게 된다.

자기수용의 한 예로, 개인이 갖는 이기심에 대해 부정적으로 판단하고 부인하기보다는 수용하여야 한다는 것을 들 수 있다. 이기심은 어쩌면 당연한 것이기 때문에 유능한 사회복지사는 그 상황의 중요도에 따라, 다른 사람에게 불이익을 주지 않으면서 이기적이 될 수 있다. 여러 상황에서 개인적으로 사안의 중요한 정도에 따라 자신의 욕구와 다른 사람의 필요를 동시에 보호할 수 있도록 행동과 결정을 할 필요가 있다.

사회복지사는 자기수용을 다음과 같은 4가지 과정을 통해 배울 수 있다.

첫째, 사회복지사는 내담자를 수용하는 행동을 하면서 자기 자신을 수용하는 것을 배울 수 있다. 둘째, 사회복지사는 조언자, 치료자, 친구 그리고 자기수용의 훌륭한 역할 모델을 통해 자기수용을 배울 수도 있다. 셋째, 사회복지사는 자신의 내면의 경험을 좀 더 민감하게 느끼고 인식하며 그에 따라 의도적으로 행동하는 것을 훈련할 수 있다. 마지막으로 사회복지사는 자신의 발달단계의 과업을 성취하는 작업을 통해 자존감을 향상시킴으로써 자기수용을 터득해 나갈 수 있다(Derezotes, 2000).

5) 자기수용의 예

자기수용은 자신의 감정과 태도, 행동양식에 대한 자기인식에서 나아가 이와 관련된 한계조차도 인정하고 받아들이는 자세이다. 자기수용의 한 예로, 사회복지사가 아동학대, 노인학대, 배우자학대 등 다양한 형태의 가정폭력의 가해자들이 비윤리적이며 비도덕적이라는 판단과 함께 강한 부정적 감정을 가지고 있다면, 가정폭력의 가해

자인 내담자들과 일하는 데 어려움을 경험할 수 있다. 가정폭력의 가해자들이 자신의 가치관이나 신념과 충돌하는 행동이나 태도를 갖고 있을지라도 내담자를 대하는 사회복지사는 자기인식을 통해 자기 안에서 발생하는 강한 감정적 반응을 이해하고 관리하며, 전문가로서 개방적 태도를 유지하려고 노력해야 한다. 만약 부정적인 감정이나 태도에 대한 자기인식이 없고, 그 결과 자신이 가지고 있는 생각과 감정의 영향에서 자유롭지 못하다면, 내담자에 대한 성공적인 개입은 불가능할 것이다. 그러나 자기인식과 전문가적 객관성을 유지하려는 노력에도 불구하고 사회복지사가 내담자에 대한 비심판적 태도를 유지하는 것이 어렵다는 것을 인식하게 되면, 자신의 한계를 수용하고, 내담자를 위해 적절한 대안을 마련하는 것도 전문적 발달의 중요한 과정이다.

또 다른 자기수용의 예를 들면, 어린 자녀를 북한에 두고 혼자 제3국으로 이주하여 제3국에서 새로운 가정을 형성한 후 다시 남한으로 단신 입국한 여성이 내담자일 경우, 어린 자녀를 둔 사회복지사는 자신의 경험으로 인해 내담자에 대한 비판적인 태도와 부정적 정서를 경험하게 될 수 있다. 이러한 내담자에 대한 부정적 감정으로 인해 내담자와 효과적으로 개입하는 데 장애가 됨을 인식하고, 슈퍼비전 시간에 이에 대하여 솔직하게 논의하며, 자기 스스로 성찰의 노력을 시도해 본다. 그럼에도 불구하고, 부정적 태도나 감정이 전문적 관계에 장애 요소라고 생각되면, 이를 자신의 한계로 인정하고, 내담자에게 다른 대안적 방법(예: 다른 사회복지사에게 의뢰)을 제시할 수 있다.

6) 정서적 경험에 대한 민감성

유능한 사회복지사는 자기 자신에 대한 느낌을 민감하게 인식하는 능력을 개발해야 한다. 내담자에 대한 공감능력은 사실상 사회복지사 자신의 개인적 아픔에 대한 자신의 감정을 인식할 수 있는 능력과 밀접히 관련될 수 있기 때문이다. 사회복지사가 고통과 상처와 같은 부정적 정서에 민감할 뿐 아니라, 삶에서 즐거움도 향유할 수 있을 때, 내담자에게 좋은 역할 모델이 된다. 또한 사회복지사가 내담자의 즐거움에 동참할 수 있을 때, 내담자에 의해 좀 더 의미 있게 경험되고, 성장의 경험이 된다(Derezotes, 2000).

이처럼 성공적인 실습 경험을 하기 위해서는, 실습을 시작하기 전에 실습생이 자신에 대한 인식을 개발하고, 개인적, 전문가적 정체성을 확인하는 작업을 할 필요가 있다. 실습생은 자신의 관심과 성장목표에 부합하지 않는 분야의 실습기관을 선택하여 실습에 임하는 경우, 실습의 혜택을 극대화할 수 없게 되는데, 이는 실습생 자신뿐만 아니라 클라이언트, 기관의 입장에서도 바람직하지 못한 결과를 가져올 수 있기 때문이다(오혜경 외, 2007).

북한이탈주민을 위한 서비스 기관에서 실습에 관심을 가지고 있는 학생은, 자신이 갖고 있는 북한이탈주민에 대한 태도나 느낌, 생각 등을 점검하고, 북한이탈주민과의 사회복지실천이 자신의 가치관이나 전문가로서 정체성과 어떻게 부합하는지를 살펴보는 것이 필요하다. 예를 들면, 북한이탈주민이라는 낯선 집단과 일하는 것에 대한 느낌은 어떠한지, 북한의 정치이념인 공산주의에 대한 자신의 태도는 어떠한지, 이념적 차이에 대한 선입견을 갖고 있지는 않은지, 북한이탈주민과 같은 사회적 소수자들의 서비스 제공자로서 자신의 역할과 책임을 어떻게 규정하는지, 자신의 감정, 사고, 태도, 대상에 대한 기존의 지식이 북한이탈주민과의 관계형성에 어떤 영향을 미칠 수 있는지 등에 관해 분석하고 이해할 필요가 있다. 이러한 북한이탈주민에 대한 자기인식과 더불어 자신이 갖고 있는 지식과 경험의 한계를 수용할 수 있는 자세를 갖추는 것이 실습과정이 개인적, 전문적 성장의 기본적 토대가 될 수 있을 것이다. 실습생은 자신에 대한 정확한 이해를 위해서 자기 성찰노력과, 실습지도자와의 슈퍼비전이나, 동료들과 집단 토론을 활용해 볼 수 있겠다.

2. 자기인식과 전문직으로서 정체성 개발

사회복지를 전공하는 학생들은 자신의 욕구에 대해 민감하게 되고, 자신의 행동의 동기를 민감하게 인식하게 될 때 사회복지전문직에 끌리게 된 내적 동기와 다양한 요인에 대한 인식 수준이 높아질 것이다. 자신의 내적 동기를 잘 인식할 때 자신의 욕구와 욕구가 발생하는 상황, 이에 대한 적절한 관리 방안에 대한 객관적 사정과 대처가 가능하게 된다. 곧 자기인식은 전문적 정체성 발달에 기본적 토대이자 자산으로서 영향을 미친다는 것이다. 자기인식은 사회복지 전공생이 자신을 이해하게 할 뿐 아니라 나아가 전문사회복지사로의 역할을 충실히 수행하게 할 정체성 형성과 역량 개발에 중요한 역할을 한다는 것이다.

전문가로서 정체성 발달과 관련하여 자기인식 개발의 중요한 과정으로 로이즈 외(Royes et al., 2003)는 다음에서 제시하고 있는 세 가지 문제를 스스로에게 질문할 것을 제안하였다. 또한 자기이해를 강화하기 위해서 동료들과의 대화, 전문 훈련프로그램 참여, 개인 상담 등을 활용할 수 있다고 하였다. 전문가로서 정체성과 관련한 실습생 자신에게 물어야 할 세 가지 질문은 다음과 같다.

① 왜 사회복지를 전공으로 선택했는가

상당수의 사회복지사들은 과거의 경험을 통해, 다른 사람들이 겪고 있는 문제에 대한 민감성이나 이해를 갖게 된다. 이러한 과거의 경험은 다른 이들의 어려움에 대한 통찰력과 공감을 갖게 해주었을지도 모르나, 또한 이러한 경험들과 연관된 아직 해소되지 못한 잔여 감정이 있는지에 대해 스스로 살펴보는 자기인식의 과정도 필요하다.

직업을 선택하는 데 영향을 미친 요인들로 크게 개인적 경험, 가족과의 경험 그리고 상황적 요인들이 있음을 알고, 이러한 요인들이 본인의 전문적 역할 수행에 어떻게 직접, 간접적으로 영향을 미칠 수 있는지 살펴보아야 한다. 과거의 경험이 사람들과의 관계형성에 어떻게 영향을 미치는가? 과거의 경험을 불러일으키는 상황에서 드러나는 잔여적 감정이 있는가? 어떤 문제가 예민한 반응을 불러일으키며 그 이유는 무엇인지를 스스로 질문하여야 할 것이다.

② 내담자에 대한 자신의 반응을 숙고하라

본인 스스로에게 다음과 같은 질문을 던져 보아야 할 것이다. 왜 나는 이 내담자에게 불편하게 느끼는가? 왜 나는 이 내담자에게 짜증이 나거나/지루하게 느끼는가? 왜 나는 이 내담자에게 방어적으로 느껴지는가? 그러한 정서적 반응의 근본적 출처는 무엇인가? 어떤 내담자가 본인에게 강한 감정적 반응을 일으키는지 생각해보자.

③ 의사소통, 문제 대처 방식, 관점에 영향을 미친 경험과 사건들은 무엇인가

자신이 어떻게 애정을 표현하는지 생각해보자. 지지가 필요할 때, 누구를 찾는가? 분노, 즐거움, 공포와 같은 느낌을 주로 어떻게 표현하는가? 최근 삶의 상황이 본인의 관점에 어떻게 영향을 주었는지 숙

고해보라. 또한 이러한 경험들이 자신의 전문적 역할 수행에 어떻게 영향을 미치는지에 대해 깊이 성찰해 볼 뿐만 아니라, 새로운 방식의 행동, 의사소통, 사고 양식 등에 개방적인 입장을 시도해 볼 필요가 있다.

3 실습기관 탐색과 선정

1. 현장실습의 의의

사회복지현장실습의 의의는 바로 현장경험을 통한 교실학습의 통합이라고 할 수 있다. 다시 말해, 현장실습이 주는 다양한 경험은 교실에서 배운 지식의 현실 적용 능력이 되는 것이다(Royse et al., 2003). 또한 현장실습 경험은 개인적, 전문가적 성장의 중요한 첫 단계이며, 사회복지사로서 자신의 적성을 현실적으로 평가해 보는 기회가 되기도 한다.

2. 실습기관 탐색 및 선정

실습의 효과는 실습기간 중의 노력 못지않게 실습기관의 선택에 따라 좌우될 수 있다. 학생들이 실습에 대해 큰 관심과 열의를 가지고 있다 하더라도 실습경험이 학생의 학습에 도움이 되지 않아 비생산적인 결과를 가져오게 되고, 그 결과 경우에 따라서는 실습지를 도중에 바꾸거나 실습을 그만두는 사례도 적지 않게 발생하고 있다. 이는 실습준비과정에서의 문제 특히, 실습기관을 선정하는 과정에서 충분한 사전 조사나 선택과정에서 심사숙고하지 못했기 때문이다(오혜경 외, 2007).

현실적으로 거의 모든 사회복지기관이 다양한 제약 속에서 실습교육을 제공하고 있다. 예를 들면, 1년 중 언제나 실습교육을 제공할 수 있는 것은 아니며, 사회복지기관의 실습교육 내용 또한 항상 최적의 학습경험을 제공할 수 있는 것도 아니다. 동시에 학생 개인도 실습지에 대한 제한된 정보만을 가지고 수많은 실습기관 중에서 자신의 상황에 부합하면서 양질의 학습경험을 제공하는 실습교육기관을 선택하기란 쉽지 않다. 따라서 학교에서는 실습준비과정 초기부터 실습기관 선택에 대한 기본적인 안내지침을 제시해 주는 것이 필요하며, 학생과 학교가 함께 실습기관 선택과정에 참여하는 것이 필요하다(오혜경 외, 2007). 성공적인 실습교육 경험이 되기 위해 거쳐야 하는 실습기관 선정과정은 크게 실습정보 수집 단계, 실습지 선택 단계, 실습기관 접촉 단계, 실습 확정의 4단계로 나누어 살펴볼 수 있다.

1) 실습정보 수집 단계

사회복지현장실습을 실시하기 위해서는 우선 사회복지현장실습을 할 수 있는 기관은 어디 있는지, 어떤 실습교육을 받을 수 있는지, 실습을 받기 위해서는 어떠한 준비가 필요한지, 실습과정과 내용은 어떻게 구조화되어 있는지 등에 관한 정보를 수집해야 한다. 이러한 정보의 수집은 선배나 동기, 경험자들의 조언과 학교의 실습안내란, 실습교육 담당교수나 학과 조교, 현장근무중인 사회복지사 등을 통해 가능하다.

실습기관 검색은 평소 관심을 가지고 있었거나, 자원봉사나 직장체험을 하고 있는 기관에서 실습 여부를 확인하는 방법도 있으며, 각 학교의 실습공지나 인터넷을 활용하는 방법도 있다. 최근에는 한국사회복지사협회(www.welfare.net)나 복지넷(www.bokji.net) 등 사회복지관련 사이트에서 실습정보를 제공하고 있기 때문에, 실습기관 검색이 용이하다. 또는 관심 있는 기관의 홈페이지를 방문할 수도 있으며, 실습 체험을 한 선배나 경험자들의 경험내용과 평가를 듣는 것도 가능하다. 기관의 실습담당지도자에게 직접 문의하는 방법도 하나의 방법이 될 수 있다. 이 경우는 실습에 대한 궁금한 사항과 전반적인 내용을 담당지도자에게 직접 문의함으로써 정확한 정보를 수집할 수 있다는 장점이 있다.

실습정보 수집 단계에서 도움이 될 만한 질문이나 방법으로 로이즈 외(Royse et al., 2003)가 제안한 내용은 다음과 같다.

· 실습을 최근에 끝낸 학생을 면접하여 실습지에서 얻은 귀한 경험과 지식은 무엇이었는지를 알아본다.
· 학교에서 실습지로 활용해 본 기관들의 이름과 이늘 기관들이 제공해온 실습지도 활동에 관한 정보를 알아본다.
· 각 지역에 사회복지기관 리스트를 찾아 어떤 종류의 기관들이 얼마나 있고, 이들 기관들이 서비스를 제공하는 표적 대상이나

사회문제 영역들은 무엇인지를 알아본다. 처음 들어보는 기관은 몇이나 되는지 생각해 본다.
- 실습기간 중에 다루고 싶은 사례들이나 지역사회문제에 대해 깊이 생각해 보고, 인터넷 등을 통해 참고자료를 수집해 본다.
- 현재 사회복지사들이 많이 고용되어 있는 분야는 어떤 분야이고 어떤 유형의 기관들인지를 알아보고, 최근 발표되는 연구논문들은 어떤 분야가 많은지 전자학술논문을 살펴봄으로써 연구의 추세도 알아본다. 전자학술논문은 국회도서관(www.nanet.go.kr)이나 한국교육학술정보원(www.riss4u.net) 등의 다양한 논문검색사이트를 활용하여 열람할 수 있다.
- 본인이 갖고 있는 강점, 능력, 재능은 어떤 것들이 있는가를 알아본다. 이에 대한 리스트를 만들어 보고, 실습기간 중에 개발하고 싶은 기술이나 역량에 대한 리스트도 작성해 본다.

2) 실습지 선택 단계

다양한 실습기관에 관한 정보를 수집한 후에는 실제 실습교육을 받기 위해서 자신이 실습 받고자 하는 실습지를 선택해야 한다. 실습지를 선택할 때에는 본인이 관심을 가지고 있던 분야나, 자원봉사나 직장체험을 했던 기관에서 선택할 수 있을 것이다. 사회복지현장은 다양하기 때문에 1회의 실습만으로 사회복지 전반을 다 경험할 수는 없다. 그러므로 본인이 배우고 싶고, 알고 싶은 분야를 신중히 생각하여 우선순위를 정해 선택하는 것이 필요하다. 이러한 실습경험이 본인의 전문적 발달과 직업 선택에 상당한 영향을 미칠 수 있기 때문이다. 물론 개인의 선택에 따라서는 실습을 한 번 이상 하는 것도 직업 선택과 자신의 전문직으로서의 정체성 형성에 도움이 될 수 있을 것이다. 그러나 아직 우리나라에서는 사회복지현장실습은 1회에 한해 필수이기 때문에 단 한 번의 실습이라도 신중한 선택과정을 거쳐 자신에게 최선의 실습지를 선택하는 것이 필요하다.

실습지 선택과정 중 실습생이 스스로에게 물어볼 수 있는 질문들은 다음과 같다(Berg-Weger. 2000; 오혜경 외, 2007: 68).

· 내가 관심을 갖는 클라이언트의 체계(개인, 가족, 집단, 지역사회, 조직 등)는 무엇인가?
· 내가 관심을 갖는 클라이언트의 유형(아동, 노인, 미혼모 등)은 무엇인가?
· 내가 관심을 갖는 클라이언트의 문제유형(노숙, 정신건강, 아동학대와 방임, 문제청소년 등)은 무엇인가?
· 내가 선호하는 실천현장의 유형(학교, 지역사회정신건강센터, 지역사회복지관, 지역복지운동단체, 시민운동단체 등)은 무엇인가?
· 내가 실습경험의 결과로 얻기를 원하는 기술은 무엇인가?
· 내가 졸업 후에 종사하겠다고 생각해 본 영역은 무엇인가?

3) 실습기관 접촉 단계

실습기관 접촉 단계는 자신이 선호하는 실습기관에 실습교육을 요청하는 단계라고 할 수 있다. 이 단계에서는 실습신청서를 제출하며, 실습요청 공문을 발송하기 때문에 공식적 단계라고 부를 수 있다. 실습조교에게 요청하여, 학교에서는 본인이 원하는 실습기관에 실습요청 공문을 발송하게 한다. 학교에서 실습요청 공문을 발송하는 이유는 학교가 사회복지 학생들의 학업에 책임과 의무를 가지기 때문이다. 실습은 학교 교육의 일환이며, 또한 교실 교육의 연장이기 때문이다. 그러므로 학교는 학생들의 현장실습에 책임을 가지며, 기관에 대한 공문이라는 공식적 과정을 통해 정중하게 요청하는 것이다.

4) 실습확정

학교에서 해당기관에 공문을 발송한 후 약 1~2주가 지나면 해당기관에서 실습확정에 대한 여부를 학교에 통보한다. 이때 실습신청이 받아들여지지 않았을 경우에는 정당한 사유와 함께 통보서가 발송된다. 만약 실습이 확정되었다면, 각 기관이나 학교에서 요구하는 실습 준비를 하면 되고, 만약 실습이 받아들여지지 않았다면, 다시 실습기관 선정을 위한 탐색을 하면 된다. 실습단계를 그림으로 제시하면 〈그림 3-1〉과 같다.

3. 실습교육기관 및 실습지도자 선정 시 고려사항

사회복지현장실습은 사회복지전공의 교과필수 과목이며, 전문사회복지사를 양성하는 중요한 과정이므로, 그에 따른 실습기관과 실습지도자에 대한 선정 기준이 있으며, 이를 오혜경이 제시한 바를 토대로 살펴보면 다음과 같다(오혜경 외, 2007: 65~67). 실습교육의 중요성을 고려할 때 실습기관의 선정과정에 대학은 다양한 정보를 면밀히 검토하고 신중히 선택하여야 할 것이다.

〈그림 3-1〉 실습 선택 단계

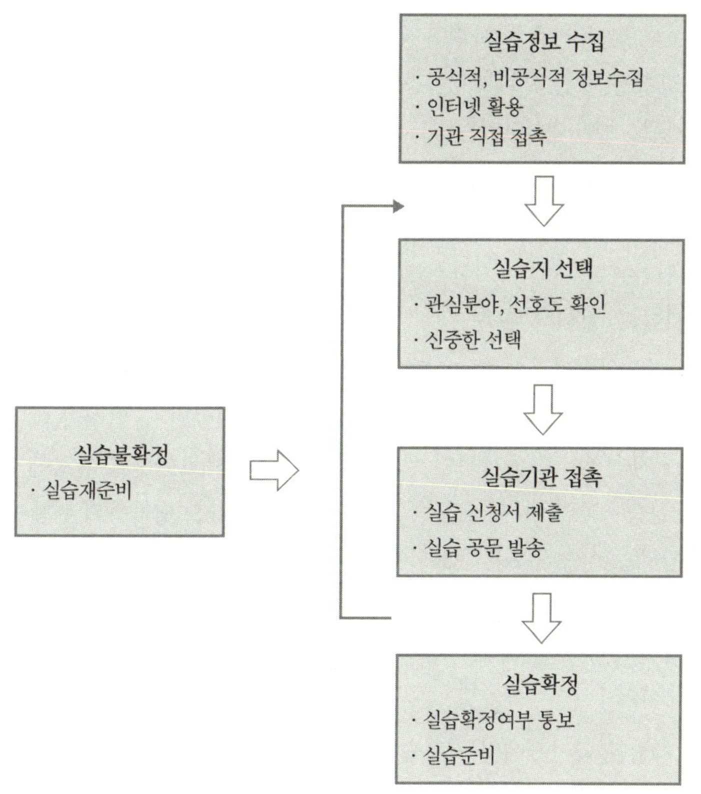

1) 실습기관 선정 시 고려사항

실습기관은 사회복지서비스의 제공기관이면서 동시에 대학에서 사회복지교육의 일부를 위임받아 교육하는 기관으로서의 기능을 할 수 있어야 한다. 따라서 학교에서 실습기관을 선정할 때에는 적절한 사회복지교육을 수행할 수 있는 기관인가 하는 여부를 고려해야 한다. 학교에서는 실습기관의 선정기준으로 다음과 같은 조건들을 고려해 볼 수 있다.

첫째, 실습기관은 사회복지전문직의 윤리와 가치에 부합되는 정책 방향을 가진 사회복지기관이어야 하며, 병원, 학교, 교정기관, 연구기관, 시민사회단체 등과 같은 비사회복지기관에서는 전문적인 사회복지서비스를 제공하는 부서와 실습지도자의 자격을 갖춘 사회복지사가 있어야 한다. 대학에서는 이러한 기준에 부합되는지 여부를 평가하기 위해서 기관소개서를 요청할 수 있고, 기관에서는 이를 제시할 수 있어야 한다.

둘째, 실습기관에서는 기관 특성을 반영하는 프로그램을 통해 학부 혹은 대학원 과정별로 적절한 학습경험을 제공할 수 있어야 하며, 이는 지속적이고 체계적인 실습과제를 제시함으로써 이루어져야 한다. 실습기관이 이러한 기준을 충족할 수 있는가를 평가하기 위해 학교에서는 실습교육의 개요와 실습교육계획서를 요청할 수 있고, 기관은 이를 제시할 수 있어야 한다. 학교에서는 실습교육의 개요와 계획서의 검토를 통해 학생들에게 부과된 실습과제의 교육적 가치를 평가한다.

셋째, 실습기관에서는 실습생의 업무수행(예컨대, 실습일지, 보고서, 프로그램 계획서 작성 등)에 필요한 사무 공간 및 기자재 등을 제공할 수 있어야 하며, 상담 등과 같은 특별한 실습과제의 수행이 필요한 경우에는 이를 위한 공간도 제공할 수 있어야 한다.

넷째, 실습기관의 인력확보 수준은 실습지도자가 실습생의 교육과 지도에 충분한 시간을 할애할 수 있으며, 실습생에게 기관업무를 의존하지 않아도 될 정도가 되어야 한다.

2) 실습지도자 선정 시 고려사항

실습지도자의 선정은 기본적으로 실습기관 내에서 이루어지게 되지만, 대학에서는 일정한 자격요건을 갖춘 사회복지사에 의한 책임 있는 지도감독을 통한 실습지도를 보장하기 위하여 기관에서 보내온 자료를 참고로 실습지도자의 자격요건을 충분히 검토해야 하며, 이를 실습기관 선정 시 중요한 요소로 고려한다.

실습지도자의 기본적인 자격요건은 각 대학별로 마련할 수 있으나, 일반적으로 학부실습의 경우에는 사회복지학과의 학부졸업 이상이며 2년 이상의 사회복지 실무경험을, 대학원실습의 경우에는 사회복지 석사학위 이상이며 2년 이상의 사회복지 실무경력을 기본적인 학력 및 경력의 조건으로 하고, 두 과정 모두 해당기관에 최소 1년 이상 근무한 사회복지사 1급 자격증 소지자를 원칙으로 하고 있다. 이러한 기본적인 조건 외에도 사회복지 교육과 훈련에 관심이 있고, 학생에게 지지적이며, 학생의 지도를 위해 충분한 시간을 할애할 수 있는 사람이어야 한다. 실습지도자는 학생들에게 사회복지전문가로서 역할모델이 되어 미래의 사회복지사에게 중요한 영향을 주는 대상이므로, 실습기관에서는 해당기관에서 가장 유능하고 열심히 일하는 사회복지사를 실습지도자로 선정할 수 있도록 한다.

실습기관에서 실습지도를 담당하는 사회복지사는 위에서 제시한 기본적인 자격조건 외에도 다음과 같은 점을 갖추는 것이 바람직하다.

· 사회복지전문가로서의 자질과 능력을 갖추고 있으면서 동시에 실습생의 진취적 도전에 기꺼이 응하고 이를 권장하는 훌륭한 교사로서의 자질도 갖추어야 한다.
· 실습기관의 목적, 기능, 정책, 프로그램, 절차 및 기관의 서비스

대상 집단의 특성을 잘 파악하고 있으며, 기관의 행정조직 및 자원을 유용하게 사용할 수 있는 능력이 있어야 한다.

· 실습생의 교육적 욕구 충족을 위해 학교의 실습지도교수와 협력적으로 일할 수 있으며, 실습생과도 개방된 의사소통을 할 수 있어야 한다.

· 실습지도자소개서, 실습교육계획서, 학습계약서, 실습생평가서 등 학교에서 요구하는 각종 서류양식을 작성, 제시해 줄 수 있어야 한다.

· 실습일지 및 과정기록의 검토와 평가를 포함하는 구체적인 개별실습지도에 시간과 노력을 할애할 수 있어야 하며, 주 1회 이상 1~2시간 이상의 규칙적인 실습지도 시간을 실습생과 같이 보낼 수 있어야 한다.

· 실습지도자는 실습지도와 관련된 다양한 교육 및 훈련과정을 이수하거나 적극적으로 참여하는 등 지속적으로 실습지도자로서 자기개발을 하려는 자세를 갖는 것이 바람직하다.

3) 실습지도자의 기준

실습지도자는 기관의 사회복지 실습의 질을 좌우할 수 있을 정도로 중요하다. 그러므로 실습지도자의 경력과 특성을 파악하는 것은 사회복지를 전공하는 학생의 실습 준비 단계에 있어 아주 중요한 요소이다.

· 일반실습지도자의 기준

- 해당 사회복지기관에서 만 2년 이상 근무한 자로서 실습지도자 교육을 이수한 자(단, 대학원 졸업은 2년 경력으로 인정)

- 외부경력 만 2년 이상의 직원은 해당기관에서 만 1년 이상 근무한 후 실습지도자 교육을 이수한 자

· 심화실습지도자의 기준
- 해당 사회복지기관에서 일반실습지도 경력이 4회 이상인 자로서 현 업무를 1년 이상 담당한 자

4) 북한이탈주민 실습기관 탐색 및 선정

북한이탈주민 관련 실습기관 탐색 및 선정과정은 위에 제시된 일반 실습과 대부분 동일하다. 북한이탈주민 관련 실습의 경우, 북한이탈주민 관련 사업을 하는 기관의 수가 적기 때문에 선택의 폭 역시 좁을 수 밖에 없다. 특히 구조화된 실습교육을 제공할 수 있는 기관은 더욱 제한적이다. 서울지역에서는 공릉종합사회복지관, 한빛종합사회복지관, 가양종합사회복지관, 방화종합사회복지관 등 4곳에서 통합적인 북한이탈주민 관련 사업을 하고 있으며, 대부분 일반실습의 정규 과정의 일부로 북한이탈주민 사업을 포함하여 실습이 이루어지고 있다. 공릉종합사회복지관의 경우는 일반실습의 일부로 북한이탈주민 관련 사업을 실습하거나, 북한이탈주민 관련 사업만 집중적으로 실습하는 과정을 진행 중이다. 북한이탈주민에 대한 관심과 이에 대한 경험적인 실천을 직접해보고 싶다면, 구조화된 사회복지실습교육을 제공하지는 않지만 지역의 북한이탈주민 사업을 하고 있는 기관에 개인적으로 연락하여 실습교육이 가능한지 여부를 확인해 보는 것도 하나의 방법이라고 할 수 있다. 그러나 학교와 긴밀한 협조 속에서 북한이탈주민을 위한 사회복지실천현장의 경험을 얻으면서, 교육 과정으로서 적절한 수준의 교육프로그램을 제공할

수 있는지를 평가하고 기관을 선정하는 것이 바람직하겠다.

현재 북한이탈주민 관련 사업은 북한이탈주민후원회의 홈페이지(www.dongposarang.or.kr)를 통해 확인할 수 있으며, 2008년 북한이탈주민후원회와 함께 하는 민간협력사업기관은 다음과 같다. 그 밖에 다양한 서비스의 종류와 대상 집단을 위해 서비스를 제공하는 기관이 있으니 인터넷 검색이나 북한이탈주민 분야 전문가와 협의를 통해 기관을 찾아보는 것도 바람직할 것이다. 북한이탈주민후원회와 각 기관에 직접 연락을 취하여 관련 정보를 제공받을 수도 있다. 제시된 〈표 3-1〉를 참고하여 북한이탈주민 관련 실습기관 탐색 및 선정을 할 수 있다.

〈표 3-1〉 2008년 새터민 관련 민간협력사업기관

분 야	내 용	기 관
청소년	청소년 대안학교 지원	셋넷학교, 여명학교
	방과 후 공부방 지원	가양7복지관, 공릉복지관, 한빛복지관
	자원봉사자 육성	북한인권시민연합
	진학학교 순회교육	남북문화통합교육원
대학생	학업가이드	태화복지관외 4개 컨소시엄, 자유터 학교, 좋은 씨앗
여성	여성 지원	새롭고 하나된 조국을 위한 모임, 대전 법동복지관
고령자	고령자 지원	부산 YWCA, 한국인성개발연구원
기타	정신건강지원	대구 자원봉사능력개발원, 공릉복지관, 한빛복지관, 북한인권정보센터, 가양7복지관 외 1개 컨소시엄
	자유공모사업	좋은벗들, 망우청소년수련관, 방화6복지관, 중랑 청소년수련관, 성남 청솔복지

□ I부 참고문헌 □

1장~3장 참고문헌

김융일 · 태화기독교사회복지관(2003), 『사회복지실습지도 : 이론과 실제』, 양서원.

김정진(2004), 『사회복지실습론: 현장학습안내』, 서현사.

오혜경 · 하지영(2007), 『사회복지현장실습매뉴얼』, 양서원.

북한이탈주민후원회, http://www.dongposarag.or.kr

Birkenmaier. J. & Berg-Wege M.(2007), *The practicum companion for social work : integrating class and field work*, 2nd ed., Boston: Allyn and Bacon.

Brill N. I. & Levine. J.(2002), *Working with people: The helping process*, 8th ed., Boston: Allyn and Bacon.

Derezotes. D.(2000), Advanced generalist social work practicum, California: Sage Publications, Inc.

Fortune, A. E.(1994), "Field education", In F. G. Reamer(eds.), *The foundations of social work knowledge*, New York: Columbia University Press.

Garthwait C.(2008), *The social work practicum: A guide and workbook for students*, 5th ed., Boston: Allyn and Bacon.

Rogers. G., Collins. D. C., Barlow. C. A., & Grinnell, R. M. JR.(2000), *Guide to the social work practicum: A team approach*, F. E. Peacock Publishers, Inc.

Strean. H. S.(1978), *Clinical social work: Theory and practice*, New York: The Free press.

Univ. of Clifornia Berkeley. Field Work Pprogram Manual, http://socialwelfare.berkelyey.edu/

II

북한이탈주민의 이해

4 북한이탈주민 정착과정과 적응

1. 북한이탈주민 관련 용어 개요

북한을 떠나 남한에 입국한 북한이탈주민에 대한 명칭은 다양한 변화 과정을 거쳤지만 아직도 사회적인 합의가 충분히 이루어지지 못한 상태이다. 어떠한 특정 집단을 지칭하는 명칭은 그들의 역사, 특성, 정체성, 지향점과 사회 인식 등을 담보한 것으로 명칭에 담겨진 의미는 상당히 크다. 특히 북한이탈주민들을 부르는 명칭은 명칭이 지닌 의미에 따라서 남한사회에서 그들의 정착을 지원하는 정착지원제도와도 긴밀한 관계를 가지기 때문에 북한이탈주민에 대한 충분한 이해를 위해서는 그들을 부르는 명칭의 변화과정에 대한 이해가 필요하다.

북한이탈주민의 용어는 과거 군사정권 시절 '귀순용사'로 쓰이다가 '귀순동포' 또는 '귀순자' 로 사용되었다. 귀순이라는 용어는 '반항심을 버리고 복종함' 또는 '반항하거나 반역하는 마음을 버리고 스스로 돌아서서 따라오거나 복종함' 이라는 의미를 가져 거부감을 주었다고 평가되었다. '귀순자' 는 1962년 4월에 제정된 「귀순유공자 및 월남 귀순자 특별원호법(법률 제1053호)」에서 사용하였으며, '귀순용사' 는 1978년 12월에 제정된 「월남 귀순용사 특별보상법(법률 제3156호)」에서 정부 정책상 공적에 의해 물질적 보상을 보장하는 차원을 의미하는 냉전시대 선전 과시 방편의 결과였다. '귀순동포' 는 1990년대 들어 북한이탈주민의 양적 증가와 다양한 계층의 발생에 따라 1993년 6월에 제정된 「귀순북한동포 시행령(법률 제4568호)」에서 사용되었다. 이는 북한이탈주민의 증가에 따른 지원 축소의 조치를 의미했다. 이로 인해 1997년 '귀순북한동포' 라는 용어는 '북한이탈주민' 이라는 용어로 변경되었다. 북한이탈주민은 1994년 이후 러시아 벌목공의 집단귀순을 계기로 통일 차원의 대책으로 1997년에 제정된 「북한이탈주민의 정착 및 지원에 관한 법률」에서 공식화한 용어다(황부자 · 손영지, 2007: 20).

이후 통일부에서 공모 및 국민 여론 조사 과정을 거쳐 2005년도에 선정한 '새터민' 이라는 용어는 '새로운 터전에서 삶의 희망을 갖고 사는 사람들' 이란 뜻으로 그동안의 법률용어였던 '북한이탈주민' 이라는 용어가 주는 부정적인 이미지를 개선하고자 사용되기 시작하였으나, 법률용어를 개정할 정도로 적절한 용어로서의 지지도를 확보하지 못하였고, 현재는 행정기관과 정착지원을 담당하는 민간기관들이 주요 사용하고 있다. 또한 일부 연구자들 중에서는 탈북하여 남한에 입국하기까지의 과정과 탈북의 동기를 살펴볼 때, 과거 생사위기의 경제적인 이유나 정치적인 측면의 이유보다는 좀 더 나은 삶을 찾아 이주오거나, 가족을 따라서 점진적인 이동의 한 형태로 이주해 온 이주민의 성향을 갖고 있기 때문에 '북한이주민' 이라는 폭넓은 의미를 가진 용어 사용을 제시한다.

2. 북한이탈주민의 유입배경

1990년 이전 탈북은 특수한 배경과 원인을 가진 사람들이 선택하는 특수한 사건이었으나, 1990년대 말부터 탈북은 일상적인 사건으로 인식되고 있다. 북한이탈주민의 규모는 분단이후 매년 10명 내외로 발생하여, 1990년까지 공식적으로 발표된 인원이 600여 명이었으나, 사회주의 체제가 붕괴되고 김일성 사망과 북한의 경제난 등의 체제위기가 고조된 1990년대 이후 높은 증가세를 보이고 있다. 1994년부터 1998년 대량 탈북 사태 발생 시까지는 식량부족과 경제난이 주된 탈북의 원인이었다. 다수의 탈북자들이 식량과 경제적 원조 획득 후 자발적 귀환이 이루어졌다. 그러나 2000년대 이후부터는 경제난 외에도 외부 정보획득과 자유 · 희망에 대한 소망 그리고 미래에 대한 꿈의 실현 및 발전, 자녀교육에 대한 기회 제공 등으로 탈북의 원인이 확장하였다. 대량탈북사태가 소강상태로 접어들면서 경제적 문제 외의 요인도 중요하게 작용하게 된 것이다. 특히 자녀의 교육기회 제공이 주된 원인으로 제시되고 있다(윤여상, 2002: 2).

1990년대 중반 '고난의 행군' 시기에는 식량난이 탈북의 가장 큰 원인이있으나, 식량난의 심각성이 줄어들면서 중국에 체류하던 탈북자들 중 귀환하는 수가 감소하기 시작하였고 중국에 체류하면서 시장경제체제로 전환하는 중국의 변화에 대한 경험과 그 과정 속에서 남한에 대한 새로운 정보를 획득하게 되면서 탈북 이후 남한으로의 행로가 이어졌다고 할 수 있다.

한 탈북자의 탈북배경과 남한 입국 과정에 대한 이야기를 소개하면 다음과 같다(윤여상, 2002: 3)

> "실제로 북한으로 귀환하면 처벌을 받게 되고, 또 가족에게 해가 되기 때문에 귀환보다는 한국행이나 중국에서 더 뻗치려 한다. 북한으로 송환 시 처벌이 낮아졌다고 하지만 이것은 제3자들의 이야기일 뿐이다. 처벌의 수위는 설령 낮아졌다고 하더라도 당사자가 느끼고 당하는 공포와 두려움은 마찬가지이다. 또한 처벌은 낮아지더라도 그 문건은 평생을 따라다니기 때문에 성분을 중시여기는 북한사회에서 인간다운 삶을 살 수는 없다. 더구나 그 문건이 자식들에게까지 영향을 미치기 때문에 더욱이 참아낼 수 없다. 부모가 탈북 경력을 갖고 있으면 자녀들은 최하층으로 떨어진다. 나도 탈북했다가 잡혀 송환된 적이 있는데, 지속적인 감시와 이것이 후대에까지 영향을 미친다는 것 때문에 재탈출을 감행할 수밖에 없었다."

2000년대로 접어든 이후 북한이탈주민의 수가 지속적으로 증가하고 있는데, 이는 중국에 체류하고 있던 상당수의 탈북자들이 남한으로 이동한 결과이며, 또한 남한에 입국한 북한이탈주민들이 북한에 거주하고 있는 가족들을 남한으로 데려왔기 때문이다. 북한이탈주민들이 남한에 입국하기까지를 최근의 배출요인push factor과 유인요인pull factor으로 나누어 살펴보면 다음과 같다.

배출요인push factor으로는 첫째, 식량난으로 인한 생존의 위협이다. 둘째는 상대적 박탈감의 심화이다. 셋째는 범죄에 대한 처벌의 위험이다. 넷째는 탈북자들에 대한 처벌과 편견을 들 수 있고, 다섯째는 더 나은 생활환경에 대한 기대라고 할 수 있다. 또한 유인요인pull factor으로는 첫째는 중국 내에 있는 조선족 사회의 보호와 지원이다. 둘째는 민간단체의 구호활동이고, 셋째는 취업기회이며 넷째는 여성에 대한 수요의 증대이다. 그리고 가족의 결합을 위한 요인과 마지막으로

한국정부의 북한이탈주민 정착지원 정책이다(김현경, 2007: 14~16)

3. 북한이탈주민의 입국 경로와 제3국 체류 시 어려움

1) 북한이탈주민의 탈북 경로[1]

(1) 중국에서 한국으로

중국에서는 2008년 올림픽을 앞두고 공안들의 단속을 더욱 강화하였다. 이러한 단속강화로 탈북동포들이 동북3성을 떠나 남쪽으로는 홍콩 바로 위에 있는 광주까지 내려오고 서쪽으로는 지도에 지명조차 표기되지 않은 마을로 이주하고 있다. 이러한 살얼음판 같은 중국에서 한국으로 이주하는 방법은 크게 세 가지로 볼 수 있다.

① 대사관 및 영사관으로의 진입

첫 번째는 언론을 통해 한번쯤 보았을, 대사관 및 영사관으로의 진입이다. 2002년 3월 14일 스페인 대사관으로 25명이 진입함으로써 세계적으로 언론 집중을 받았다. 이로 인하여 각국의 대사관, 영사관 및 국제학교에서 탈북동포들을 제3국으로 망명할 수 있게 보호를 해주는 선례가 만들어졌다. 그 전까지만 하더라도 심지어 우리나라 대사관에 탈북동포가 찾아가면 중국 화폐로 100위안(한화 1만 2천 원) 정도 쥐어주고 다시 대사관 밖으로 내보내는 일이 많았다. 그러나 스페인 대사관 진입 이후 대부분의 대사관 및 영사관에서 탈북동포들

1 이영석, 2007: 8-9.

이 진입하였을 경우 제3국으로 이동할 때까지 보호를 하고 있다.

② 위조여권

두 번째는 위조여권 등을 통하여 비행기나 배를 타고 한국으로 바로 오는 방법이다. 중국현지에서 위조여권을 만들어 한국으로 들어오는 방법으로 비용이 많이 들어 탈북동포들이 쉽게 선택할 수 있는 방법이 아니다. 위조여권을 만들기 위해 한화로 약 1천만 원이라는 거금을 만들어야 하는 현실은 탈북동포가 한 달에 중국 돈 200~500위안(한화 2만 4천~6만 원)으로 살아가는 모습을 볼 때 거의 불가능하다. 이와 같은 방법을 이용하는 탈북동포들은 한국에 가족이 있어 비용을 지급한 경우 또는 북한에서부터 많은 돈을 가지고 나왔을 때 이루어지는 것으로 보인다.

③ 국제기구

국제기구를 통해 한국으로 들어오는 방법도 있다. 탈북동포는 국제기구의 도움으로 보호를 받고 탈북동포가 희망하는 제3국으로 가게 된다. 이러한 과정은 중국정부를 정식으로 통하여 이루어지기는 하지만, 아주 많은 시간이 소요된다. 최소 6개월에서 보통 1년 이상이 걸리는 것으로 나타난다.

(2) 중국과 몽골을 경유해서 한국으로

몽골로 가는 방법은 거리가 짧다는 이유로 많은 탈북동포들이 선호하는 루트 중 하나이다. 일단 중국내에서 내몽골로 이동, 그 후 국경수비대를 빠져 나와 철조망을 넘고 사막을 건너면 몽골 땅이다. 몽골에서는 다행히 인도적 차원에서 탈북동포들을 돌려보내지 않고

현지에서 보호하다 한국행을 선택한 탈북동포들을 한국으로 보낸다. 그러나 중국과 몽골사이에는 국경에 놓인 철조망보다 더 무서운 사막이 있어 쉬운 길은 아니다. 사막에서 급격한 온도 변화로 어려움을 겪거나 또는 길을 잃어 실종 또는 사망하는 경우가 많으며, 중국 변방대(국경수비대)에 발각되어 체포되는 일이 빈번히 일어난다. 그리고 더운 여름이나 겨울철에는 사막의 온도 때문에 사막을 건너기가 매우 어렵다.

(3) 러시아를 경유하여 한국으로

러시아에서 탈북동포들이 한국으로 오는 경우는 매우 드물다. 그러나 러시아에서 벌목공으로 적은 임금을 받으며 일하고 있는 북한동포들이 약 1만 2천 명에 달한다. 1990년대까지만 해도 북한 벌목공들이 탈출을 하면 러시아 당국이 잡아 북한으로 보냈으나 1996년 탈출을 시도한 탈북동포를 북한으로 돌려보내는 과정에서 북한군이 탈북동포를 1명을 즉결처형을 하는 것을 목격한 러시아 군인은 다른 2명의 탈북동포를 북한으로 인도하지 않았다. 또한 북송과정 중 일가족 4명이 북송에 반대하며 철교에서 투신자살하는 모습을 본 후 북송을 중단하고 있다. 러시아를 통하여 한국으로 입국하는 경우는 아직까지는 소수이지만 꾸준히 들어오고 있다. 이유는 벌목공들에 대한 북한의 감시가 심하고, 북한에서 벌목공으로 뽑힌 사람들은 출신성분이 좋은 사람들로 알려져 있어 탈북이 쉽지 않은 것으로 보인다.

(4) 중국에서 동남아시아(베트남, 캄보디아, 태국, 라오스 등)를 경유하여 한국으로

몽골이나 중국 내 대사관 등으로 진입을 하지 못한 탈북동포들은 자유를 찾아 남쪽으로 남쪽으로 이동하여 동남아시아까지 내려간다. 동남아시아까지 가기 위해 중국 남쪽으로 이동하는 동안 아주 많은 어려움을 겪게 된다. 중국 공안의 검문을 피해야 하며 수없이 많은 죽음의 고비를 넘겨야 한다. 신분증이 없는 탈북동포들은 대중교통수단을 이용하는 데에도 한계가 있어 중간 중간 산을 넘기도 하고 들판을 가로 질러 가기도 한다. 이러한 어려움을 겪고 중국 남쪽지역까지 도착해도 다시 한 번 목숨을 걸고 국경을 건너야 한다. 중국에서 베트남으로 들어가 다시 캄보디아로 건너간다. 또 다른 경우는 중국에서 라오스로 건너가고 다시 라오스를 가로질러 메콩강을 건너 태국까지 들어간다. 이러한 과정들이 일반 여행이라면 멋진 코스일지 모르나 목숨을 걸고 수없이 많은 현지 경찰의 단속을 피하고 밀림을 헤치며 강을 건너야 하는 상황이라면 결코 쉬운 길이 아니다. 이러한 과정을 무사히 통과하면 한국대사관의 보호를 받으며 한국으로의 출국을 준비한다.

2) 제3국 체류 시 어려움

(1) 탈북 청소년의 제3국 체류 시 어려움[2]

심리적 측면에서 새터민 아동 · 청소년들은 불안이나 공격성, 또

2 윤상석, 2007: 44.

는 과거 힘든 경험으로 인한 '외상 후 스트레스장애'[3] 등의 어려움을 겪는 경우가 많다. 정진경 · 정병호 · 양계민의 연구에 의하면 새터민 어린이와 청소년들은 다음과 같은 심리적 특징을 보이는 경향이 있다.

첫째, 북한에서 겪은 기아의 고난과 가족의 생이별의 경험, 탈북과정과 중국 체류 기간에 겪는 극심한 공포 등이 근본적 원인으로, 그 결과 생긴 외상 후 스트레스장애의 한 증상으로서 불안한 상태를 보인다. 또 다른 불안의 원인은 낯선 남한 문화로 이주해 와서 앞으로 어떻게 생활해 나갈 것인가에 대한 걱정 때문이다. 어디에 가서 무엇을 하고 살까, 친구를 사귈 수 있을까, 공부를 따라가고 진학하고 장차 취직을 할 수 있을까 등 미지의 상황에 대한 불안이 이들을 사로잡고 있다.

둘째, 북한이탈주민 아동 · 청소년들은 남한의 평균적 또래들에 비하여 공격적이고 폭력적인 행동을 보이는 경향이 있다. 이러한 공격성은 그들이 겪어내야 했던 폭력적인 상황으로부터 학습한 결과이기도 하고, 좌절이 많은 현재의 상황에 대한 반응이기도 한다.

셋째, 북한이탈주민 청소년들은 성인들과 마찬가지로 남북한의 문화적 가치관의 차이로 인해 심한 심리적 혼란과 갈등을 겪고 있다. 남녀의 성역할은 그 중 가장 현저한 갈등을 보이는 분야 중의 하나이다. 성역할의 변화와 적응은 본인의 내재된 성격이나 가치관에 그치

3 외상 후 스트레스장애 (PTSD: Post traumatic stress disorder)는 생명의 위협을 주는 천재지변, 전쟁, 사고 등을 겪은 후 그 사건의 후유증으로 나타나는 정신장애를 말하며. 실제로 베트남 선생에 침전한 미군 중 30%가 PTSD를 경험했다고 한다. 개인에 따라 사건의 경험 후 며칠에서 몇 년이 지난 후에 발병할 수 있으며, 발병의 시점에 따라 급성과 만성으로 구분된다. 급성의 경우는 예후가 비교적 좋지만 만성의 경우는 증세에 따라 사회복귀가 불가능한 경우도 있다. 일반인이 PTSD에 걸릴 확률은 1~3% 정도이며, 증상만을 호소하는 경우는 5~15% 정도라고 한다. 임상적인 증상으로는 과민반응과 계속되는 사건에 대한 생각이나 악몽을 통한 재경험, 사건과 유관된 자극에 대한 회피나 마비 등이 있다.

는 것이 아니라 대인관계나 사회생활의 수많은 국면에 영향을 미치기 때문에, 이는 남한에서의 전반적인 가족관계, 생활적응 및 스트레스에도 반영될 수 있다.

넷째, 북한이탈주민 아동 · 청소년들은 고립된 생활경험 때문에 자아 통제력이 아직 덜 발달하여 그동안에 겪은 고통스런 경험과 상처가 거짓말, 도벽 등 여러 가지 행동상의 문제로 나타나기도 한다. 이러한 행동들은 아동기에 흔히 나타나는 것이기는 하지만, 그 정도가 심하거나 지속 기간이 길어지면 반드시 놀이치료나 심리상담 등을 통해 교정해 주어야 한다.

어린 나이에 경험한 장기간의 영양부족과 가족해체, 북한탈출과 은신과정에서의 긴장, 남한생활에서의 부적응 등 힘든 경험은 북한이탈주민 청소년들의 마음에 많은 상흔을 남겼다. 키와 용모의 왜소함에서 느끼는 심리적 위축은 특히 청소년기에 더욱 심각한 상처가 된다. 자아정체감을 형성해야 할 시기에, 자신의 존재자체를 숨기거나 부끄럽게 여기는 것은 건강한 성장에 매우 치명적이고 북한이탈주민 청소년의 심리적 적응의 문제는 개인적인 것이 아닌 사회적인 것으로 파악해야 한다.

(2) 중국 영사관 체류 시 어려움[4]

① 영사관 체류기간별 신체화[5] 정도

신체화는 영사관 체류기간 3~6개월 동안은 무감각해지나 6개월

---

4 김현아, 2007: 22-23.

5 신체화(somatization)란, 다양한 신체 증상을 반복적으로 호소하나 내과적으로는 아무런 기질적 이상을 발견하지 못하는 경우로 정신, 심리적 스트레스가 주원인이 되어 나타남. 30대 이전의 여성에게 발병하는 것이 특징이며 여성 100명 중 1-2명에게서 나타나며 남성에게서는 드물게 나타나며, 새터민의 경우 심리적인 문제를 다양한 신체화로 호소하는 경향이 매우 뚜렷함.

〈표 4-1〉 영사관 체류기간별 신체화 정도

장소별	3개월 미만	3-6개월	6개월-1년	1년 이상	전체
심양영사관(N=14)	69.50(2)	-	37.00(1)	63.00(9)	61.91(12)
북경영사관(N=59)	55.42(14)	51.71(14)	60.83(18)	58.72(11)	56.85(57)
전 체	57.18(16)	51.71(15)	59.57(20)	60.65(20)	57.73(71)

※체류기간 무응답자 2명 제외.

〈그림 4-1〉 영사관 체류기간별 신체통증

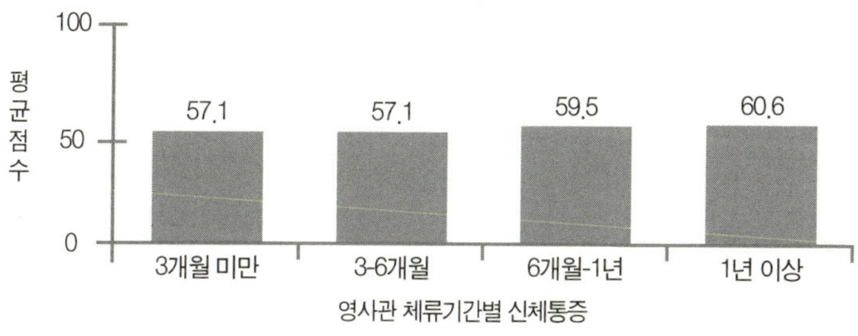

을 넘어가게 되면 입국지연에 따른 스트레스 가중으로 신체통증 정도가 급증하는 추세를 보이며, 특히 영사관 내 체류기간이 1년 이상 되었을 경우 신체화 정도가 매우 높은 수준으로 상승하였다. 북한이탈주민의 특성 상 남한입국 지연에 따른 실제적인 신체질환의 발병보다는 스트레스 누적으로 인한 신체화 증상발현 및 조속한 시일 내에 남한에 입국하려는 이차적인 이득[secondary gain]을 위한 신체호소인 것으로 해석된다. (〈표 4-1〉 〈그림 4-1〉 참조).

② 영사관 내 체류기간별 삶의 만족도

영사관 체류기간이 6개월이 될 때까지는 현재의 생활에 대한 불편감을 느끼지 못하나 6개월 이후부터는 영사관 체류생활에 대한 불만감이 두드러졌다. 특히 6개월~1년 체류기간 중 탈북자의 삶의 만족

〈표 4-2〉 영사관 내 체류기간별 삶의 만족도

장소별	3개월 미만	3-6개월	6개월-1년	1년 이상	전체
심양영사관(N=14)	23.50(2)	-	28.00(2)	24.33(9)	24.76(13)
북경영사관(N=59)	26.07(14)	26.33(15)	21.61(18)	23.18(58)	24.18(58)
전체평균(인원)	25.75(16)	26.33(15)	22.25(20)	23.65(20)	24.29(71)

※체류기간 무응답자 2명 제외.

〈그림 4-2〉 영사관 체류기간별 삶의 만족도

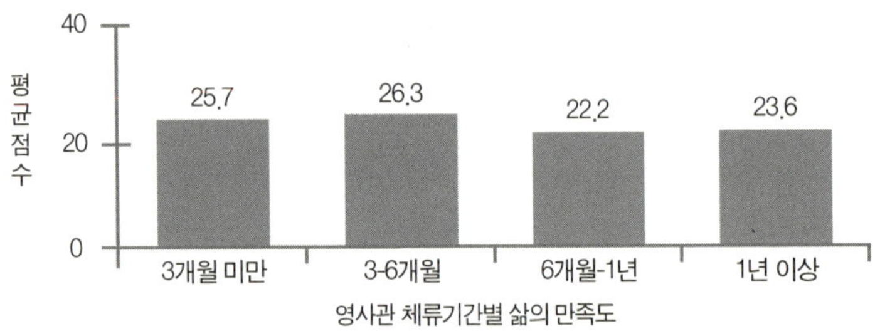

도 수준이 가장 낮은 것으로 나타나 6개월~1년 기간의 탈북자들을 집중 관리해야 할 필요성이 제기되었다. 또한 삶의 만족도 문항 중에서도 영사관 내 생활의 지루함, 실망감, 외로움을 많이 호소하였다.

4. 북한이탈주민 정착 현황과 정착지원 과제

1) 북한이탈주민 정착 현황과 특징

(1) 북한이탈주민 정착(입국/거주) 현황

국내에 거주하고 있는 북한이탈주민은 2007년 2월로 1만 명을 넘어

〈표 4-3〉 북한이탈주민 연도별 국내입국 현황

단위: 명

<table>
<tr><th>구분</th><th>'89</th><th>'90-'93</th><th>'94</th><th>'95</th><th>'96</th><th>'97</th><th>'98</th><th>'99</th><th>'00</th><th>'01</th><th>'02</th><th>'03</th><th>'04</th><th>'05</th><th>'06</th><th>'07</th><th>'08.2</th><th>합계</th></tr>
<tr><td rowspan="2">인원</td><td rowspan="2">607</td><td>34</td><td>52</td><td>41</td><td>56</td><td>86</td><td>71</td><td rowspan="2">148</td><td rowspan="2">312</td><td rowspan="2">583</td><td rowspan="2">1,139</td><td rowspan="2">1,281</td><td rowspan="2">1,894</td><td rowspan="2">1,383</td><td rowspan="2">2,019</td><td rowspan="2">2,544</td><td rowspan="2">607</td><td rowspan="2">12,855</td></tr>
<tr><td colspan="6">340</td></tr>
</table>

〈표 4-4〉 북한이탈주민 지역별 거주현황

단위: 명

지역	서울	경기	인천	대구	광주	대전	울산	부산	강원
인원	4,256 (36%)	2,782 (23%)	1,094 (9%)	359	260	369	152	583	238
지역	충북	충남	경북	경남	전북	전남	제주	계	
인원	318	350	314	333	182	213	66	11,869	

※사망 · 이민자와 주소 미등록, 보호시설수용자 제외, 2008년 2월 기준.

섰다. 남한에 입국하는 북한이탈주민의 수는 1999년 이후부터 해마다 2배수로 증가하고 있고, 증가추세가 지속되어 2002년부터는 매년 1천 명을 초과하고 있다. 2006년도에는 가장 많은 인원수인 2,019명이 입국하였고, 2007년 2월을 기점으로 북한이탈주민 1만 명이 한국에 입국하였다. 연도별 입국자 현황을 살펴보면 〈표 4-3〉과 같다.

북한이탈주민은 하나원 퇴소 이후, 정부에서 제공하는 주거지원 정책에 따라 임대아파트에 거주하게 됨에 따라서 임대아파트 밀집 지역을 중심으로 밀집화 현상을 보이고 있는데, 구체적으로 지역별 거주 현황은 〈표 4-4〉와 같다. 서울이 가장 많이 거주하고 있으며 서울은 노원구, 강서구, 양천구를 중심으로 각각 약 1천 명 이상이 거주하고 있다. 서울에 이어 최근에는 경기, 인천지역에 거주하는 북한이탈주민이 증가하면서 수도권에 약 70%정도가 거주하고 있다.

(2) 입국 북한이탈주민 특성[6]

북한이탈주민이 가진 인구학적 특성과 입국시기별로 공통적으로 나타나는 특성들에 대한 이해는 그들이 가진 욕구와 문제 등과 직·간접적인 관계가 있으므로 유의미하게 살펴볼 필요가 있다.

2000년도 이후 북한이탈주민의 입국이 증가함에 따라 1990년대와 그 이전의 입국자들과는 다른 특성들이 나타나는데 그 내용을 살펴보면 다음과 같다.

첫째, 1999년부터 2004년까지 20~30대 청년층의 입국 비율이 매우 높게 나타나고 있는데 구체적으로 살펴보면 전체 5,357명 중 61%를 차지하는 3,221명으로 나타났으며, 2005년 입국자 중에서는 20~30대가 61.4%(746명)로 매우 높은 비중을 차지하고 있다. 이는 2004년도에 20~30대 청년의 입국비율(60.0%)보다 높다. 또한, 2006년도 입국자는 10세미만이 4.2%, 10대가 12.8%, 20대가 26.1%, 30대가 34.1%, 40대가 12.8%, 50대가 3.6%, 60대가 6.4%로 여전히 20~30대의 비율이 높다(〈표 4-5〉 참조). 이는 20~30대 청년층이 탈북과 은둔 생활을 견딜 수 있는 신체적 조건을 갖추었기 때문인 것으로 보인다. 비교적 젊은 층인 20대와 30대의 입국이 다수라는 점에 착안하여 정착지원의 방향성 설정에 있어서도 자활과 자립을 이끌어낼 수 있는 직업훈련과 직업교육 및 진로결정을 위한 대학진학 등의 미래를 준비할 수 있는 구체적인 지원이 필요하다고 할 수 있다.

둘째, 북한이탈주민 여성의 비율이 증가하였다. 1999년까지는 남성입국자 지속적으로 높았으나 이후 증가하다가 2003년 이후 여성 입국자 비율이 급격하게 증가하였고, 2004년에는 여성 입국자의 비

6 2007년 통일부 국정감사자료에 의거하여 정리함.

〈표 4-5〉 북한이탈주민 연령별 입국현황

단위: 명

구분	10세미만	10-19세	20-29세	30-39세	40-49세	50-59세	60세이상	계
'03	46	161	345	447	160	57	65	1,281
'04	69	247	493	644	260	85	96	1,894
'05	40	184	374	475	187	53	70	1,383
'06	84	259	527	688	258	73	130	2,019
'07.3	25	69	137	225	89	17	32	594

〈표 4-6〉 북한이탈주민 입국자의 성별 현황

단위: 명

구분	~'89	~'93	~'98	~'01	'02	'03	'04	'05	'06	'07	합계
남	564	32	235	564	514	468	625	422	510	130	4,064
여	43	2	71	479	625	813	1,269	961	1,509	464	6,236
합계	607	34	306	1,043	1,139	1,281	1,894	1,383	2,019	594	10,300
여성비율(%)	7	6	23	46	55	63	67	69	75	78	60

율이 이미 67%를 차지하였다. 여성 입국자 수는 2005년 69.4%, 2006년 75%, 2007년 79%로 지속적으로 증가하고 있다(〈표 4-6〉 참조). 여성 입국의 증가는 탈북 이후 체류지에서의 동거 및 취업을 통한 은신, 정착과 국제결혼 등으로 인해 입국 여건이 남성보다 용이하기 때문이라 할 수 있다. 이러한 여성 입국자 증가에 따른 여성들의 정착지원에 대한 정책수립이 필요하다. 여성들이 가진 주된 욕구라 할 수 있는 취업과 결혼 및 자녀 양육, 재중 가족들과 관련된 가족단위 서비스 등을 중심으로 정착지원이 이루어져야 한다.

셋째, 북한이탈주민 청소년들의 수의 증가와 그에 따른 지원 정책의 시급성을 들 수 있다. 북한이탈주민 청소년은 2006년도 11월말 기준 전체 입국자 약 9,500명 중 6~20세는 약 1,200명(12.6%) 수준으로 상당수를 차지하고 있다. 또한, 이들 북한이탈주민 청소년들 중 20세 이하의 입국자들의 입국소요시간이 단축되고 있는데, 전체 북한이주민의 평균 입국기간 약3년에 비해, 20세 이하의 청소년들은 약 2년 정도 소요되고 있으며, 입국 소요기간이 6개월 이내인 경우도 점차 증가[7]하는 경향을 보인다.

남한에 입국한 북한이탈주민 청소년들은 과거 대안학교를 중심으로 교육에 이루어졌으나, 최근에는 그 수의 증가에 따라서 거주지에 있는 일반학교에 재학하는 경우가 증가하고 있다. 2007년도 4월을 기준으로 북한이탈주민 청소년들의 교육기관별 이용 현황을 〈표 4-7〉을 통해 살펴보면, 2006년도 대비 전체 교육지원 청소년의 수가 28.3%(791명 → 1,015명)로 증가하였으며 2006년도 대비 일반학교 재학생의 수도 35.6%(444명 → 602명)로 증가하였고 더불어 재학학교 수도 190개교에서 256개교로 증가하였다.

동일 기간 중 일반학교 재학(지역, 학교급별)의 현황을 살펴보면, 약 70%의 학생(602명 중 419명)이 수도권 내 학교에 재학 중이며, 5명 이상의 북한이탈주민 학생이 재학 중인 학교는 총 23개인데 그 중 서울 내에는 15개교가 있으며 대도시 임대아파트 주변에 집중되어

〈표 4-7〉 교육기관별 북한이탈주민 청소년 재학 현황

단위: 명

구분	한겨레학교	일반학교			평생교육시설 및 민간단체	합계
		초	중	고		
인원(명)	85	341	181	80	328	1,015
		602				
교육분담율(%)	8.4	59.3			32.3	100
교육기관 수	1	113	91	52	18	285
		256				

※2007년 4월 1일 기준.

7 0~20세까지의 6개월 이내 입국자 동향: '02(20%), '03(30%), '04(32%), '05(39%), '06(46%).

있다. 이러한 특징은 북한이탈주민들에게 공급되는 주택이 수도권 내 임대아파트가 밀집지역인 이유 때문이라 할 수 있다. 특히, 서울에는 283명의 학생이 재학 중이다.

그러나 일반학교에 재학하는 비율이 높은 반면, 북한이탈주민 학생들의 학교 중도탈락 비율 역시 높게 나타나고 있다. 구체적으로 현황을 살펴보면, 중 · 고 연령층 취학이 저조하고 특히 연령이 높을수록 취약하다고 할 수 있으며 중도탈락 현황은 북한이탈주민 청소년들의 특수성을 고려한 교육지원이 미흡하여 중등교육단계에서의 중도탈락이 증가하고 있으며, 중도탈락의 사유로 부적응이 56.9%로 가장 높았으며 검정고시를 위한 중도탈락이 12.8%로 다음 순위를 차지하여 학교 부적응이 월등히 높게 나타남을 알 수 있다.

2) 북한이탈주민 정착지원 과제[8]

북한이탈주민의 정착 현황을 언급하기에는 다소 무리가 따른다. 왜냐하면 위에서도 살펴본 바와 같이 남한에 거주하고 있는 북한이탈주민의 50%이상이 최근 2~3년 이내에 입국자로서 남한 정착 초기 단계에 있기 때문에 지금 나타나는 현상을 정착의 결과로 소개하는 데에는 무리가 있기 때문이다. 또한 나머지 50%를 차지하는 북한이탈주민도 그중 상당수는 2000년 이후에 입국하여 길게는 7년, 짧게는 4~5년 정도의 남한 입국기간을 가지고 있다. 현재 남한에 거주하고 있는 북한이탈주민들이 전체적으로 남한 거주기간이 짧기 때문에 지금의 현황은 정착초기 과정으로 다양한 시행착오가 일어나고 있는 유동적이고 부정확한 시기로 이해해야 할 것이다. 따라서 여

8 김선화(2006: 60-64)의 내용을 저자에 의해 수정 · 보완하여 수록함.

기서는 적응현황의 구체적인 자료를 살펴보기보다는 일반적으로 설명되어지고 있는 북한이탈주민들의 정착과정의 문제점 및 어려움을 중심으로 향후 정착지원 과제에 대해서 살펴보고자 한다.

(1) 직업지원 프로그램의 마련

먼저, 경제적 미자립 상태로 체계적인 직업지원 프로그램이 필요하다.

2005년도 정부의 북한이탈주민 정착 실태조사에서 볼 수 있듯이 북한이탈주민의 대부분은 정부 생계비에 대한 의존도가 높다. 정착 초기인 1~2년 동안은 여러 가지 이유(건강 미약, 직업훈련이수, 재중·재북 가족들과 관련된 문제, 브로커 비용 충당)로 안정적인 정규직 직장에 취업하기는 거의 불가능하기 때문에 정부 생계비에 의존하면서 동시에 비정규직 아르바이트 형태의 직종에 종사하게 된다. 그러나 이러한 현상이 1~2년 이상 지속되면서 문제가 발생한다.

거주지 보호기간인 5년 동안 1년이 경과한 후부터는 근로가능자에게 조건을 부과하여 자활사업에 참여하는 자들에게 생계급여를 제공하도록 하고 있으나, 실제로는 많은 경우가 조건부과 없이 또는 미이행 상태에서도 생계급여가 지급되면서 북한이탈주민들의 이중적 생활은 계속되고 있다. 정규직에 종사하기보다는 1~2년 동안 해왔던 형태대로 비정규직에 종사하면서 생계급여를 받는 형태로 지속되면서 정규직 또는 전문직에 종사하고자 하는 노력은 미약해지고, 의존적인 경향은 지속되고 있는 것을 볼 수 있다.

그러나 북한이탈주민들의 취업자수(정규직, 비정규직 및 전문직)가 적은 것은 북한이탈주민에게만 그 원인이 있는 것은 아니다. 북한이탈주민들의 취업 등 경제 활동을 위해 계획된 직업훈련의 내용과 운영과정은 그들의 특성에 맞는 직업훈련체계라 할 수 없기 때문이다. 2006년 5월 통일부(하나원)와 노동부가 '새터민 기초직업적응훈련 과정'[9]을 130시간 이내로 하나원 교육에 편성하도록 협약을 하여 사회적응시설인 하나원 내에서 본인의 관심과 능력에 맞는 직업을 탐색하는 과정을 신설하여 단순직에 종사하고 있는 현재 북한이탈주민들의 취업의 형태를 조금이나마 바꾸기 위한 기회를 확보하였다. 그러나 하나원 퇴소 이후 지역사회에서 실시되는 직업훈련 교육과정은 여전히 과거의 직종에 국한되어 진행됨에 따라 직업훈련의 연결성이 부족하여 직업훈련 교육을 통해 북한이탈주민들이 전문직이나 안정적인 정규직의 취업처를 갖는 것은 현실적으로 불가능한 일이다.

따라서 북한이탈주민들의 취업과 경제적 자립을 위해서는 2005년도에 개선된 정착지원제도의 정착가산금(취업장려금, 자격취득 장려금 등)을 활용하는 것과 더불어 현실적인 차원의 중앙에서의 직업훈련교육 프로그램의 개발과 지역(지방)단위의 북한이탈주민 취업 활성화를 위한 노력이 필요하다. 이러한 노력은 초기전입자들의 조기 정착을 지원할 수 있으며, 5년의 거주지 보호기간이 종료된 이후에도 불안정한 생활을 할 가능성이 높은 상황에 처해 있는 북한이탈주민들의 이후의 삶에 대한 안정성을 확보하는 일과 연관되어 있음을 숙지해야 한다.

9 하나원은 인근의 한국폴리텍대학 및 안성여자기술대학등을 통하여 다양한 직종의 기술훈련과정을 기초적인 수준에서 경험하도록 하여 자신의 욕구와 능력에 맞는 직종을 파악하도록 하고 있다.

(2) 가족 관련 지원 제도 마련

탈북과정에서 해체된 가족들의 재결합과정에서 발생하는 어려움과 문제의 해결을 돕는 가족 관련된 지원이 필요하다.

과거에 비해 가족 입국 경향이 높아지고 20~30대의 독신 여성들의 입국비율이 거의 70%에 이르게 되면서 북한이탈주민들의 가족형성(재구성)에 따른 제반 문제 및 결혼한 가족들의 남한에서의 생활적응과 관련된 많은 문제들이 발생되고 있다. 이 조사에서 나타난 결과에 의하면 결혼 상태의 경우가 57.8%로 나타났다. 그중 50%이상은 북한에서 결혼한 경우이고 한국에서 결혼한 경우도 35%로 높게 나타났다. 두 경우 모두가 생활적응 과정에서 어려움을 보이는데 북한에서 결혼하여 현재까지 결혼생활을 유지하는 경우 가부장적인 남성 중심의 사회와는 다른 남한에서의 결혼생활은 부부와 그들의 자녀들의 관계에 심각한 갈등 요소로 작용하여 이혼하는 사례도 증가하고 있으며 심각한 가정폭력으로 인하여 사실상 가족해체의 상황에 놓여있는 경우도 다수 발견되고 있다.

또한 남한에서의 결혼(북한이탈주민들 간의 결혼 및 남한주민과의 결혼)도 불안정적인 요소를 가지고 있다. 결혼의 신성함과 중요성이 잘 인식되지 못한 채 이루어지기도 하고, 심리적인 어려움을 극복하기 위한 방법으로 사용되기도 하며, 재북 · 재중 가족의 등장과 의붓 자녀들의 문제 등으로 지속적인 위험 요소들을 가지고 있다고 할 수 있다.

그러나 이러한 현실을 지원하는 영역은 정부와 민간 모두 상당히 취약한 상태라 할 수 있다. 가족관계라는 것이 극명한 현실적인 문제로 드러나기보다는 개인의 사생활로 인식되면서 해당 문제에 대해서 북한이탈주민들도 누군가의 도움을 희망하기보다는 개인적 차원

또는 친구들을 통해서 문제를 해결하는 방식으로 처리되기 때문에 민간단체들에서도 개입의 필요성을 인식하고 있기는 하나, 구체적인 방법과 계기를 갖지 못하고 있는 것 같다. 최근 사회적으로, 육체적으로 약자층이라 할 수 있는 여성들의 입국자 수가 월등히 많고, 이들은 모두 결혼 적령기에 있으며 사실상 결혼생활 경험자이면서 한국에서 새롭게 결혼 또는 유사한 형태로 가정을 이루고 살아갈 가능성이 높다. 현재 남한에서 결혼생활을 유지하고 있는 여성 북한이탈주민들 중 남편으로부터 폭력이 심각한 경우가 많이 발생하고 있다. 따라서 여성 중심의 지원정책을 마련하되, 가족 전체를 지원할 수 있는 가족관계성 향상 및 가족문제 지원을 위한 다양한 프로그램들이 실시되어야 할 것이다.

이를 위하여 한국의 기존 가족문제를 다루고 지원하는 기관들을 활용할 수도 있겠으나, 북한이탈주민들의 편의를 도모하고 북한이탈주민에 대한 이해가 깊으며 해당 문제 외에도 여러 영역에서 북한이탈주민을 지원하고 연결 관계가 기형성된 지역사회의 정착지원기관들을 기존의 가정문제 해결과 지원을 위한 인프라들을 활용하여 제공하는 것이 효과적일 것이라 생각된다. 부부간의 관계 재조정 및 의사소통 방법 변화, 부모-자녀간의 의사소통, 자녀교육의 방법, 가족문화의 형성 등 여러 차원의 지원은 북한이탈주민 가족들의 남한사회적응 장애 요소를 제거하는 것뿐만 아니라 적응 수준 향상에도 상당히 도움이 될 것이다.

(3) 북한이탈주민 청소년 정책 지원

북한이탈주민 청소년의 심리적 적응과 학교적응, 사회적응을 지원하는 체계적인 정착지원 정책이 시급히 필요하다.

북한이탈주민 청소년들은 남한의 학생들에 비해 낮은 취학률과 높은 중도탈락률을 보이는 것은 앞서 언급한 바와 같으며 학교에 진학한 학생들은 학업적응의 문제, 교우관계, 문화 및 연령의 차이로 인해 어려워하고 있다. 북한이탈주민 청소년들은 오랜 기간 동안 북한 내 교육체제 붕괴로 인해 파행적 교육이 이루어졌으며, 탈북 이후 장기간 교육기회 없이 시간을 보내면서 기초학습이 부족하여 남한과의 교육 차이로 남한의 학업에 적응하는 것이 더욱 어렵다. 또한 북한 및 제3국에서의 학력을 현제도에서 인정하고 있으나 교육 공백기간 만큼의 차이로 인해 대개는 2~3년 정도의 낮은 연령대의 학생들과 함께 배정되어 학교 적응이 더욱 어려운 상태에 있다. 이러한 문제들로 인하여 대안학교 및 검정고시를 통해 학력을 획득하고 상급학교로의 진학을 계획하고 있으나 이를 위한 충분한 지원이 부족할 뿐만 아니라, 청소년기의 일반적인 어려움과 더불어 다양한 적응과제들로 인하여 정신적인 스트레스가 극심한 상태이다.

또한, 북한이탈주민 청소년들은 정체성의 혼란(조정아, 2007: 41)을 경험하기도 하는데, 특히 또래 집단 내에서 자신의 정체성을 어떻게 드러내는가는 학교 적응의 가장 중요한 문제라고 지적하고 있다. 북한이탈주민 청소년뿐만 아니라 북한이탈주민 모두가 경험하는 자신의 정체성의 혼란은 그들이 탈북 이후의 생활과 현재의 상황 등 각각에서 그들의 정체성을 명확히 하는 데에 어려움을 겪고 있으며 그러한 상황 속에서 학교에서 접하게 되는 또래 친구들에게 자신에 대한 소개를 어떻게 할 것인가는 또 하나의 스트레스로 작용하고 북한 출신임을 밝혔을 때 주변의 반응에 대해 그들이 감당할 수 있는 능력이 채 갖춰지지 않아 어려움을 겪게 된다.

(4) 심리 · 정서적 지원

탈북과정 및 남한 적응과정에서의 심리적, 정신적인 어려움을 극복할 수 있는 정신건강의 체계적인 지원이 필요하다.

북한이탈주민들의 적응 애로사항을 묻는 질문에서 경제적인 문제 22.7%, 외로움과 고독감 21.7%, 건강상의 문제 20.3%로 응답하였다. 정신건강 관련 질문 중 육체적 · 정신적 충격적 사건 경험에 대한 질문에 대해 66.4%가 경험이 있다고 했으며, 이로 인해 87.2%가 스트레스를 받고 있는 것으로 나타났다.

조영아 외(2005)는 북한이탈주민의 우울수준과 남한 사회 스트레스 경험에 대한 종단연구를 통해 3년 동안 추적 연구한 결과, 전체적으로 북한이탈주민의 우울수준은 유의미하게 증가하였음을 확인하였고, 연령이 높은 집단, 북한에서 결혼 경험이 있는 집단, 건강이 나쁜 집단, 만성질환을 갖고 있는 집단이 그렇지 않은 집단에 비해 높은 우울수준을 보였음을 확인하였다. 또한, 노대균(2004: 57)의 북한이탈주민의 우울증에 대한 연구결과에서도 거주기간이 3년 이상일수록, 직장이 없을수록 우울 증상은 증가하고 있다고 나타났다.

이처럼 북한에서의 경험, 탈북과정에서의 경험, 제3국에서의 경험 속에서도 정신건강에 영향을 미치는 어려움이 있지만, 남한사회 적응 과정에서도 적응 스트레스 등으로 인하여 정신건강이 좋지 못하여 우울 등의 심리적 불안정 증상이 나타남을 확인할 수 있다. 최근에는 북한이탈주민의 심리 · 정서적 지원을 위한 사업들이 점차 증가하고 있다. 2006년 통일부는 북한이탈주민후원회를 통하여 민간협력공동사업으로 북한이탈주민 정신건강지원사업을 전국 북한이탈주민 밀집지역의 지역사회복지관과 지역기관 5개를 공모선정하여 사업을 실시하고 있으며, 하나원 내에서의 심리안정과 정신건강 관련 교육시간도 증가하였다.

정신건강 및 심리안정 지원은 이주민, 이민자 등 낯선 곳에서 새로운 삶을 시작하는 사람들에게는 필수적인 영역이라 할 수 있으며, 특히 새터민과 같은 특수상황 속에서 여러 경험자들에게는 지속적인 지원이 필요할 것이다.

(5) 지역사회 내 정착 및 사회적응 교육지원 체계

아직 지역사회 내 정착 및 사회적응 교육지원 체계가 미비한 상태이다.

하나원에서 3개월 동안의 생활은 북한이탈주민들이 대한민국 국민으로 국적을 취득하고 지역사회 배출을 위한 준비를 하는 과정으로 법적, 행정적인 제반 처리와 더불어 사회적응을 위한 다양한 교육을 실시하고 있다. 그러나 하나원 교육 내용이 포괄적이고 다양한 반면, 그러한 다양한 정보와 교육내용을 북한이탈주민이 흡수하는 데에는 환경적 조건(장기간의 집단수용) 및 북한이탈주민들의 내적 조건(경험하지 못한 것들을 간접인 교육을 통해 습득하기에는 이해력이 떨어지고, 장시간 학습 경험의 부재, 신체적 약화 등)이 적절치 못하여 그 교육의 기대효과는 그리 높지 못한 것으로 이야기되고 있다. 따라서 하나원 안에서는 심신의 안정과 건강의 회복을 지원하고 최소한의 필수적인 교육을 시키고, 행정적 절차를 완성하는 기관으로서의 역할을 수행할 수밖에 없다.

또한, 하나원 퇴소 이후 거주지에서의 보호제도는 보호담당관 제도와 북한이탈주민 밀집지역 내의 북한이탈주민지원 지역협의회 및 북한이탈주민 후원회 및 민간단체들의 활동으로 정리할 수 있는데, 현실적인 차원의 북한이탈주민의 필요에 적시적인 지원이 가능한 곳은 북한이탈주민후원회 및 민간단체들이라 할 수 있다.

그러나 가장 적절한 것은 북한이탈주민들의 밀집지역에 기반을 둔 전문기관을 중심으로 북한이탈주민의 여러 가지 문제와 욕구를 충족시키는 과정을 통해 북한이탈주민의 정착을 지원하는 것이 가장 현실적이고 이상적으로 사회 배출 후 정착을 지원하는 방안이 되겠지만 현재 이러한 시스템이 없다.

2006년도를 기점으로 하여 북한이탈주민 남한 입국 증가 초기부터 지역에서 정착지원 활동을 하던 서울 노원구의 공릉종합사회복지관, 양천구의 한빛종합사회복지관에서는 북한이탈주민 정착지원센터를 개소하여 포괄적 서비스를 제공하고 있어 지역 내에서의 사회적응 교육 및 지원을 실시하고 있다. 그러나 지역사회 내 정착지원을 위한 여러 자원의 연결, 통합, 조정하는 정부 차원의 제도적 시스템이 부재하여 민간 차원의 적극적인 노력에도 불구하고 완벽한 지원은 이루어지지 못하고 있는 상황이다.

따라서 북한이탈주민이 거주하는 지역사회 내에서의 민 · 관 통합 지원 시스템이 연구 · 개발되어 빠른 시일 안에 지역 내에 구조화될 수 있어야 할 것이다. 또한 이러한 과정에서 이미 정착지원센터 역할을 수행하고 있는 기관들과의 협력도 중요할 것이다.

5 북한이탈주민의 사회복지 욕구와 실천현장

본 장에서는 북한이탈주민의 사회복지적 측면의 욕구와 욕구에 대한 반응으로서 서비스를 제공하고 있는 실천현장을 살펴보고자 한다. 북한이탈주민이 남한사회에서 정착하는 과정에서 발생하는 욕구를 개인 · 가족 · 집단 · 지역사회 차원에서 다양하게 살펴볼 수 있으나, 여기에서는 사회복지실천의 기본 단위이자, 가장 보편적인 단위라고 할 수 있으며 실천현장에서도 주된 서비스 대상이라 할 수 있는 가족 단위로 욕구를 살펴보고자 한다. 또한 북한이탈주민의 욕구에 따른 정착지원 서비스와 남한 정착과정에서 발생하는 어려움과 문제적 요소들에 대한 개입으로 제공되고 있는 사회복지서비스를 살펴보고 이러한 사회복지서비스를 제공하고 있는 실천현장에 대해서 살펴보고자 한다.

1. 북한이탈주민의 사회복지 욕구[1]

1) 북한이탈주민의 가족의 형태에 따른 욕구

(1) 북한이탈주민 가족의 형태

북한이탈주민들은 탈북과정에서 가족해체를 경험한 경우가 대다수라고 할 수 있다. 탈북 이후 새롭게 가족을 구성해가는 과정에서 다양한 가족의 형태가 나타나고 있다. 최근 몇 년 동안은 여성 중심의 단독 입국세대가 70~80%에 이르고 있고, 나머지는 소수의 가족원들을 중심으로 남한에 입국하게 된다. 먼저 남한에 입국한 가족원들은 점차적으로 북한과 중국에 거주하고 있는 가족원들의 남한 입국을 이끌기 때문에 시간의 흐름에 따라 해체되었던 가족들이 재구조화 과정을 거쳐 구성되고 있다. 또한 여성들의 경우, 탈북 이후 중국에 거주하는 동안에 형성된 관계에 의해서 영향을 받는 가족의 형태를 보이고 있다(〈표 5-1〉 참조).

(2) 북한이탈주민 가족 유형에 따른 정착 욕구

남한에 거주하고 있는 북한이탈주민 가족들은 가족 유형과 무관하게 공통적인 욕구와 각 가족유형별 특성에 따른 욕구로 구분할 수

1 김선화(2007b: 45-54)의 내용을 저자에 의해 수록함.
2 본 교재에서는 '북한이탈주민' 이라는 용어를 사용하나, 원문에 제시된 것과 같이 '새터민' 이라는 용어를 그대로 옮김.
3 새터민이 재북시절 혼인한 상태에서 남한에 온 경우, 남한에서의 새로운 결혼이 법적으로 인정받지 못하고 있는 상태였음. 따라서 실제로 부부로 생활하고 있으나 법적인 인정을 받지 못함으로 인해서 파생되는 문제가 다양하게 나타났다. 그러나 최근 새터민 이혼 등와 관련된 관계법령이 통과되어 그 해결의 실마리를 보이고 있음.

〈표 5-1〉 북한이탈주민 가족의 형태

구분	내용
단독 세대	· 성인 남성, 여성 각각으로 구성된 세대(여성단독세대 비율이 높음)
한부모 세대	· 부모 중 한명의 부모와 자녀로 구성된 세대 - 새터민[2]의 경우 대체로 여성 세대주로 구성된 학부모 세대가 상당수
부부 세대	· 부부와 자녀로 구성되거나, 부부로 구성된 세대 · 부부세대의 유형 구분 - 북에서 결혼한 상태로 탈북한 세대 - 제3국 등에서 재혼 또는 동거 등으로 형성된 세대 (새터민과 새터민/조선족과 새터민/한족과 새터민) ※이들 중 가장 높은 비율은 조선족과 새터민 간의 혼인상태
	· 특성 - 이들 중 법적으로 혼인을 인정받지 못한 세대[3]도 다수 있으며, 사실혼관계를 유지할 뿐 공식적인 혼인 절차를 밟지 않는 가족도 다수 보인다. 최근엔 단독 여성입국자들을 중심으로 동거 형태로 일정기간 생활하는 경우가 많고 이들 중 제3국에서 도움을 제공하였던 조선족 또는 한족 배우자를 초청하여 국제결혼 등으로 새롭게 가정을 이루는 경우도 많다.
조손 세대	· 부모 없이 조부모와 손자녀로 구성된 세대로 새터민의 경우 - 부모가 북한에 있는 경우 - 부모가 재혼하여 조부모와 함께 생활하는 경우
형제 · 자매로 구성된세대	· 20세 미만의 새터민 청소년들의 경우 주택이 제공되지 않고 공동생활형태로 보호가 이루어지므로 이 경우는 20세 이상의 성인 1명이 포함된 동생들과 세대를 이룬 경우(사회적 기반이 취약한 가족의 형태)

있다. 일반적으로 가족들은 가족을 구성하고 있는 구성원들에게 각각의 역할이 부여되어 그 역할 수행을 통해 가족이 가진 본연의 기능을 수행하게 된다. 그러나 북한이탈주민 가족은 일반적인 가족 기능을 수행하기에 충분한 요소들을 갖고 있지 못하기 때문에 각 가족 형태별로 결여된 부분을 중심으로 가족 기능 수행과 가족원들의 정착을 위한 욕구들을 보이고 있다(〈표 5-2〉 참조).

〈표 5-2〉 북한이탈주민 가족 유형에 따른 정착 욕구

구분	욕구 내용
단독 세대	· 여성(20~30대): 취업 및 직업훈련, 교육, 법률자문, 결혼, 건강 욕구 · 남성(20~30대): 취업 및 직업훈련, 교육에 대한 욕구 · 중년층: 건강 및 질병치료, 심리 안정에 대한 욕구
한부모 세대 및 부부 세대	· 취업 및 경제적 욕구(문제)가 강함(생계유지와 학비 보충) · 자녀들의 교육문제(학교적응, 학업보충, 사회적응, 자녀보호 및 보육)
	· 부부갈등 및 가족관계에 개선 등에 대한 욕구
조손 세대	· 경제적 문제(생계유지 및 자녀교육, 의료비 등) · 손자녀들의 교육문제(학교적응, 학업보충, 보호 및 보육) · 건강 및 의료적 욕구 · 심리 및 정서 안정에 대한 욕구

2. 북한이탈주민의 정착지원 실천현장

북한이탈주민의 사회적응과 정착을 지원하는 실천현장은 북한이탈주민지원민간단체 연대에 소속된 기관이 거의 대부분이다. 북한이탈주민지원민간단체 연대에 소속된 각 단체들은 북한이탈주민의 정착지원에 필요한 고유한 영역들에 대한 서비스를 제공하고 있다.

같은 분과위원회에 소속되어 있더라도 각 개별 기관들은 사업의 시작 시기와 그 기관의 운영제반과 관련된 여건 및 지역적 여건 등에 따라 정착지원 서비스의 내용이 다소 다를 수 있으며 주된 기관의 서비스 내용을 살펴봄으로써 북한이탈주민 정착지원 서비스 실천현장과 사업 내용을 이해하고자 한다.

1) 지역사회복지관

지역사회복지관은 「사회복지사업법」에 의거하여 설치된 대표적인 지역사회 거점 사회복지기관이다. 지역사회복지관은 지역에 거주하는 다양한 지역주민들의 사회복지서비스에 대한 욕구와 문제

해결을 위해서 지역사회의 자원을 동원하고 조직화하여 지역주민의 욕구 충족과 문제해결을 이루어가는 사회복지전문가들이 상주하는 복지 전문기관이다. 특히 저소득층 밀집지역인 영구임대 단지 내에 위치하여 경제적, 사회적, 심리적으로 취약한 지역주민들에게 복합적인 서비스를 제공하고 있다. 2000년도 이후 새로운 지역주민으로 북한이탈주민들이 거주하게 됨에 따라서 그들의 사회복지 욕구인 남한사회정착 및 적응과 관련된 생활전반의 욕구와 어려움을 해결하기 위하여 전국 30여 개 기관이 북한이탈주민을 위한 사회복지서비스를 제공하고 있어 가장 대표적인 북한이탈주민 정착지원 서비스 실천기관이다.

(1) 기관현황

북한이탈주민은 정착지원 제도에 의거하여 각 세대별 인원수에 따라 주거지원을 받게 된다. 주택공사 및 도시개발공사에서 각 지역별로 임대아파트(영구, 공공임대) 거주지를 배정하여 일정 지역을 중심으로 북한이탈주민이 밀집 거주하게 되었고 밀집지역을 중심으로 북한이탈주민에 대한 정착지원 서비스가 왕성하게 일어나기 시작하였다. 이렇듯, 영구임대아파트 건립 및 이와 동시에 운영되는 지역사회복지관은 지역사회 주민의 욕구에 대해 적극적으로 반응한 결과라 할 수 있다.

임대아파트 단지 내에서 1980년대 중반부터 건립되어 전국적으로 약 400여개에 달하는 지역사회복지관은 2001년 이후 지역사회의 새로운 서비스 대상층인 북한이탈주민들의 욕구와 문제에 개입하면서 기존 지역사회복지관의 서비스와 프로그램을 통해 정착지원 서비스를 제공하기 시작하였으며 이후 지역에 거주하는 북한이탈주민의

〈표 5-3〉 북한이탈주민 지원 지역사회복지관 현황

연번	지역	기관명	위치	서비스대상지역
1	서울	가양7종합사회복지관	서울시 강서구	강서구 가양동
2		공릉종합사회복지관	서울시 노원구	노원구 전지역 (중계, 월계, 상계, 공릉)
3		평화종합사회복지관	서울시 노원구	노원구 중계동 지역
4		태화기독교사회복지관	서울시 강남구	강남구 전지역
5		한빛종합사회복지관	서울시 양천구	양천구 전지역
6		방화6종합사회복지관	서울시 강서구	강서구 방화3동
7	부산	몰운대종합사회복지관	부산시 사하구	사하구 전체
8		상리종합사회복지관	부산시 영도구	영도구 전체
9		학장종합사회복지관	부산시 사상구	사상구 전체
10	대구	이주민지원센터	대구시 서구	대구 전지역(서구전입자)
11	경기	군자종합사회복지관	경기도 안산시	안산 지역
12		한솔종합사회복지관	성남시 분당구	분당 정자동 지역
13		인천삼산종합사회복지관	인천시 부평구	부평구
14		갈산종합사회복지관	인천시 부평구	부평구
15		덕유사회복지관	부천시	부천시
16		우림복지재단	고양시	고양시
17	울산	중구종합사회복지관	울산시 중구	울산시 중구
18		화정종합사회복지관	울산시 동구	울산시 동구
19	강원	명륜종합사회복지관	강원도 원주시	원주시 명륜동
20	대전	법동종합사회복지관	대전시 대덕구	대덕구 법동
21		생명종합사회복지관	대전시 동구	대전시 동구
22	충남	쌍용종합사회복지관	충남 천안시	천안시
23	전남	목포종합사회복지관	목포시	목포 지역
24		전남광주이주민지원센터	광주시	광주 지역

수가 증가하고 각 욕구와 필요 서비스의 내용이 명확해짐에 따라 별도의 프로그램을 개발하여 운영하기 시작하였다. 2006년에는 일부 밀집지역(서울의 노원, 강서, 양천 지역)에서는 '정착지원센터' 를 개소하여 전문 인력과 다양한 프로그램으로 포괄적 정착지원 서비스를 제공하고 있다(〈표 5-3〉 참조).

〈표 5-4〉 지역사회복지관의 북한이탈주민 정착지원 프로그램 내용

단위영역	세부프로그램명	프로그램내용
1. 초기정착지원 및 사례관리	정착도우미 사업	자원봉사자 배치, 1년간 정착지원
	사례관리	정착초기단계 및 요보호 새터민지원
	생활지원 서비스	경제적 지원(장학금), 긴급지원, 밑반찬 배달 등, 의료서비스 및 명절(생필품) 지원, 무료 결혼식
2. 정신건강지원 및 심리상담	심리상담과 사례관리	적응스트레스 상담과 정신과적 문제 개입
	정신건강예방교육 및 치료 프로그램	가족의사소통교육 및 가족치료 정신건강 교육(홍보) 및 치료 프로그램
3. 사회적응 프로그램	문화체험 프로그램	남한문화에 대한 체험 지원
	새터민 융화 프로그램	체육대회, 송년행사, 야유회 및 캠프
	가정결연 프로그램(멘토링)	남한주민과의 통합 및 사회적응 지원
	성인새터민 교육지원사업	기초 학습 및 적응에 필요한 교육
4. 아동, 청소년, 대학생 교육사업	아동공부방	새터민 전담 방과후 교육 /부모교육
	청소년 학습 멘토링	자원봉사자 배치 1:1 학습멘토링
	대학생 지원 사업	대학진학상담, 재외국민특별전형입시설명회, 예비대학학교, 캠퍼스 멘토링
	문화체험활동	사회적응을 위한 문화체험 활동
5. 취업 및 진로지원 사업	정보 제공(상담) 및 교육	시장경제교육 및 직업훈련상담 취업 및 창업관련 정보 제공 및 상담
	근로의욕증진	취업장애요인 극복을 위한 프로그램
	구직지원(취업알선)	맞춤 취업알선 및 취업후 직장생활지원
6. 지역사회통합 및 인식개선사업	인식개선 교육(세미나) 및 캠페인	지역대표, 지역주민, 대학생 등의 국민인식 전환을 위한 행사
	새터민 주민 조직화	새터민봉사단, 축구단, 부녀회를 조직하여 남한주민들과의 통합을 위한 활동
	지역주민 조직과의 네트워크	부녀회, 통반장 모임 등과 새터민과의 간담회 등을 통한 인식개선 및 통합
7 지역사회 네트워크 및 인프라 구축	지역 내 새터민지원 기관 간담회	북한이탈주민지원 지역협의회 활동 보호담당관간담회
	새터민지원 자원봉사단 구축	정착도우미 및 학습지원 봉사자 각 영역 전문봉사 활동
	지역내 영역별 네트워크 구축	의료, 교육, 정신건강, 취업 네트워크
8. 대상별 특화사업	새터민 노인, 여성 프로그램	여성과 노인들을 위한 특화 프로그램

※출처: 김선화, 2007a: 29.

〈표 5-5〉 지역복지관 프로그램 5대 유형별 구분에 의거한 새터민 프로그램 현황

유형구분	프로그램내용
가족기능강화사업	· 아동공부방, 청소년 및 대학생 멘토링 · 가족의사소통향상 프로그램 및 가족캠프 · 가족문제 상담 및 가족치료 프로그램 · 심리상담 및 심리검사 · 정신건강예방 및 치료프로그램 (음악, 미술, ADHD, 영화, 독서 등) · 가정 결연(새터민 가족과 남한주민가족의 결연)
지역사회보호사업	· 요보호대상자 사례관리(노인 및 환자 및 모자세대 등) · 신규전입자들을 위한 정착도우미 사업(1년간 도우미 자원봉사자 배치, 사회복지사의 집중지원) · 경제적 지원(장학금, 긴급생계비 등) 및 생활지원(밑반찬) · 의료적 지원(종합병원 무료 진료팀 연계, 지역 내 병원 연계) · 명절 및 절기별 지원(생필품 및 식품 지원) · 결혼식 지원(무료합동결혼식 지원)
지역주민조직화사업	· 새터민 봉사단 조직 및 활동 · 새터민과 지역주민조직과의 간담회 및 공동 활동 · 새터민에 대한 인식개선을 위한 세미나 및 활동 · 새터민을 지원하는 자원봉사단 조직(정착도우미봉사단, 학습지도봉사단, 대학생 멘토링 봉사단, 전문가봉사단 - 법률 · 의료 · 상담) · 새터민을 후원하는 후원회 조직 및 모금활동 · 지역사회 네트워크 구축 및 활동(새터민 지원을 위한 다양한 관계기관들과의 네트워크)
자활사업	· 취업알선 및 진로상담 · 취업생활 지원(직장생활 고충 상담 및 문제해결지원) · 근로의욕증진 프로그램
교육문화사업	· 성인 새터민 교육 (영어교육, 컴퓨터 교육, 표준어교육) · 아동, 청소년들의 교육 (영어, 수학, 한자, 컴퓨터 교육) · 문화생활 지원을 위한 교양강좌 및 학습프로그램 · 사회적응 지원 문화체험프로그램 및 야유회, 송년행사

※출처: 김선화, 2007a: 28.

(2) 정착지원 프로그램 현황

지역사회복지관에서 제공하는 정착지원 프로그램의 전체적인 내용을 살펴보면, 현재 전국 30여개의 기관을 중심으로 서비스가 제공되고 있으며, 각 기관들은 그 기관이 위치한 지역의 여건(북한이탈주

민의 수), 기관의 여건(전담인력 배치 여부, 예산 배정 여부)과 사업 시작 시기의 차이들에 의거하여 〈표 5-4〉에서 소개하는 프로그램을 선별적으로 실시하고 있다.

지역복지관에서 실시하는 사회복지 프로그램은 5개 유형으로 구분하여 운영되고 있다. 북한이탈주민 사업에 있어서도 그러한 형태로 운영되는데, 5대 영역으로 구분하여 정리하고, 구체적인 부분은 각 프로그램별로 설명하고자 한다(〈표 5-5〉 참조).

2) NGO 기관

(1) 기관 현황

〈표 5-6〉 북한이탈주민 관련 NGO 기관 현황

연번	기관유형	기관명	주된 서비스 및 서비스지역
1	아동청소년 대안교육기관	셋넷학교, 여명학교	· 청소년 대안학교(도시형 대안학교: 서울)
2			
3		하늘꿈학교	· 청소년 대안학교(기숙형: 천안/서울)
4		한꿈학교	· 무연고 청소년보호시설 · 탈북청소년 대안형 학교(경기)
5		여럿이 만드는학교	· 청소년 대안학교(서울)
6	생활공동체 (그룹홈)	꿈사리공동체	· 무연고 탈북 청소년 보호시설(서울)
7		우리집	· 무연고 탈북청소년 보호시설 (안산)
8	사회적응지원기관	남북문화통합교육원	· 아동청소년 사회적응프로그램 · 지역아동센터 운영(한누리학교)
9		대구 KYC	· 탈북청소년 사회적응프로그램
10		북한인권시민연합	· 지원 프로그램(한겨레학교) · 탈북대학생 리더십교육 · 북한인권 관련 사업 및 해외탈북자 지원사업
11		열린사회강서양천시민회	· 탈북청소년지원 및 멘토사업

연번	기관유형	기관명	주된 서비스 및 서비스지역
12	특성화학교	지구촌고등학교	· 무연고 청소년보호시설(국제고등학교로서 새터민 청소년 일부 생활)
13	정착지원기관	대구 북한이주민지원센터	· 대구 지역 새터민 정착지원사업
14		광주 북한이주민지원센터	· 광주 지역 새터민 정착지원사업
15		부산 YWCA 새터민정착지원센터	· 부산 지역 새터민 정착지원사업
16		새조위 (새롭고하나된조국을위하여)	· 새터민 의료지원 사업(국립의료원 연계) · 새터민 고령자 지원 사업
17		자유시민대학	· 새터민 창업교육 및 창업지원
18	인권해외탈북자지원	북한인권정보센터	· 북한인권침해자료구축 · 인권침해피해자 심리상담사업 · 새터민 정착관련 조사 연구사업
19		좋은벗들	· 해외탈북자 지원 및 북한지원기관 · 북한인권 관련 사업

(2) 정착지원 프로그램 현황

① 아동 · 청소년 지원 프로그램

북한이탈주민 중에서 아동 · 청소년은 성장기에 북한에서 빈곤과 기아 속에서 가족해체를 경험하고 이후 탈북하여 제3국 등에서의 오랜 체류 기간 동안 생존에 대한 위협과 열악한 환경에서의 생활 등으로 신체적, 정신적 건강상 많은 어려움을 경험하기 때문에 이에 따른 포괄적이면서도 직접적인 지원이 필요한 대상층이라 할 수 있다.

또한 이들은 북한과 제3국에서 생활한 기간보다 남한사회에서 살아갈 기간이 훨씬 길고, 북한이탈주민 사회를 이끌어 갈 대상들이기 때문에 아동 · 청소년들에게 부여되는 기대를 생각할 때 조기에 남한사회에 정착할 수 있도록 다양한 지원이 필요하다. 현재 민간기관에서 제공되고 있는 아동 · 청소년 지원 프로그램을 살펴보면 〈표 5-7〉과 같다.

〈표 5-7〉 아동 · 청소년 지원 프로그램

프로그램명	프로그램 세부내용	실시 기관
대안교육기관	· 검정고시를 위한 시험과목 학습지도(고입, 대입) · 문화예술교육 및 특기적성교육 · 생활상담 및 진로 상담	셋넷학교, 여명학교, 하늘꿈학교(천안), 한꿈학교(남양주)
생활공동체(그룹홈)	· 생활지도, 인성훈련, 학습 및 진로 지도	다리공동체(우리집), 꿈사리 공동체
초등학생 방과후 공부방	· 방과후 보충학습과 낮시간 동안 보호 · 학부모상담과 학부모 교육 · 학교와 연계한 학교적응 지원	한누리학교
청소년 멘토링	· 대학생 자원봉사단 운영하여 청소년과 매칭 (1:1, 2:1 멘토링, 학습 및 생활 지도)	열린사회 강서양천 시민회
학습지도	· 방학기간동안의 집중 학습지도 · 기초학습 및 영어 교육을 위한 학습지도	북한인권시민연합
대학생 지원	· 장학금 지원 · 대학생 입시 지원(입시박람회 및 입학지원) · 캠퍼스 내 동기 대학생들의 멘토링을 통한 지원 · 리더십 교육 · 대학생들의 통합을 위한 캠프(남한출신대학생/북한출신 대학생 간의 통합)	우양복지재단 북한인권시민연합

② 취업(창업)지원 프로그램

북한이탈주민 성인들을 위한 취업(창업)을 지원하는 기관은 많지 않다. 취업지원은 여러 차원에서 협력해야 할 부분이 광범위할 뿐만 아니라, 아직 북한이탈주민의 취업 지원과 관련된 정착지원 기관들의 경험적 기반이 부족하기 때문이다. 대표적으로 취업지원 사업을 실시하고 있는 기관을 살펴보면 〈표 5-8〉과 같다.

〈표 5-8〉 취업(창업)지원 프로그램

프로그램명	프로그램 세부내용	실시 기관
취업창업교육	취업, 인성, 문화 교육 등 1년제 민간교육기관	자유시민대학
취업(진로)상담 취업 알선	취업을 위한 진로 상담과 직업훈련 상담 구인처와 구직자들을 연결하여 취업지원	새조위(새롭고하나된 조국을위한모임), 부산YWCA

〈표 5-9〉 의료지원 프로그램

프로그램명	프로그램 세부내용	실시 기관
무료진료	지역 내 병원 및 종합병원(아산병원, 삼성의료원)과 연계하여 정기적인 무료진료	지역사회복지관
건강검진	종합건강검진 서비스	북한이탈주민후원회와 지역의 민간기관 협력
종합의료진료	국립의료원을 통해서 북한이탈주민들의 종합의료진료 서비스 제공 (무료 및 실비 수준의 진료)	새조위(새롭고하나된 조국을위한모임)

③ 의료지원 프로그램

북한이탈주민의 건강상의 문제를 지원하는 것은 정착지원 기관들의 중요한 기능 중 하나이다. 지역사회에 거점을 두고서 정착지원 사업을 실시하고 있는 지역사회복지관 지역의료기관 및 종합병원들과 연계하여 의료지원 사업을 하고 있다. 또한 NGO 중에서 가장 대표적으로 의료지원 사업을 실시하고 있는 기관들의 서비스 내용을 살펴보면 〈표 5-9〉와 같다.

④ 정신건강 및 심리상담 지원 프로그램

북한과 탈북과정 그리고 제3국에서의 체류 기간 동안 북한이탈주민이 경험하게 되는 심리적 · 정신적인 어려움은 남한에서 정착하는데 여러 장애요인으로 확인되고 있다. 정착초기에는 새로운 환경을 탐색하고 확인하는 가운데 있기 때문에 잠재되어 있다가 정착 2~3년차부터 구체적인 증상과 질환으로 문제가 나타나고 있다. 지역사회복지관 중에서는 서울지역(공릉, 한빛복지관)에서 정신건강지원사업을 실시하고 있으며, NGO 중에서 정신건강 및 심리지원사업을 실시하는 기관은 〈표 5-10〉과 같다.

〈표 5-10〉 정신건강 및 심리상담 지원 프로그램

프로그램명	프로그램 세부내용	실시 기관
PTSD 상담 및 치료	· 인권피해 및 탈북과정에서의 외상후스트레스 상담 · 고문피해자, 가족과의 이별, 탈북과정 경험 등으로 인한 정신적인 문제 상담 · 국군포로 및 납북자 출신 북한이탈주민 생활상담	북한인권정보센터
정신건강지원 및 심리상담	· 정착과정에서의 심리적인 어려움에 대한 상담과 치료 · 지역사회내 정신보건센터 및 전문상담기관과 연계	대구이주민지원센터

⑤ 기타 지원 서비스

낯선 환경에서 새로운 삶을 살아가는 북한이탈주민들의 정착을 위해서는 다양한 차원의 서비스가 필요하다. 앞서 살펴본 필요영역 외에 각각의 전문영역에서 북한이탈주민들의 정착지원 사업을 실시하는 기관들을 소개하면 〈표 5-11〉과 같다.

〈표 5-11〉 기타 지원 서비스

프로그램명	프로그램 세부내용	실시 기관
법률구조(상담)	'북한이탈주민법률지원변호사단' 운영, 법률자문	대한변호사협회
사회교육	정보화(컴퓨터) 교육, 영어교육, 한글교육	좋은벗들, YWCA, 대한적십자사, 종교기관, 이북5도위원회
남북한 주민 통합	남북한 주민 '좋은이웃' 되기 행사 지역 단위 기관의 자매결연	
사회적응지원	북한이탈주민 체육대회 명절과 연말 등 새터민 위로 모임(행사) 문화체험 행사 기초 생활필수품 지원 사회 · 문화 교육 및 체험프로그램	

3. 북한이탈주민의 지역사회복지관 서비스 이용 실태[4]

북한이탈주민의 정착서비스 실천기관을 살펴보았듯이 전국 30여 개 지역에서 지역사회복지관에서 대표적인 정착지원 서비스를 제공하고 있다. 북한이탈주민들이 거주하는 지역사회를 기반으로 하여 정착지원을 위한 사회복지실천이 이루어지고 있는 지역사회복지관에 대한 북한이탈주민의 서비스 이용실태 및 만족도 수준 등을 살펴봄으로써 북한이탈주민 정착지원 서비스 및 실천기관에 대한 이해를 증진시키고자 한다.

여기에서는 2007년 태화기독교사회복지관에서 실시한 지역복지관에서 제공하고 있는 서비스가 북한이탈주민의 생활만족도에 미치는 연구의 내용 중 서비스 이용실태 및 만족도를 중심으로 소개하고자 한다.

1) 지역사회복지관 이용에 관한 특성[5]

복지관을 이용해 본 경험이 있다고 응답한 북한이탈주민을 대상으로 이용 경로, 이용 기간, 이용 빈도, 이용한(제공받은) 프로그램(서비스), 이용 만족도, 향후 이용 여부, 이용에 대한 추천의사에 대한 조사결과는 이용 경로에 대해 사회복지사의 전화 또는 가정방문

4 황부자 · 손영지, 2007.

5 본 조사는 서울지역의 새터민 정착지원서비스 기관(공릉, 한빛, 방화6, 평화, 태화복지관), 대한적십자사 중랑지역 봉사관, 서울교회, 사랑의교회의 협조를 통해 확보된 143명의 설문 결과를 요약하였다. 본 조사대상자의 성별은 남성이 45명(31.5%), 여성이 98명(68.5%)이고, 연령은 30대가 41명(28.7%)으로 가장 많았으며, 40대가 32명(22.4%), 20대가 31명(21.7), 60대가 18명(12.6%), 50대가 17명(11.9%), 70세 이상 4명(2.8%) 순으로 나타났다.

을 통해 이용하게 되었다는 응답이 34명(39.1%)으로 가장 높게 나타났다. 지역사회복지관 이용 기간은 1년 미만이 30명(34.5%)으로 가장 높게 나타났으며, 그 다음으로 2년 미만이 22명(25.3%)으로 나타났다.

지역사회복지관 이용 빈도에 대해서는 1년에 1~2번 정도 이용한다는 응답이 20명(23.0%)으로 가장 높게 나타났으며, 전체적으로 지역사회복지관 이용 빈도는 다소 낮은 것으로 파악되었다.(〈표 5-12〉 참조)

〈표 5-12〉 지역사회복지관 이용전반에 관한 특성

변 수		빈도(N=87)	백분율(%)
이용 경로	사회복지관에서 보내온 안내문, 홍보물	32	36.8
	사회복지사의 전화, 가정방문	34	39.1
	주변 북한이탈주민의 소개	2	2.3
	민간단체의 소개	1	1.1
	신변보호담당관의 소개	1	1.1
	구청, 동사무소의 소개	1	1.1
	하나원교육 시 사회복지관 소개	16	18.4
이용 기간	1년 미만	30	34.5
	2년 미만	22	25.3
	3년 미만	12	13.8
	4년 미만	6	6.9
	5년 미만	10	11.5
	5년 이상	7	8.0
이용 빈도	전혀 이용 없다	9	10.3
	1년에 1~2번	20	23.0
	6개월에 1~2번	8	9.2
	3개월에 1~2번	15	17.2
	한 달에 1~2번	19	21.8
	일주일에 1~2번	16	18.4

2) 지역사회복지관 이용 프로그램

지역사회복지관에서 이용한(제공받은) 프로그램(서비스)으로는 생활물품, 김장김치 · 명절물품 지원 등의 생활 지원 서비스를 제공받았다는 응답이 68명(78.2%)으로 가장 높게 나타났으며 상담 서비스(사회복지사 가정방문상담, 전화상담 등)가 54명(62.1%) 등으로 나타났다.(〈표 5-13〉 참조)

〈표 5-13〉 지역사회복지관 이용 프로그램

변 수		빈도(N)	백분율(%)
이용한 프로그램 (다중응답처리)	정착도우미활동	32	36.8
	상담 서비스	54	62.1
	정신건강 서비스	35	40.2
	사회적응과 관련한 프로그램	48	55.2
	경제적 지원 서비스	23	26.4
	생활 지원 서비스	68	78.2
	의료 지원 서비스	33	37.9
	북한이탈주민을 위한 나들이, 캠프행사	39	44.8
	북한이탈주민 송년모임행사	53	60.9
	아동청소년 학습지도 관련 프로그램	24	27.6
	검정고시, 대학 진학 관련 정보 제공	11	12.6
	부모교육, 자녀교육 관련 프로그램	5	5.7
	진로지도, 직업훈련, 취업적응 프로그램	21	24.1
	취업상담 및 취업관련 프로그램	18	20.7
	가족 결연 프로그램, 멘토링 프로그램	13	14.9
	북한이탈주민 자조모임활동	13	14.9

3) 지역사회복지관 이용 만족도

지역사회복지관에 대한 이용 만족도는 5점 만점에 평균 4.45(SD=0.77)로 매우 만족한다고 나타났으며 복지관 이용 만족도와 연결 지어 향후 복지관 이용 여부에 대해서도 평균 4.47(SD=0.73)로 높게 나타났다.(〈표 5-14〉 참조)

4) 지역사회복지관 제공 서비스(프로그램)에 대한 욕구

북한이탈주민들은 앞으로 남한사회에서 안정적으로 정착하며 살아가는 데 있어서 꼭 제공받았으면 하는(또는 필요로 하는) 지역사회복지관의 프로그램(서비스)으로 생활비 지원 등의 경제적 지원 서비스와 취업상담 및 취업, 의료적 서비스 순으로 꼽았다.(〈표 5-15〉 참조)

〈표 5-14〉 지역사회복지관 이용 만족도, 향후 이용 여부, 추천 여부

변 수		빈도(N=87)	백분율(%)
이용 만족도	매우 만족한다	51	58.6
	약간 만족한다	27	31.0
	그저 그렇다	6	6.9
	별로 만족하지 않는다	3	3.4
	매우 불만족한다	0	-
	평균(M)	4.45	
향후 이용 여부	매우 그렇다	51	58.6
	대체로 그렇다	28	32.2
	그저 그렇다	6	6.9
	별로 그렇지 않다	2	2.3
	전혀 그렇지 않다	0	-
	평균(M)	4.47	

〈표 5-15〉 제공받고자(필요로 하는) 하는 프로그램(서비스)

변 수		빈도(N=143)	백분율(%)
필요로 하는 프로그램 (복수응답)	정착도우미활동	27	6.4
	상담 서비스	22	5.3
	정신건강 서비스	25	6.0
	사회적응과 관련한 프로그램	23	5.5
	경제적 지원 서비스	61	14.6
	생활지원서비스	30	7.2
	의료지원 서비스	46	11.0
	북한이탈주민을 위한 행사성 프로그램	21	5.0
	아동청소년 학습지도 관련 프로그램	28	6.7
	검정고시, 대학 진학 관련 정보 제공	18	4.3
	부모교육, 자녀교육 관련 프로그램	14	3.3
	진로지도, 직업훈련, 취업적응 프로그램	26	6.2
	취업상담 및 취업 관련 프로그램	52	12.4
	가족 결연 프로그램, 멘토링 프로그램	13	3.1
	북한이탈주민 자조모임활동	11	2.6
	없다	2	0.5

6 북한이탈주민의 서비스와 문화적 역량

북한이탈주민의 국내 입국자 수가 2007년 초에 1만 명을 넘어섰고, 2008년에도 4천~5천 명이 남한에 입국할 것으로 예측되고 있어, 북한이탈주민의 입국은 지속적으로 증가할 것으로 예견된다. 북한이탈주민은 인종적으로는 한국인이고, 법적으로는 대한민국 국민이지만, 오랜 분단 기간으로 인하여 언어, 문화, 풍습에 상당한 차이가 있을 뿐만 아니라, 남북한의 다른 정치, 경제, 사회적 경험의 차이 또한 매우 크다. 따라서 북한이탈주민에게 효과적으로 서비스를 제공하기 위해서는 이들의 문화에 적절한, 즉 문화적 역량을 갖춘 서비스를 제공할 수 있어야 하겠다. 여기에서는 문화적 역량이란 무엇인지, 북한이탈주민에게 서비스를 제공하는 과정에 문화적 역량을 갖춘 서비스는 어떠한 모습을 할지에 대하여 논의하고자 한다.

1. 문화적 역량의 이해

1) 문화적 역량의 필요성

한국사회는 북한이탈주민의 입국뿐만 아니라 최근 10년 간 외국인 이주노동자, 국제결혼이민자 등의 증가로 인해 급속도로 다문화되고 있다. 경제적, 정치적 난민의 이동과 노동인구의 이주는 세계화globalization 라는 범세계적인 현상의 한 결과이다. 발달된 통신과 교통수단은 인구의 이동을 용이하게 하였고, 한 국가나 지역에서의 경제나 정치적 불안정한 상황은 타 지역으로의 인구 이동을 야기하고 있다.

다문화화의 추세에서 사회복지 분야가 문화적 역량을 갖추어야 할 이유는 다음과 같다. 첫째, 국제사회의 규범과 민주주의의 기본가치는 모든 사람은 인종, 언어, 국적, 법적 지위를 막론하고 인간으로서 존엄성을 존중받고, 평등한 기회를 누려야 한다는 것을 천명하고 있다(유네스코 한국위원회, 2005). 둘째, 남북통일을 준비하는 한 방법이 될 것이다. 남북통일이 한국사회의 범 민족적 목표라고 할 때, 사회복지분야에서 북한이탈주민을 위한 효과적인 서비스를 개발하고 시행할 수 있다는 것은 미래에 남북한의 사회적 통합을 준비하는 중요한 과정이라고 하겠다. 셋째, 전문직으로서 사회복지의 윤리강령 또한 문화적 역량의 필요성을 지적하고 있다. 다문화 사회에서 사회복지사는 “인간의 행동과 사회에서 문화의 기능을 이해하여야 하고, 모든 문화가 갖고 있는 강점을 인식하여야 하고, 클라이언트의 문화에 대한 지식을 갖추고, 클라이언트의 문화와 문화집단 간에 차이점에 대해 민감한 방법으로 서비스를 제공할 수 있는 역량을 보여줄 수 있어야 한다(NASW 윤리강령).”

문화적 역량에 관한 논의는 북한이탈주민, 이주노동자, 국제결혼

가정들과 같이 인종, 국가, 문화가 다른 집단에만 적용되는 것은 아니다. "문화적 다양성은 일차적으로는 인종과 국적을 의미하지만, 성별, 사회적 계층, 종교, 성적 선호, 연령, 장애 등의 다양한 배경을 가지고 있는 사람들과 일하는데 필요한 문화적으로 역량기술, 지식, 가치를 갖추어야 한다는 것을 인식하여야 한다(NASW, 1996)." 북한이탈주민은 인종과 국적에 있어서는 남한인과 동일하지만 문화적으로 이질적 집단이며, 사회적으로 억압받거나 차별의 대상이 될 수 있다는 점에서 문화적 역량과 관련하여 특별한 관심을 필요로 한다고 하겠다.

2) 문화적 역량의 개념

펠렌Fellen은 사회복지 교육에서 다문화주의를 논의할 때 크게 세 가지 접근이 있다고 한다(Fellen, 2000). 첫 번째 접근은 사회가 문화적으로 다원화하고 있다는 사실을 인식하고, 다문화 사회에서는 물론 다양성을 용인하고, 장려하며, 중요하게 인정하여야 한다는 입장이다. 문화적 다양성은 인종과 문화적 차이뿐만 아니라 사회계층, 성별, 성적 선호, 신체적 · 정신적 장애, 연령 등을 포함하는 광의의 개념이다(Greene, 1994). 두 번째 접근은 유색인종들에만 적용되는 개념으로 보는 것이다. 백인사회 중심의 미국사회에 통합되기 위해서는 피부색이 지속적인 장애요소가 된다는 점에서, 다문화주의를 이야기할 때, 유색인종 소수집단에 초점을 두어, 인종차별과 억압을 부각시킬 필요가 있다(Lum, 1996: 2). 세 번째 접근은 사회 안에 인종석 소수자와 권력, 재화, 기회 등에 접근이 제한된 주변인화 한 집단들에 초점을 맞춘 다양성의 개념이다. 이러한 주변인화한 집단으로 성적 소수자들이나 종교로 인해 탄압을 받는 종교 집단 등이 예가 될 수 있다(de Anda, 1997). 본 논의에서는 다문화주의를 세 번째 정의로 채택하는데, 그 이유는 북한이탈주민의 경우는 인종적으로나 국적 상으로는 주류집단과 차이가 없으나, 정치, 사회, 지역적 차이, 이주시기로 인해 사회에서 소수자로 인식되고 있으며, 그 결과 차별의 대상이 되고, 경제사회적 평등한 기회를 누리지 못한다는 점 때문이다.

그렇다면 다문화 사회에서 사회복지전문직이 갖추어야 할 문화적 역량이란 무엇인가? 문화적 역량cultural competence은 문화적 민감성cultural sensitivity, 문화적 인식cultural awareness 또는 비교문화 기술cross-cultural 또는 transcultural skills등으로 혼용되어 사용되기도 한다(Diller, 2004). 문화적 역량은 타 문화집단에 대한 이해를 갖게 될 뿐만 아니라, 그 결과로 태도나 가치와 같은 내적 변화를 경험하고, 타 문화집단에 대한 개방적 태도와 유연한 사고를 갖게 되며, 더 나아가서는 각 문화에 내재하는 장점, 자원, 자산을 인정하는 강점관점의 입장을 취하면서 소수 문화집단에 대해 갖고 있는 부정적 개념이나 결핍모델deficit model로부터 근본적인 전환을 의미한다(Lum, 2005).

문화적 역량의 정의는 분야와 학자마다 다르지만, 그 중심적 내용은 유사하다. 휴먼서비스 영역에서 문화적 역량에 관해 광범위한 연구를 한 크로스Cross와 그의 동료들은 문화적 역량을 "서비스 전달체계나 기관, 실천가 개인이 다문화 상황에서 효과적으로 서비스를 전달할 수 있게 하는 일관된 행동이나 태도, 정책을 의미한다. 여기에서 '문화' 라 함은 언어, 사고, 의사소통기술, 행동, 습관, 신념, 가치, 인종, 민족, 종교, 사회적 집단과 같은 제도들을 다 포함하는 총체적인 인간의 행동 패턴을 의미한다. '역량' 이라 함은 개인 실천가나 서비스 조직이 서비스 이용자 개인이나 지역사회가 갖고 있는 문화적 신념, 행동과 욕구 등과 같은 맥락 안에서 효과적으로 기능할 수 있는 능력을 의미한다" 라고 말한 바 있다(Cross, Bazron, Dennis & Issacs,

1989). 즉, 다문화적 환경에서 서비스 이용자의 문화와 실제적인 삶의 경험이란 맥락 안에서 서비스를 효과적으로 제공할 수 있는 능력을 문화적 역량이라고 정의하였다. 또 문화적 역량은 개인 실천가의 개입과정에서만 필요한 것이 아니라 전문직 분야 전체, 기관 조직, 전체 서비스 전달체계 차원에서 모두 반영되어야 한다고 지적하였다.

문화적 역량을 논의할 때 문화가 집단 간의 권력 관계를 규정한다는 것, 주류 문화와 소수문화 간에는 기회와 자원 분배에서 불공평이 존재하며, 주류집단이 갖는 기득권과 그에 따른 소수집단과의 관계에 존재하는 권력이 내포되어 있는데 문화적 역량은 소수집단의 성원들에게 기회와 자원분배에 공평성을 회복시킴으로써 사회적 정의를 구현하려는 노력으로 인식되어야 한다(오레곤주 교육국, 2004).

3) 문화적 역량의 구성요소

여러 이론가들이 문화적 역량이 갖는 다양한 요소들을 말하고 있지만, 종합하면 세 가지 요소로 요약할 수 있다. 문화적 역량이 갖는 공통적인 요소는 첫째로 실천가 자신의 문화적 배경에 대한 자기인식과 타 집단의 문화의 다름에 대한 인식, 둘째로는 다양한 문화와 문화집단에 관한 지식, 마지막으로 문화적으로 적절한 개입 기술 등 세 가지를 들 수 있다(Lum, 2005; Sue & Sue 2003; NASW, 2001; Devore & Schlesinger, 1999; Manoleas, 1994). 문화적 역량을 구성하는 3가지 요소는 다음과 같이 설명할 수 있다.

(1) 문화적 인식

문화적 인식cultural awareness이란 사회 내에 존재하는 문화적 다양성을 인식하고, 각 문화권에 속하는 개인들의 가치와 경험되는 현실을 인식하며, 그러한 인식을 원조 과정에서 적절히 활용할 수 있는 것을 의미한다. 또한 자신의 가치와 신념도 문화의 소산임을 인식하고, 자신이 갖고 있는 가치와 신념이 다른 문화권에 속하는 개인과의 관계에 어떻게 영향을 미치는지에 대해서도 민감하게 인식할 필요가 있으며, 특히 문화집단 간에 존재하는 권력의 차이, 차별과 편견의 경험들이 원조 관계에 어떻게 영향을 줄 수 있는지를 민감하게 인식하여야 한다.

(2) 다문화 지식의 확보

다문화 지식이란 주요 서비스 대상자들의 행동을 그들 문화의 맥락 안에서 이해하기 위한 노력의 일환으로, 그들이 갖고 있는 역사, 전통, 가치체계, 세계관, 가족체계, 예술적 표현 등에 대해 심층적 이해를 갖도록 노력하는 것을 의미한다. 북한이탈주민의 이주시기에 따라 이주를 촉발하게 한 사회 · 경제 · 정치적 상황, 이주 과정이나 이주 후의 경험에 대한 정보와 이해 또한 효과적인 원조관계를 돕는 중요한 지식적 기반이 될 것이다.

(3) 문화적 개입 기술의 축적

개입기술 요소는 기존의 주요 서비스 모델이나 개입전략과 관련된 이론과 원칙들이 다문화 집단에 적용될 때 갖는 장점과 한계를 잘 이해하고, 서비스를 효과적으로 전달하기 위해서 적절한 문화적 변용의 필요성을 의미한다. 문제를 사정 · 평가하는 과정에서 남한문화의 관점에서 접근할 때 북한이탈주민의 행동이나 사고를 과도하게 병리화 될 위험이 있고, 문제의 해결 방식이나 개입의 성과를 규정하는 것도 남한사람들의 사고와 문화를 기반으로 한 가치·신념·태도에 의해 많이 결정될 수 있다. 개입과정에서 문화적으로 적절한 기술과 전략이 중요한데, 그 예로 집단상담이 북한에서 자아비판 상황과 유사하다고 느낄 수도 있고, 다양한 교육프로그램들이 과거 이북에서의 이념교육을 연상시켜 저항감을 유발할 수도 있다는 점에 민감할 필요가 있다.

이와 같은 문화적 역량은 어떤 시점에 성취되는 정체적 목표라기보다는 다문화와 관련된 문제 인식을 기반으로 하여 적절한 개입기술과 전략을 축적해가는 발달 단계적 과정process으로 규정하고 있다(Diller, 2004; California Endowment, 2003; Bonecutter & Gleeson, 1997).

2. 한국 사회복지에서 문화적 역량실천의 개념화

최근에 한국사회에는 북한이탈주민 이외에도 다양한 집단들이 유입되면서 한국사회는 급속히 다문화 사회로 전환하고 있는데 이들 문화적, 언어적 소수자들은 한국사회에서 편견과 차별, 억압의 대상이 되고 있으며, 경제·사회적 기회로부터 배제되고 있다. 또한 개인의 기본인권(교육, 의료, 기초생활보장 등)의 보장을 위한 다양한 휴먼서비스로부터 배제되거나 서비스에 접근하는 데 상당한 어려움을 겪는 등 많은 부정적 경험을 하고 있는 것으로 보고되고 있다(UN CERD, 2007; 김이선, 2007; 서울시정개발연구원, 2007; 설동훈 외, 2005).

이러한 부정적 현상에 기여하는 사회적 맥락으로 한국사회가 갖고 있는 자문화 중심적 성향이 자주 지적되어 왔다(UN CERD, 2007; 김이선, 2007).[1] 한국사회는 오랫동안 단일민족, 단일문화의 동질성을 강조하는 사회적 분위기를 유지해 왔기에 이질적인 문화나 타 인종집단의 수용이나 공존에 어려움을 보이고 있다. 한국문화에 깊이 뿌리박힌 가부장적 가치 또한 이주 및 가족 관련법, 제도, 일상생활 등 사회전반에 널리 영향을 끼치고 있다. 사회복지와 같은 사회적 자원이 열악하다는 사실뿐만 아니라 타 문화 · 언어 집단을 위한 서비스 경험이 일천하다는 사실 또한 소수자의 사회 경제적 정의를 구현하는 데 장애가 되는 또 다른 환경적 맥락으로 볼 수 있다. 한국사회에서 소수자의 인권을 보장하고 사회경제적 정의를 구현하기 위해서는 휴먼서비스 분야가 본래의 전문적 지식과 기술, 역량뿐만 아니라 다문화 사회에서 서비스 역량의 새로운 주요 요소로서 문화적 역량의 중요성을 인식하고 개발하여야 할 것이다.[2] 따라서 다문화화라는 급변하는 한국의 사회적 환경 속에서 휴먼서비스 분야의 궁극적 목표를 구현하는 데 문화적 역량이 주요한 전략적 요소라고 보고, 그러한 개념화를 〈그림 6-1〉에서 도표로 제시하였다(김연희, 2007).

1 UN CERD(2007)는 인종차별조약체결국인 대한민국이 "민족적 단일성을 강조하는 것은 타민족 및 다양한 국가집단간의 이해, 관용, 우의를 증진하는 데 저해가 될 수 있다는 우려를 가지고 주목한다. … '순혈주의', '혼혈' 과 같은 용어가 야기할 수 있는 인종 우월성에 대한 생각이 대한민국 사회에 지속적으로 만연해 있다는 데에 우려를 표한다" 라고 하며 한국사회에 자민족 중심적 사고와 제도, 태도, 행동에 대해 우려를 표시하였다.

2 미국사회사업교육협회(2002)는 다문화 기준 지침에서 차별과 억압, 빈곤을 타파하고 사회 · 경제적 정의를 구현하기 위해서는 개인의 정체성, 기회, 자원의 수준에 미치는 문화의 영향을 이해하고, 소수자에 비차별적인 사회 · 경제적 체계의 옹호에 관한 내용이 교과과정에 포함되어야 한다고 규정하였다.

〈그림 6-1〉 문화적 역량의 실천 모델

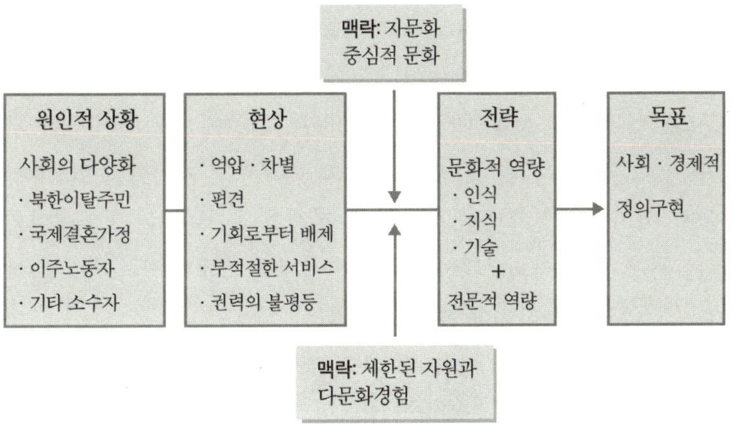

3. 문화적 역량의 북한이탈주민 서비스에 적용

1) 문화적 역량 실천의 차원

선행연구들에 의하면 문화적 역량은 개인 실천가의 차원뿐만 아니라, 전문직, 기관 조직, 서비스 체계의 네 수준에서 모두 실천되어야 한다고 하였다(Lum, 2007; NHMRC, 2005; Sue, 1998; Cross et al., 1989). 또한 문화적 역량은 각 차원에서 문화적 인식, 다문화 지식, 문화적 개입 기술의 축적이란 문화적 역량 등 세 가지 구성요소를 다 갖출 때 성취된다고 하였다. 다음에서 다양한 체계 수준에서 북한이탈주민을 위한 서비스가 문화적 역량을 확보하는 기제를 살펴보겠다.

(1) 개인 실천가 차원

한국의 사회복지실천가는 자신의 가치, 태도, 행동이 한국문화의 배타적인 자민족 중심적 사고의 전통에 의해 영향을 받고 있을 수 있다는 것을 인식하여야 한다. 북한이탈주민 클라이언트의 문제를 사정할 때 남한인의 가치와 경험에 근거하기 쉽고 개입의 목표를 남한 문화로의 동화로 설정하기 쉽다는 점을 민감하게 인식하여야 할 것이다. 남한사회의 개인주의, 자본주의, 가부장적 가치관이 법, 행정 규례, 서비스 프로그램 내용, 실천가의 사고에 광범위하게 반영됨을 인식해야 하고, 사회복지사로서 이의 시정을 위해 노력하여야 할 책임이 있음을 수용하여야 한다.

문화집단 간에 있는 권력의 차이와 역동에 대한 인식도 필요하다. 문화, 언어, 성별 간에 존재하는 권력적 위계관계뿐만 아니라 남한과 북한간의 체제와 경제적 위상의 차이가 사회복지사 자신과 클라이언트와의 관계의 역동에 미치는 영향을 인식하고 관리할 수 있도록 하여야 한다. 반공 교육과 같은 이전에 학습된 가치관과 이념적 입장이 미치는 영향 또한 자기인식의 중요한 부분이 되어야 할 것이다.

난민이나 이주민의 문화 적응 과정에 대한 이론적 지식은 북한이탈주민 클라이언트의 적응과정을 이해하고 적응의 궤적을 예측함으로써 개입서비스를 계획하는 데 도움이 될 것이다. 사회주의 체제와 주체사상이 북한이탈주민의 세계관, 대인관, 노동 · 경제관에 미친 영향과, 결과적으로 남한에서 적응의 정도에 어떻게 기여하는지도 잘 이해하여야 할 것이다. 적응 스트레스가 빚어내는 심리 · 정신보건의 문제로서 우울증, 불안증, PTSD 등이 북한이탈주민의 적응에 부정적인 영향을 미치는 위험요소이라는 점과 개인 내적 역량, 사회적 지지의 수준, 교육의 수준 등과 같은 보호요인들의 역할에 대한 이해 등도 북한이탈주민을 위한 서비스에 활용될 수 있는 중요한 지식이다.

북한이탈주민 클라이언트와 일할 때 가장 우선적으로 필요한 기술은 관계를 형성하는 기술이다. 북한이탈주민에게 효과적인 서비스를 제공하기 이전에 신뢰에 기반을 둔 관계 형성이 매우 중요함을 인정할 필요가 있다. 북한의 체제는 사람들 간의 불신을 많이 조장하였다. 북한을 이탈하여 남한에 도착하기까지의 과정에서도 많은 폭력과 기만, 착취에 노출되었을 수 있다는 점, 남한에서도 불신을 조장하는 경험이 많았을 것이라는 점에 민감할 필요가 있다. 북한이탈주민 클라이언트의 신뢰를 얻기 위해서는, 그들의 관점과 삶의 양식을 존중하여야 한다. 개입의 목표와 성과는 전문적 소견과 반드시 일치하지 않더라도 클라이언트 자신이 규정하도록 하며, 초기 목표를 구체적이고 직접적인 혜택을 창출할 수 있는 것으로 설정하는 것도 좋은 신뢰 형성의 전략이 될 것이다.

한국 사회복지사가 자문화 중심적 사고의 위험을 극복하고 소수자의 경험에 민감하고자 할 때, 사회구성주의 사고체계는 유용한 실천의 개념 틀이 될 수 있을 것이다. 사회구성주의는 클라이언트를 자신의 삶의 전문가로 인정한다는 것, 실천가는 클라이언트의 주관적 삶의 경험을 이해하기 위해 전문가로서의 위치를 포기하고decentering, 알지 못한다는 개방적 입장not knowing position에서 다문화 클라이언트의 주관적 경험을 인정하고, 수용하며, 이해하려는 입장을 취하는 것이다(Turner, 1996).

기존의 사회복지실천모델과 이론을 적용할 때 그 장점과 한계를 인식하고 문화적 변용의 필요성에 대해 개방적 입장을 취한다. 서구의 심리내적 접근보다는 구체적인 자원동원이나 연계 등을 강조하는 사례관리 서비스가 적어도 초기 개입과정에 적절하며, 사례관리 과정을 통해 좀 더 심리내적이고 장기적인 문제에 대한 인식을 도모하고 치료적 개입에 대한 동기를 유발하도록 하는 것이 바람직할 것이다. 서비스 개입전략의 문화적 변용과정은 전문성을 갖고 있는 실천가가 문화적 적절성 여부의 최종 평가자인 클라이언트와 함께 만들어 간다는co-creator 역량강화적 관점을 유지하여야 할 것이다.

(2) 전문직 차원

한국사회복지사협회, 한국사회복지교육협의회는 북한이탈주민과 같은 문화적 소수자/이주자들이 사회복지전문직의 주요 대상인 사회적 약자, 억압받는 자들 중의 하나임을 인식하고, 이들에게 효과적인 서비스를 제공하기 위해서는 문화적 역량이 전문적 역량의 중요한 부분임을 인정하여야 한다. 그러한 인식은 사회복지사 윤리강령과 사회복지학 교육과정 지침 등에 반영되어야 하고, 다문화 사회로 이행하는 한국사회에서 주요 우선순위로 다루어야 할 것임을 천명할 필요가 있다.

사회복지 교과과정에 다문화와 문화적 역량에 관한 교과 과정을 학부와 대학원 과정에서 개설하여 변화하는 사회적 욕구에 부응할 수 있는 사회복지사들을 배출하여야 할 것이다. 실천 분야에 있는 서비스 제공자들에게는 보수교육 과정을 통하여 문화적 민감성과 역량 개발을 위한 교육과 훈련의 기회가 제공되어야 할 것이다(OMH, 2002; Sue, 1998; 설동훈 외, 2005). 다루어져야 할 내용은 사회에 주요 다문화 집단들에 대한 심층적 이해뿐만 아니라 다문화 집단과 효과적인 개입기술, 이론 등이 포함되어야 한다. 또한 아동과 청소년들에게 타 문화집단에 대한 이해와 관용을 교육하고, 다문화주의muticulturalism를 장려하는 예방적 접근책들을 개발하고 학교사회사업 등을 통해 타문화와 인종에 대한 차별과 편견을 감소시키는 데 사회복지전문직이 기여하여야 할 것이다.

사회복지실천이론과 방법들이 서구에서 개발되었기에 한국문화나 이주민들의 특정문화에 적절하지 않을 수 있음을 인식하고 서비스 전략의 문화적 변용과정을 통해 문화적으로 적절하고 효과적인 실천모델과 전략을 마련하는 노력이 있어야 할 것이다(Devore & Schlesinger, 1999; 김연희, 2006). 실천 이론과 기술, 서비스의 토착화나 문화적 변용뿐 아니라 이들 실천개입과 서비스 모델의 문화적 적절성과 성과를 평가할 수 있는 연구도 수행하여 다문화 집단들을 위한 증거에 기반한 서비스 실천모델들을 개발하고 보급하는 데 기여하여야 할 것이다.

성인학습이론에 의하면 태도와 가치, 민감성은 실험적 훈련[experiential training]을 통한 정서적 경험과 적용을 통해 좀 더 효과적으로 학습된다고 한다(Stuart, Tondora, Hoge, 2004; Kim, 1995). 한국의 사회복지 교육이 서구의 주류 실천이론들의 인지적 학습에 치중하여 왔던 점을 인식하고, 정서적 경험과 적용을 강화하는 실험적 교육방식을 강화함으로써 자기인식과 타문화권에 속하는 개인들의 경험에 대한 민감성과, 문화적 역량을 개발하는 교육이 강화되어야 할 것이다.

(3) 서비스 기관 차원

서비스 기관은 다문화주의를 권장하고, 서비스에 접근성과 기회의 평등을 지지하는 기관의 철학과 정책을 분명하게 표명하여야 할 것이다. 기관의 내부 장식에서부터 이용자들을 위한 다양한 자료나 게시판 등에 사용되는 언어, 채용하는 직원 등을 통해 구체적으로 반영되어져야 함을 인식하여야 한다.

북한이탈주민 문화와 경험을 잘 이해하는 북한이탈주민 서비스 제공자를 교육하고 훈련하며, 직원으로 채용하는 것이 서비스 접근성을 위해 좋은 전략임을 인식하여야 한다. 이를 위해서 한국 사회복지사들은 타문화권 출신 직원들과 동등한 동료로서 일하는 것에 대한 심리적, 문화적 저항을 극복하여야 한다. 북한이탈주민 사회복지사와 같은 이중문화자의 고용이 기존의 한국인 사회복지사의 취업 기회에 부정적 영향을 미칠 수 있고, 지역사회가 다문화화 되면서 기관 예산의 배분에 우선순위가 조정되는 것에 대한 전문직 내의 저항이 형성될 수 있다는 것을 인식하고 이에 대처하여야 할 것이다. 그러나 궁극적으로 북한이탈주민의 문화와 고유한 경험을 가장 잘 이해할 수 있는 제공자는 북한이탈주민 사회복지사라는 사실을 인정하고, 이들이 서비스 전달체계의 효과성을 향상시킬 수 있는 기회를 지속적으로 확대시켜야 할 것이다.

다문화 집단에 서비스를 제공하는 한국 서비스 조직의 다수가 문화적 문맹의 수준에 있다고 보고 적극적인 개선의 노력이 필요하다고 본다. 문화적 역량 수준을 개선하는 방법으로 객관적인 평가도구를 활용하여 기관의 문화적 역량 수준을 평가하고, 역량을 향상시키기 위한 구조적 접근을 시도하여야 하겠다. 조직의 문화적 역량을 평가하는 주요 기준으로는 조직의 지도층의 다문화주의에 대한 인식과 변화에 대한 헌신의 정도, 조직 성원들의 동의[buy-in], 이중문화 인력과 북한이탈주민 서비스 재원의 분배수준, 변화하는 북한이탈주민의 인구사회학적 특성, 욕구, 새로이 부각되는 문제 등에 대한 정보 수집과 분석 능력, 새로운 서비스 창출을 위한 재원 동원 능력, 북한이탈주민 문화에 적절한 프로그램 개발 능력, 직원의 전문성 향상을 위한 보수 교육 및 훈련 전략에 대한 정보 등이 포함되어야 한다.

기관의 행정 절차와 정책 등에도 문화적 다양성의 존중과 이해를 촉진하는 구체적인 노력이 표현되어야 할 것이다. 이는 기관 인력충원에서 드러나게 될 뿐만 아니라, 기관의 이사회나 운영위원회와 같은 조직의 의사결정과 지배구조에도 북한이탈주민이나 타 문화권 대표를 참여하게 함으로써 다문화에 대한 헌신이 반영되어야 한다.

이를 통해서 북한이탈주민이나 이주민들과 같은 다문화 집단이 수동적인 서비스 이용자, 또는 수혜자가 아니라 자신들을 조직하고 결정의 주체가 될 수 있는 능동적 참여자가 될 수 있어야 할 것이다.

각 문화집단에 대한 심층적 지식과 이해가 서비스 전달방식에 반영되어야 할 것이다. 그 예로, 남한의 언어로 읽고 쓰는 것이 어려운 북한이탈주민을 위한 정보자료들은 정보가 많이 담겨진 인쇄물을 배포하는 대신 DVD와 같은 시청각 자료로 만든다거나 화보가 많이 들어있는 형태로 제작을 할 수 있을 것이다. 북한이탈주민 지역사회의 역량강화를 도모하기 위해서는 자원의 동원이나 연계도 중요하지만 경제적 자립을 도모하는 창업 프로그램, 개별적 역량에 맞는 교육이나 훈련의 기회를 제공하는 것이 바람직할 것이다. 북한이탈주민의 적응을 돕기 위해 남한의 양부모 프로그램이나 정착도우미서비스도 효과적이지만 오래전에 입국한 북한이탈주민들이 새로 입국한 북한이탈주민의 정착도우미 또는 후견인 역할을 하는 것도 역량강화를 실천하는 개입 전략이 될 수 있다. 많은 북한이탈주민들이 갖고 있는 문제들을 일시적인 상황의 적응 문제로 보고, 전통적인 치료적 개입을 지양하면서 북한이탈주민 개인과 지역사회의 역량 강화에 초점을 둔 예방적 개입을 활용하는 것이 필요하다.

(4) 거시적 서비스체계 차원

대한민국 「헌법」 제10조 및 제11조 등 차별금지에 관한 조항에서는 성별, 종교 또는 사회적 신분으로 인해 차별받지 말아야 한다고 규정하고 있지만 인종과 출신국으로 인한 차별에 대한 정의는 없다.[3]

3 UN 인종차별철폐위원회는 2007년도 한국의 보고서에 대한 최종견해에서 대한민국은 협약국가

한국사회는 국제사회의 기준에 맞추어 모든 사회구성원들에게 기본 인권과 사회 · 경제적 정의의 보장을 사회의 신념과 윤리적 책임으로 받아들여야 할 것이다. 헌법과 법률, 시행령, 조례 등에 다문화주의, 문화적 역량, 평등한 인권에 관한 한국사회의 의지가 표현되고 시행되도록 하는 노력이 필요하다.

북한이탈주민, 이주노동자, 결혼이주자 등 한국사회의 새로운 성원들을 위한 의료, 교육, 사회복지서비스들이 시혜적이고 잔여적 서비스의 성격을 갖기 보다는 사회 성원으로 누려야 하는 기본적 인권과 사회 정의의 보장으로 인식되어야 할 것이다(설동훈 외, 2005). 특히 서비스 재정 환경이 열악할 때, 소수자의 권리와 문화적 역량의 중요성은 쉽게 간과되거나 포기될 수 있다는 점을 경계하고 이를 예방할 수 있는 감시기제가 있어야 할 것이다.

국내에 유입된 외국출신자들에 관한 정확한 통계자료 확보를 위한 노력을 하여야 할 것이다(UN CERD, 2007). 통계자료는 출신국, 언어 능력, 의료 · 교육 · 경제 · 주거 · 고용 · 가족관계 등 욕구파악에 필요한 정보들을 수집하여 국가적 차원에서 서비스와 정책을 계획하고 수립할 때 객관적이고 정확한 자료를 근거로 할 수 있도록 하여야 할 것이다.

인종차별, 소수자의 인권보장과 향상에 효과성이 입증된 서비스 프로그램과 정책 등에 관한 연구를 수행하고 그 결과를 배포함으로써 다민족 · 다문화 사회로 변화하는 과정에서 예측되는 문제의 예방과 소수자의 인권 진작을 위한 개입이 가능하도록 하여야 할 것이

로서 인종차별을 헌법에 포함시킬 것, 외국 출신자에 대한 차별을 철폐, 모든 인종, 민족, 및 국가집단 간의 이해와 관용, 우의를 증진시키는 인권의식 프로그램을 초등 · 중등 교육과정에 포함시킬 것, 재한외국인처우기본법에 명시된 고용, 결혼, 주거, 교육, 인간관계를 포함한 삶의 모든 영역에서의 권리를 동등하고 효과적으로 향유할 수 있도록 부가적인 법률 제정 등 추가조치를 택할 것 등을 권고하였다(UN CERD, 2007).

다. 문제에 대한 개입모델과 전략도 중요하지만, 차별과 편견을 타파하고 다문화 집단 간의 이해와 관용을 진작하는 예방적 개입을 아동 및 청소년들에 제공함으로써 선진 다문화 사회가 겪고 있는 인종차별의 후유증을 예방 또는 완화할 수 있어야 할 것이다.

최근 한국사회의 다문화화에 대한 인식이 증대됨에 따라, 여성 결혼이민자 가족 및 혼혈인 · 이주자 사회통합 지원 방안, 북한이탈주민 정착지원 방안 등 관련 정부부처에서는 다양한 집단들에 대한 정책과 지원방안을 발표하고 있다. 그러나 이러한 방안들은 부처별, 대상별로 매우 파편화되어 있어 재원의 낭비 및 서비스의 효과성에 상당한 문제를 보이고 있다(김이선, 2007; 장혜경 외, 2003). 일본의 다문화 공생추진계획이나 호주의 범국가적 정착 전략과 같은 통합적이고 포괄적인 접근을 통하여 새로이 유입되는 집단들의 순조로운 적응을 부처 간의 긴밀한 조정과 협조 속에서 지원할 수 있도록 하여야 하겠다.

서비스의 언어/문화적 접근성을 개선하는 다양한 전략을 마련할 필요가 있다. 이중 언어/문화적 서비스가 가능한 서비스 제공자의 배출을 위한 다각적 교육, 훈련, 고용 전략이 있어야 하겠다. 북한이탈주민의 특례입학 제도와 같은 제도를 활용하여 외국인을 이중 언어/문화 사회복지사로 배출하고, 교육받은 인원들을 대상집단이 밀집된 지역에 우선적으로 배치하여 서비스의 문화적 역량을 향상하고자 하는 적극적인 노력이 필요하다. 전문가로 교육이 상대적으로 장기적인 준비가 필요하기에, 다른 차선책으로 통역사나 이중 언어 준전문가para-professional를 단기 훈련프로그램을 통해 배출하는 방안도 동시에 활용할 수 있다. 표준화된 통역사 훈련프로그램을 개발할 뿐 아니라, 서비스 제공자들에게는 효과적인 통역사 활용기술을 훈련함으로써 언어적 접근성과 문화적 민감성을 개선할 수 있겠다(OMH,

2002). 넓은 지역에 흩어져 있는 다양한 집단들의 필요를 해결하기 위해 전화나 화상 통역서비스의 활용도 고려해 보아야 한다. 법적 권리, 서비스 혜택이나 예방 교육 자료를 이중 언어로 된 인쇄물뿐만 아니라 음성 · 영상audio-visual 자료로 마련하여 다양한 교육수준에 있는 이주자들에게 언어적 접근성의 문제를 완화하려는 전략을 활용하여야 할 것이다.

교육, 의료, 사회복지 분야에서 실천의 다양한 차원(개인 실천가, 전문직, 서비스 조직, 체계 차원)에서 문화적 역량의 수준을 측정할 평가도구를 개발하고 정기적인 평가를 하는 기구를 둠으로써 문화적 역량이 실제 실행이 되도록 하고, 지속적인 역량의 개발과 축적이 가능하도록 해야 할 것이다(Lum, 2007; OMH, 2002).

2) 실습기관의 문화적 역량 사정

사회복지 실습에 참여하고 있는 실습생들은 실습기관의 문화적 역량 수준을 평가하고, 건설적인 제안을 할 수 있게 되길 바란다. 기관의 문화적 역량수준을 평가하는 기준, 지표에 대한 논의를 기관 전반, 프로그램과 서비스의 내용, 실천가 수준의 역량의 세 부분으로 나누어 분석하는 근거를 논의하고자 한다(Rothman, 2008).

(1) 기관의 전반적 평가

각 기관은 나름의 문화를 갖고 있다. 기관이 갖고 있는 문화는 가시적으로 표현되는 것도 있지만, 직원의 태도나 가치관, 조직의 구조적 특성 등과 같은 쉽게 관찰되기 어려운 부분도 있다. 그러나 다양한 요소에 반영되는 기관의 문화는 클라이언트 자신과 그들의 서비스 활용에 영향을 미치게 된다. 북한이탈주민에 대한 민감성, 헌신의 정도와 같은 기관의 전반적 문화를 사정하는 데 도움이 되는 질문들은 다음과 같다.

① 기관이 관할하는 지역사회

기관이 서비스를 제공하는 관할 지역을 도보로 돌아보며 지역사회 인구 구성과 새터민이 전체 지역사회에 차지하는 정도, 북한이탈주민 주민의 사회경제적 지위, 지역사회 자원(병원, 학교, 상가, 사회복지서비스 기관 등)의 수준을 파악해 본다.

② 기관의 접근성

북한이탈주민들이 기관에 오는 교통수단은 무엇인지, 거리나 교통여건은 어떤지, 서비스의 이용이 활발하지 않다면 기관에 대한 정보와 서비스에 대한 접근성에 어떤 문제점이 있는지를 사정한다.

③ 기관의 수용적 태도

기관의 물리적 환경이 북한이탈주민들에게 긍정적이고 환영하는 인상을 주는지, 직원 구성이나, 기관소개서, 건물 내부 장식에 북한이탈주민의 존재가 잘 반영되고 있는지 등을 살펴본다. 기관은 북한이탈주민 직원을 전문직이나 행정직에 고용하고 있는지 여부와 그 정도는 문화적 역량 개발에 대한 기관의 헌신의 구체적인 지표가 될 것이다.

④ 행정과 직원교육

직원교육과정에 문화적 다양성과 역량에 관한 교육이 포함되어 있는지, 있다면 얼마나 자주 있는지, 교육 내용은 문화적 쟁점, 지역사회 문제, 기타 문화적 역량을 향상시키기 위한 내용들이 포함되는지 등을 평가한다.

⑤ 직원의 민감성

기관의 문화적 민감성의 한 지표는 기관에 근무하는 직원들이 대상 집단인 북한이탈주민들을 대하는 태도와 언사 등일 것이다. 직원들이 북한이탈주민들의 욕구를 잘 인식하고, 비심판적이고 존중하는 태도를 보이는지 혹은 직원들의 언어에 북한이탈주민들에 대한 고정관념이나 '그 사람들' 이라는 표현이 자주 나타나는지를 관찰할 필요가 있다.

(2) 기관 프로그램과 서비스의 평가

기관의 문화보다는 좀 더 구체적이고 측정 가능한 서비스와 자원 수준을 사정하기 위해서는 아래와 같은 질문을 활용할 수 있다. 어떤 질문은 직접 관찰을 통하여 파악할 수 있지만, 어떤 질문들은 기관지도자에게 묻거나, 기관의 설립목적이나 사명, 운영지침 등을 살펴봄으로써 평가할 수 있다.

① 기관의 노력

프로그램 기획, 활용, 행정과 관련하여 북한이탈주민의 참여를 도모하려는 노력이 있는지, 기관의 의사결정과정에 영향을 미칠 수 있는 의결기구에 북한이탈주민 지역주민이 참여하고 있는지를 알아본다.

② 서비스의 질

기관의 프로그램이 북한이탈주민의 욕구에 얼마나 민감하고 문화적으로 적절한지에 대하여 평가하는 과정에 북한이탈주민의 참여가 있는지, 서비스를 계획하고 전달하는 과정에 북한이탈주민의 서비스 접근성에 장해가 되는 요소에 대한 고려가 있었는지, 북한이탈주민의 문화를 고려하여 서비스의 질을 향상할 수 있는 방안은 있는지, 서비스의 질과 양에 대하여 북한이탈주민 지역주민들은 어떻게 느끼는지, 충족되지 못하고 있는 주요 욕구가 있다면 이는 무엇인지를 평가한다.

③ 효율성

북한이탈주민의 서비스 욕구를 충족시키기 위해 지역사회 내의 다른 서비스들과 협력과 조정을 하는지, 지역사회에 가용한 서비스 자원을 동원하고 연계하기 위해 적극적으로 아웃리치를 하는지, 북한이탈주민의 문화적 고유성을 고려하여 대안적 서비스 자원을 활용하려는 노력이 있었는지, 기관이 자원과 의뢰를 위해 활용하고 있는 서비스들은 어떠한 것이 있는지에 대하여 사정한다.

(3) 개인실천가의 문화적 역량

사회복지실천은 관여engagement, 신뢰와 관계 형성, 사정과 문제의 규정, 계약과 목표설정, 개입, 평가 및 종결의 과정으로 이루어지는데, 이러한 과정을 준거틀로 사용하면서 북한이탈주민 클라이언트들에게 서비스를 제공하는 데 자신의 문화적 역량기술의 수준을 사정할 수 있다.

① 관여, 신뢰와 관계의 형성

북한이탈주민이 원조를 요청하는 방식, 원조에 대해 갖고 있는 태도를 이해하는 것은 초기 관계 형성에 매우 중요하다. 서비스 과정에서 시선 맞춤, 악수, 성별에 따른 행동양식의 차이, 호칭하는 방식, 개인적 공간개념의 차이 등에 대하여 이해하는 것이 중요하다. 각 가정 내의 의사결정 방식이나 변화에 대한 태도 등에 대한 이해도 실천 과정에 영향을 준다. 실습을 통해서 북한이탈주민 클라이언트와 관계를 형성하고 신뢰를 쌓는 데 도움이 될 수 있는 구체적인 문화적으로 적절한 실천전략은 무엇인가에 대하여 관찰하여 본다.

② 사정과 문제 규정

일반적으로 사용되는 사정도구들 - 가계도, 생태도, 강점 사정 외에 북한이탈주민 문화의 맥락에서 클라이언트의 문제를 이해하는 데 도움이 되는 도구들이 기관이나 개인 실천가 수준에서 활용되고 있는지 탐색해본다. 실습과정에서 북한이탈주민 클라이언트가 자신의 문제 사정에 적극 참여하도록 할 수 있는가, 문화적으로 적절한 사정도구는 무엇이 있는가, 북한이탈주민 클라이언트가 북한이탈주민 문화의 규범, 신념이나 기대를 기반으로 한 문제나 염려를 발견하고, 묘사하고, 해결할 수 있도록 하는가, 북한이탈주민 문화집단과 남한 주류사회의 관계로 기인하는 문제들을 탐색할 수 있도록 도울 수 있겠는가 등의 질문에 답을 찾도록 면밀히 관찰하고, 실습지도자나 동료들과 논의하여 본다.

③ 계약하기와 목표설정

북한이탈주민 클라이언트의 문화적 경험과 세계관에 부합하는 개입의 목적과 하위목표를 찾는 것은 서비스 개입의 성공여부에 직접적인 영향을 준다. 클라이언트의 문화적 기대와 부합하지 않는 목표는 성공할 가능성이 매우 희박하다. 문화적 기대와 부합하는 목표를 설정하기 위해서는 클라이언트가 사정과 목표설정과정에 적극적으로 참여할 때 가능하며, 클라이언트의 언어와 어휘를 사용하고, 가치가 반영되는 방식으로 표현하여야 한다.

④ 개입

개입의 목적과 하위목표의 설정과 마찬가지로, 개입 전략도 북한이탈주민 클라이언트의 가치, 규범과 관련되어야 한다. 개입전략은 또한 클라이언트의 문화적 사고틀 안에서 문화적으로 적절한 행동과 과업을 반영하여야 한다. 북한이탈주민의 사고관, 행동과 과업에 관한 문화적 규범이나 기대에 부합하는 개입전략으로는 무엇이 있는지 찾아본다.

⑤ 평가

개입 결과의 성패에 대한 판단은 상당히 클라이언트가 갖고 있는 문화에 근거한다. 개입의 초점은 증상의 제거에서부터, 문제의 해결, 외부적 환경의 변화 또는 내적 변화 등 다양할 수 있다. 북한이탈주민의 문화에서는 누가 개입의 효과성 또는 성공을 규정하는가. 가족, 지역사회 내의 다양한 당사자들(예: 교회, 학교, 하나원 동기 등)의 의견이나 판단에 의존할지도 모른다.

⑥ 종결

종결에 대한 태도나 실천방식은 클라이언트의 초기 관계 형성만큼이나 문화적 영향에 민감한 과정이다. 어떤 문화권에서는 종결이 쉽고, 사적 감정개입 없이 이루어지는가 하면, 어떤 문화권에서는 서서히 관계를 사교적 관계나 친구관계로 전환시키면서 종결을 하는 것을 선호하기도 한다. 북한이탈주민 문화에서는 어떤 방식의 종결

과정 선호하거나 기대하는지, 문화적으로 적절하면서 의미 있는 종결 방식이 있는지에 대하여 생각해 볼 필요가 있다. 북한이탈주민의 과거 삶의 경험이 종결과정에 어떠한 영향을 주는지를 민감하게 고려해 볼 필요도 있다.

□ II부 참고문헌 □

4장 참고문헌

길은배(2003), 『북한이탈 청소년의 남한사회 적응 실태 및 지원 방안 연구』, 한국청소년개발원 연구보고서.
김선화(2006), 「새터민 정착지원: 지역사회 중심의 새터민 정착지원」,『통일을 준비하는 한국사회』, 한국천주교 주교회의 · 한국천주교중앙협의회 제9차 민족화해 가톨릭 네트워크.
김현경(2007), 『난민으로서의 새터민의 외상(trauma) 회복 경험에 대한 현상학 연구』, 이화여자대학교 박사학위논문.
김현아(2007), 「새터민의 심리사회적 특징」, 『새터민 이해증진을 위한 전문 교육』, 그리스도대학교 특성화 사업단, pp. 22-23.
남북문화통합교육원(2006), 『통일의 길목에서 지방거주 새터민 청소년을 만나다』, 2006 이동학교 순회교육 자료집.
노대균(2006), 『새터민을 위한 지역사회 정신건강지원 모형의 개발 워크샵 자료집』, 공릉종합사회복지관 · 아름다운생명, p.57.
박윤숙(2006), 『북한이탈청소년의 사회적 지지 특성과 남한사회 적응에 관한 연구』, 서울여자대학교 박사학위논문.
북한인권정보센터(2005), 『2005년 새터민 정착실태 연구』, 통일부 연구보고서.
서울시정개발연구원(2005), 『서울시 거주 새터민 정착실태 분석과 정착지원 정책 및 프로그램 개발』, 정책과제보고서.
윤상석(2007), 「새터민 청소년의 특징과 교육현황」, 『새터민 이해증진을 위한 전문 교육』, 그리스도대학교 특성화 사업단, p.44.
윤여상(2002), 「2002년도 해외탈북자 문제의 회고와 전망」, 『2002년도 북한이탈주민 지원 사업의 회고와 전망』, 북한이탈주민지원 민간단체협의회.
이금순(2006), 「북한이탈주민 문제해결 거버넌스 실태조사」, 『한반도 평화번영 거버넌스의 실태조사 - 하』, 통일연구원.
이영석(2007),「해외 탈북동포 현황 및 남한 입국 경로」,『새터민 이해증진을 위한 전문 교육』, 그리스도대학교 특성화 사업단. pp.8-9.
정병호 외(2007), 『새터민 청소년 사회적응력 제고를 위한 교육방안 마련 연구』, 경기도 교육청.
조영아 · 전우택 · 유정자 · 엄진섭(2005), 『북한이탈주민의 우울예측 요인: 3년 추적 연구』, 한국상담심리학회 .
조정아(2007), 「함께 살기와 서로돕기: 새터민 청소년의 학교생활 적응과 지원방안」, 『새터민 청소년 교육 - 우리의 미래다』, 제3회 한반도평화포럼 자료집, 한반도평화연구원.
황부자 · 손영지(2007), 「지역사회복지관의 북한이탈주민 지원 프로그램이 북한이탈주민의 생활 만족도에 미치는 영향에 관한 연구」, 『태화임상사회사업연구』, 태화기독교사회복지관.

5장 참고문헌

김선화(2007a), 『새터민 1만 명 시대, 지난 7년과 앞으로의 7년』, 「새터민 정착지원을 위한 사회복지 프로그램의 현황과 평가」, 북한이탈주민연구학회 학술회의, p19, pp.28-29.
_____(2007b), 「정착 초기 새터민 가족의 적응 과정」, 『한국가족사회복지학회 춘계학술대회 자료집』.
_____(2006), 「지역사회중심의 새터민 정착지원」, 『통일을 준비하는 한국사회-한국 천주교회의 과제』, 2006년 제9차 민족화해 카톨릭 네트워크, p.55.
_____(2004), 「지역사회복지관의 북한이탈주민지원사업 평가」, 『지역사회중심의 북한이탈주민지원 사업의 전망』, 북한이탈주민지원민간단체협의회 워크숍.

______(2004), 「미국 난민정착지원 시스템의 북한이탈주민 적용을 위한 제안」, 『북한이탈주민 지원 분야별 회고와 전망-지역복지분과』, 북한이탈주민지원민간단체 동계 워크숍.
북한인권정보센터(2005), 『2005년 새터민 정착실태 연구』, 통일부 연구보고서.
서울시정개발연구원(2005), 『서울시 거주 새터민 정착실태 분석과 정착지원 정책 및 프로그램 개발』, 정책과제 보고서.
황부자 · 손영지(2007), 「지역사회복지관의 북한이탈주민 지원 프로그램이 북한이탈주민의 생활만족도에 미치는 영향에 관한 연구」, 『태화임상사회사업연구』, 태화기독교사회복지관.
무지개청소년센터 홈페이지 http://www.rainbowyouth.or.kr/
북한이탈주민후원회 홈페이지 http://www.dongposarang.or.kr/
통일부 홈페이지 http://www.unikorea.go.kr/

6장 참고문헌

김연희(2007), 「한국사회의 다문화화와 사회복지분야의 문화적 역량」, 『사회복지연구』, 겨울호, pp.117-144.
______(2006), 『북한이탈주민의 정신보건에 관한 연구:스트레스과정이론의 적용』, 서울대학교 박사학위논문.
______(2006), 「문화적 역량을 갖춘 사회복지실천」, 『2006년 다문화 가족센터 추계학술대회 자료집』.
김이선(2007), 「제자리를 찾아야할 여성 결혼이민자 정책」, 『젠더리뷰 봄호』.
서울시정개발연구원(2007), 『다문화가족 지역정착을 위한 사회적 지원방안 연구』.
설동훈 · 홍승권 · 고현웅 · 김인태(2005), 『외국인 노동자 보건의료 실태 조사연구』, 국제보건의료발전재단.
장혜경 · 김혜경 · 오학수 · 이기영(2003), 『외국인 노동자 가족관련 정책 』, 한국여성개발원.
Bonecutter, F. & Gleeson, J.(1997), "Broadening our view: Lessons from kinship foster care", *Journal of Multicultural Social Work*, 5(1-2): 99-119.
California Endowment(2003), *Principles and recommended standards for cultural competence education of health care professionals*, Thousands Oaks, CA.
Cross, T., Bazron, B., Dennis, K., Isaacs, M.(1989), *Towards a culturally competent system of*, Washington, DC: Georgetown University Child Development Center.
Devore, & Schlesinger(1999), *Ethnic sensitive social work practice*, 5th ed., Boston: Allyn & Bacon.
de Anda, D.(ed.)(1997), *Controversial issues in multiculturalism*, Boston: Allyn and Bacon.
Fellin, P.(2000), "Revisiting multiculturalism in social work", *Journal of Social Work Education*, 36(2): 261-278.
Kim, W.(1995), "A training guideline of cultural competence for child and adolescent psychiatric residencies", *Child Psychiatry and Human Development*, 26(2): 125-136.
Lum, D.(ed.)(2007), *Culturally competent practice: a framework for understanding diverse groups and justice issues*, 3rd ed., Belmont, CA: Brooks/Cole.
Lum, D.(ed.)(2005), *Cultural competence, practice stages, and client systems: a case study approach*, Belmont, CA: Brooks/Cole.
Manoleas, P.(1994), "An outcome approach to assessing the cultural competence of MSW students", *Journal of Multicultural Social Work*, 3: 43-57.
Office of Minority Health.(2002), *Teaching cultural competence in health care: a review of current concepts, policies and practice*, U.S. Department of Health and Human Services.
Oregon Department of Education(2004), "Resources on cultural competency", http://www.ode.state.or.us.
Rothman, J.(2008), *Cultural competence in process and practice: building bridges*, Boston:

Pearson Education.

Stuart, G., Tondora, J. & Hoge, M.(2004), "Evidence-based teaching practice: implications for behavioral health", *Administration and Policy in Mental Health*, 32(2): 107-130.

Sue, S. & Sue, D.(2003), Counseling the culturally diverse: Theory and practice, Pacific Grove, CA: Brooks/Cole.

Sue, S.(ed)(1998), *Multicultural counseling competencies: individual and organizaitonal development*, Multicultural aspects of counseling series 11. Thousand Oaks, CA: Sage publications.

Turner, F.(ed)(1996), *Social Work Treatment: interlocking theoretical approaches*, 4th ed., The Free Press.

National Association of Social Workers National Committee on Racial and Ethnic Diversity (2001), "NASW standards for cultural competence in social work practice retrieved", www.naswdc.org.

United Nation Committee on Elimination of Racial Discrimination(2007), "Consideration of reports submitted by States parties under article 9 of the convention-Republic of Korea."

III

북한이탈주민 실습의 내용과 기술

7 북한이탈주민 실습의 내용과 기술모델

본 장에서는 사회복지 전공 학생들이 북한이탈주민 정착지원 서비스 기관에서 사회복지현장실습을 하는 데 있어서 학습해야 할 내용에 대해서 소개하고자 한다. Fortune(1994)이 제시하는 일반적인 사회복지현장실습 지도의 핵심적 내용 및 기술모델에 의거하여 북한이탈주민 정착지원 기관의 특수성에 맞추어서 학습해야 할 내용들을 소개하고자 한다.

1. 북한이탈주민 사회복지현장실습의 개요

실습교육은 교실에서 배운 지식과 개념들을 실제 상황에 적용함으로써 전문교육의 특성인 실제적 상황 속에서 학생의 실천적 지식,

기술 및 가치관을 학습하는 기회를 제공하는 핵심적인 교과 과정이며(김선희 · 조휘일, 2000), 실습교육의 목적은 사회복지전문직으로서 갖추어야 할 지식, 기술, 가치관을 전문가인 자신의 실천 속으로 통합하려 하고, 나아가 이 세 가지 국면들을 전문적 자아의 전체적인 개념과 사회복지전문가로서 가장 바람직하다고 생각되는 사회복지 실천의 스타일과 통합하려는 것이 되어야 한다. 따라서 실습교육의 최종 목적은 자신을 사회복지전문가로 성장시키려는 데 핵심이 있다(조휘일, 1998). 실습교육은 전문 사회복지실천의 상황 하에서 이루어지는 의식적으로 계획된 일련의 경험으로 학생들은 사회복지실천에 관한 초보수준의 이해, 기술, 태도로부터 자율적인 사회복지실천의 이해, 기술, 태도의 수준으로 이해할 수 있도록 고안된 것이다(N. Hamilton & J. F. Else, 1983: 11).

또한 김선희 · 조휘일(2000: 48)은 실습교육의 목적은 크게 두 가지 측면에서 논의하였는데, 첫째, 학생이 교실에서 습득한 지식, 기술, 가치를 실습경험을 통해서 자신의 행동 목록 속으로 검증을 거쳐 통합하는 기회를 제공한다. 둘째, 현장에서만 일어날 수 있는 새로운 학습을 가능하게 하며, 기존의 이론과 방법론을 확인하고, 토의하며, 수정할 수 있는 계기를 마련하는 것이다. 실습기관은 학교와 동등한 책임을 가지고 학생 개개인이 지닌 기본적 능력, 즉 심리적 성숙, 이전의 생활경험(가정 및 학교), 전문적 자질과 목표 등의 자원을 최대한 동원하여 학생 개개인이 전문인으로서의 태도, 지식 및 기술 등을 갖출 수 있도록 도와주어야 한다.

실습교육은 사회복지 교육의 핵심 교과목 중 하나인 동시에 사회복지교육이 추구하는 목적과 일치한다고 할 수 있다. 궁극적으로 전문사회사업가를 배출하여 전문적인 실천을 통해 클라이언트에게 서비스를 제공하는 것이므로 그 중요성이 크다고 할 수 있다.

북한이탈주민들의 남한사회로의 적응을 위한 정착지원 서비스를 제공하고 있는 기관에서의 현장실습은 위에서 언급된 일반적인 사회복지 실습의 내용과 목적에 의거하되, 실천현장의 특성에 따른 특수성이 현장실습의 내용에 반영되어야 한다. 북한이탈주민의 사회복지서비스 제공을 위한 실천 활동에서 요구되는 지식과 기술은 일반적인 경우와 다른 부분이 있으며, 사회복지전문가로서 기본적으로 요구되는 자질과 가치관은 동일하나 대상자들의 특수성에 따른 특성을 이해하고 수용하는 데 필요로 하는 역량과 가치관은 다를 수 있으므로, 실천현장의 특성에 따른 현장에서의 학습 내용은 상이하다고 할 수 있다. 본 장에서는 북한이탈주민 사회복지실천현장에서 요구되는 전문가를 양성하기 위한 사회복지 실습지도에서 필요로 하는 내용을 소개하고자 한다.

2. 북한이탈주민 사회복지현장실습의 기술 모델

Fortune(1994)은 사회복지를 전공하는 학생들이 사회복지현장에서 학습해야 할 교육의 내용으로 5가지 영역을 구분하여 소개하고 있다. 사회복지현장의 전문가가 되기 위하여 현장실습은 실천학문인 사회복지 분야에서 가장 중요한 학습 훈련의 과정이라고 할 수 있다. 사회복지를 전공하는 학생들은 현장실습을 통해서 학교에서 수강한 교과목을 학습한 지식과 자원봉사활동 과정에서 습득하였던 경험들을 현장화 및 구체화하는 동시에, 현장에서 요구되어지는 다양한 사회복지실천기술들을 파악하게 된다.

Fortune(1994)은 현장실습을 통해서 학습해야 할 것을 크게 보아 5가지로 구분하였는데 그 내용을 살펴보면 〈표 7-1〉과 같다.

〈표 7-1〉 Fortune(1994)이 제시한 실습지도의 핵심적 내용 및 기술모델

실습지도 핵심내용	실습지도 세부내용
전문적 발달을 위한 지식 · 기술	· 자아인식 · 자기지식knowledge of self 개발 · 인간의 다양성 존중과 다양한 배경의 사람들과 일할 수 있는 능력 · 전문적 성장에 대한 책임감 · 사회복지전문직의 가치 및 윤리에 대한 사명감 · 사회, 경제 정의 실현에 대한 책임감 및 사명감 · 실천 효과성 평가
행정적 측면의 지식 · 기술	· 기관 사명과 철학에 대한 이해 · 기관의 공식적 · 비공식적 구조 파악 · 의사소통 · 의사결정체계에 대한 이해 · 관료제도 내에서 기능하는 능력 · 기록 관리와 기록 능력 · 자원동원 및 활용에 대한 이해
정책적 측면 지식 · 기술	· 사회복지정책에 대한 이해(기관에 영향을 주는 국가, 지방의 정책) · 지역사회에 관한 이해(문화, 정치, 경제, 사회적 상황) · 지역사회 복지서비스 전달체계에 관한 지식 및 활용기술 · 의뢰절차 및 접수과정에 대한 이해
기본적 대인관계 기술	· 대인관계 의사소통 기술 · 동료와의 관계 형성 기술
클라이언트 체계의 개입을 위한 지식 · 기술	· 인간행동과 다양성에 관한 지식 및 적용기술 · 클라이언트와의 면접기술 · 클라이언트 체계의 사정 기술 · 개입 혹은 치료계획의 (적용)기술 · 평가기술 · 종결기술 · 집단에서의 개입기술 · 의뢰와 사례관리 기술 · 옹호활동

3. 북한이탈주민 사회복지현장실습의 내용

1) 전문적 발달을 위한 지식 및 기술

전문적 발달을 위한 실습현장에서의 교육은 사회복지실천 전문가로서의 자기인식과 사회복지실천가로서의 전문적 정체성을 형성하

기 위한 교육이라 할 수 있다.

사회복지사로서의 자기에 대한 이해, 인간 존중에 대한 기본적인 신념과 사회복지 실천윤리와 가치에 대한 자기 확신과 적용을 위한 가치관 형성을 위한 훈련이 이루어지는 것을 의미한다. 또한 사회복지실천현장의 다양한 상황에 대한 이해를 증진하기 위한 경험과 그 안에서의 사회복지실천 전문가로서 인간에 대한 다양한 시각을 쌓아가고 그에 따른 다양한 실천 방법론에 대한 경험적 이해를 증진시키는 과정이라고 할 수 있다.

Fortune(1994)의 모델에 따른 실습 내용을 제시하면 〈표 7-2〉와 같다.

〈표 7-2〉 전문적 발달을 위한 지식 및 기술에 대한 실습 내용

실습지도 핵심내용	실습지도 세부내용	북한이탈주민 실습지도 내용
전문적 발달을 위한 지식 및 기술	· 자아인식 · 자기지식 개발 · 인간의 다양성 존중 · 전문적 성장에 대한 책임감 · 사회사업 전문직의 가치 및 윤리에 대한 사명감 · 사회, 경제 정의 실현에 대한 책임감 및 사명감 · 실천 효과성 평가	· 실습신청서에 의한 실습 목적과 목표에 대한 숙지와 구체적인 적용을 위한 자기 고찰 · 실습생 학습유형 탐색 - 자기이해 및 상호 이해 증진 - LSI척도Learning Style Inventory 활용 · 실습생의 자세와 역할 인식을 위한 교육 · 사회복지의 가치와 윤리강령 교육 및 토론: 윤리적 갈등 상황 토론 및 가치관 정립 · 사회복지 환경 변화에 대한 이해(세계화와 다문화주의 등 사회복지실천 대상의 다변화적 측면에 대한 이해) · 사회복지실천 평가를 위한 교육 · 사회복지실천현장 이해를 위한 필요 교육(북한이탈주민 사업 전반과 제반정보 교육) · 슈퍼비전: 실습전반에 대한 슈퍼비전

2) 행정적 측면의 지식 및 기술

사회복지실천기관은 전문적 서비스를 제공하는 기관으로 행정적인 구조를 가지고 있다. 기관 고유의 목적에 따른 사업의 유형이 있으며, 기관 고유의 사명과 비전을 실천하기 위한 행정 제반에 대한 규정과 지침이 있는데, 행정적 측면의 지식과 기술은 이러한 영역에 대한 학습이라고 할 수 있다. 현장실습은 기관에서 진행되는 사회복지서비스의 실천과정 및 내용에 대한 이해도 중요하지만, 이러한 사회복지서비스가 원활히 진행되도록 지원하는 행정적 측면의 기관 시스템에 대한 이해도 상당히 중요하다. 기관의 행정적인 절차와 행정적인 구조는 사업의 원활한 진행에 있어서 중요하며 여러 관계된

〈표 7-3〉 행정적 측면의 지식 및 기술에 대한 실습 내용

실습지도 핵심내용	실습지도 세부내용	북한이탈주민 실습지도 내용
행정적 측면의 지식 및 기술	· 기관 사명과 철학에 대한 이해 · 기관의 공식적 · 비공식적 구조 파악 · 의사소통 · 의사결정체계에 대한 이해 · 관료제도 내에서 기능하는 능력 · 기록 관리와 기록 능력 · 자원동원 및 활용에 대한 이해	· 기관 이해를 위한 교육 - 연혁과 미션(비전) 및 핵심가치, 조직 이해 - 주요 사업내용 및 예산의 출처, 관계기관 · 지역사회 소개와 대상 집단에 대한 이해 · 부서별 업무회의 참관 및 회의록 열람(구조화된 회의 피드백 및 슈퍼비전 참관) · 기관의 슈퍼비전 체계에 대한 교육(슈퍼비전 지침서 및 기록서 열람) · 주된 행정업무 부서에서의 업무 참관(총무과 및 예산회계 집행 부서) - 기관 제반 운영 규정 열람 및 교육 - 예산 집행과정에 대한 경험 및 예산서 작성 실습 · 사회복지행정 관련 업무 경험 - 기록, 관리: 사회복지직접 서비스 제공에 필요한 사회복지사 행정업무 실습, 전산시스템 실습, 지출품의서 작성, 공문서 작성 · 프로포잘 작성법 학습 및 프로포잘 작성 · 지역사회 복지자원 조사활동 - 사회조사활동 - 복지 네트워크 및 복지자원 현황 파악 분석

부서들과의 협력과 논의를 위한 구체적인 방법도 파악할 수 있기 때문이다. 구체적인 현장실습에서 학습해야 할 행정적 측면의 지식과 기술은 〈표 7-3〉과 같다.

3) 정책적 측면의 지식 및 기술

정책적 측면에서의 교육은 사회복지실천을 위한 구체적인 서비스의 바탕이 될 수 있는 것 중의 하나로 행정적 측면의 지식과 기술이 그 기반을 이루는 것과 마찬가지로 정책적 측면도 구체적인 사회복지실천에 있어서 기반이 되고 있다. 실천현장에서 이루어지는 사회복지서비스는 해당 서비스 분야의 정책적인 흐름과 방향성에 의거하여 이루어지기 때문에 정책적인 기조를 파악하는 것은 더욱 중요하다. 이러한 정책적인 기조에 따른 서비스의 제공은 사회복지실천현장에서 업무처리의 첫 출발과도 같은 것이므로 학생들은 실천현장에서 가장 정확한 사회복지 정책에 대한 이해를 증진시킬 수 있다. 또한 정책에 대한 현장 적용이라는 측면에서의 성과와 문제점에 대해서도 파악할 수 있는 좋은 학습의 장이 될 수 있다.(〈표 7-4〉 참조)

〈표 7-4〉 정책적 측면의 지식 및 기술에 대한 실습 내용

실습지도 핵심내용	실습지도 세부내용	북한이탈주민 실습지도 내용
정책적 측면의 지식 및 기술	· 사회복지정책에 대한 이해(기관에 영향을 주는 국가, 지방단위) · 지역사회에 관한 이해(문화, 정치, 경제, 사회적 상황) · 지역사회 복지서비스 전달체계에 관한 지식 및 활용기술 · 의뢰절차 및 접수과정에 대한 이해	· 사회복지정책 전반에 대한 학습(당해 년도 주요 사회복지정책 열람: 관련 정부 홈페이지 스크린) · 기관의 주요사업에 대한 정부의 정책에 대한 학습 및 토론(중앙정부: 통일부, 지방자치 단체의 정책 및 역할학습) · 북한이탈주민 정착지원제도에 대한 학습 및 민 · 관의 전달체계와 기능에 대한 학습 · 북한이탈주민 주요 서비스 기관과의 네트워크 현황과 의뢰절차 과정에 대한 학습 및 기관방문 · 서비스 의뢰 및 접수과정에 대한 실습

4) 기본적 대인관계의 기술

이 영역은 다른 사람들과 협력적으로 일하기 위해 필요한 대인관계 기술들을 의미하는데, 다른 사람의 말을 경청하고 감정이입하고 명확한 의사소통을 할 수 있으며, 정보를 이끌어내면서 언어적 · 비언어적 단서들을 이해할 수 있는 능력을 포함한다(김경희, 2007: 133).

기본적인 대인관계의 기술은 서비스 대상자들과의 관계기술과 동료 및 사회복지실천현장에서 접하게 되는 다양한 관계에 대한 기술을 의미한다. 사회복지실천기관은 인간봉사조직으로서 대인관계 속에서 모든 일들이 진행된다. 따라서 만나는 사람들이 누구이든지 어떠한 형태의 관계든지 그들과의 관계가 가지는 의미는 상당히 크고 중요하다. 따라서 사회복지실천현장에서 다양하게 형성되고 경험되어지는 관계에 대한 학습은 실습을 통해서 학습해야 할 중요한 과업이다. 대인관계에 관한 자신의 능력과 기술에 대한 자아인식을 통해서 자신의 취약점과 강점을 파악하고 이를 보완하려는 노력은 실습과정 중에서 동료 실습생의 피드백feedback을 통해서도 이루어질 수 있으며, 슈퍼바이저로부터의 슈퍼비전을 통해서도 이루어질 수 있다. 이러한 과정 속에서 학생들은 객관적인 자신의 모습을 파악할 수 있으며 자기성장의 과정을 경험할 수 있다.(〈표 7-5〉 참조)

〈표 7-5〉 기본적 대인관계의 기술에 대한 실습 내용

실습지도 핵심내용	실습지도 세부내용	북한이탈주민 실습지도 내용
기본적 대인 관계의 기술	· 대인관계 의사소통 기술 · 동료와의 관계 형성 기술	· 동료 실습생과의 실습과정을 통한 기술 향상 · 동료 실습생들을 통한 peer - supervision · 실습 슈퍼바이저의 supervision · 실습 과정 중 사회복지사들과의 관계 형성을 통한 조직 생활에 대한 경험 · 실습 교육(강의) 과정에서의 의사소통 · 실습과정의 과제 수행을 통한 기술 향상

5) 클라이언트 체계의 개입을 위한 지식 및 기술

클라이언트 체계의 개입을 위한 지식 및 기술은 개인 · 가족 · 조직 및 지역사회를 포함한 미시 · 거시 클라이언트 체계 개입에 필요한 기술의 내용이 포함된다. 즉, 문제해결과정을 포괄적으로 다루는 기술들이 포함되는데, 문제해결의 구조는 일반체계 이론적 시각, 환경 속의 개인에의 초점, 경험적 실천 지향성 등의 개념을 강조한다(김경희, 2007: 133~134).

실습 과정에서는 정책적이고 행정적인 측면의 기본적인 이해 과정을 거쳐 클라이언트를 만나서 서비스의 제공을 위한 일반주의 실천의 과정을 거치게 된다. 클라이언트와의 관계를 형성하기 위한 면

〈표 7-6〉 클라이언트 체계의 개입을 위한 지식 및 기술에 대한 실습내용

실습지도 핵심내용	실습지도 세부내용	북한이탈주민 실습지도 내용
클라이언트 체계의 개입을 위한 지식 및 기술	· 인간행동과 다양성에 관한 지식 및 적용 기술 · 클라이언트와의 면접 기술 · 클라이언트 체계의 사정 기술 · 개입 혹은 치료계획의 (적용) 기술 · 평가 기술 · 종결 기술 · 집단에서의 개입 기술 · 의뢰와 사례관리 기술 · 옹호활동	· 북한이탈주민의 특성에 대한 이해(탈북의 원인 및 과정에 대한 이해, 남한사회의 적응현황에 대한 기본 이해, 북한에 대한 사회 · 문화 · 경제적 측면의 이해) 교육 · 사례관리교육 및 북한 이주민 사례관리 - 사례관리 case 열람 - 사례관리계획 및 실행, comment 받기 - 가정방문 및 지역사회 자원동원 경험 · 주요 문제 및 욕구를 가진 클라이언트 면접(상담)과 기록: 관계 맺기 훈련 · 집단지도 프로그램 기획과 실행 및 평가(집단 활동 계획서, 과정기록서, 종결 평가서 작성하기) - 아동 및 청소년, 노인 집단 중심으로 - 집단진행 슈퍼비전(동료 및 슈퍼바이저) · 프로그램의 평가 및 개입의 효과성 평가를 위한 척도 사용 교육 및 척도 적용 · 지역사회조직 활동 - 북한이탈주민 조직화를 위한 활동(조직화를 위한 조사 및 여론형성) · 정책개발 활동 및 사회행동, 옹호활동 - 클라이언트(북한이탈주민)의 권익증진 및 보호(인권보호 등)를 위한 언론활동

접의 기술, 문제와 욕구를 사정하는 기술, 욕구사정에 따른 개입 및 치료에 관한 개입에 대한 구체적인 계획을 수립하는 기술, 계획수립 이후 개입의 과정과 종결 및 평가 등의 과정에 따른 직접적인 실천에 관한 기술들을 학습하는 과정을 갖게 된다.

서비스 실천기관의 유형과 해당 실천기관의 주요 대상층에 따라서 실천 과정에서의 독특성과 주의사항이 다를 수 있으며, 대상자의 다양성의 특수성에 대한 기본적인 이해가 무엇보다도 중요하다.

북한이탈주민의 경우도 일반적인 대상자들과의 면접기술과는 다른 차이점이 있으며, 그 차이점은 언어사용에 있어서의 차이점과 그에 따른 상호이해의 수준이 다를 수 있으며, 면접 그 자체에 대한 경험 부족에서 오는 어려움으로 인한 초기 라포rapport형성 과정이 더 길어질 수도 있다. 따라서 실천현장에서 주요 대상자들의 특성에 맞는 클라이언트 체계에 대한 개입 기술을 익히는 것이 중요하다고 하겠다.(〈표 7-6〉 참조)

8 전문적 발달을 위한 교육

한국 사회복지사 윤리강령에 의하면 "사회복지사는 클라이언트에게 최상의 서비스를 제공하기 위해, 지식과 기술을 개발하는 데 최선을 다하며 이를 활용하고 전파할 책임이 있다"라고 함으로써 사회복지사의 전문적 역량의 중요성을 지적하였다. 일반적으로 전문가의 전문적 역량은 지식기반, 가치기반, 기술기반 등의 세 요소로 구성되어 있다고 한다(오인경 · 최정임, 2005). 따라서 사회복지 실습교육은 실습생의 전문적 발달을 도모하기 위하여 그 교육내용에서 전문인으로서의 가치와 태도, 전문지식, 전문기술을 개발하는 교육 내용을 나누어야 한다.

전문적 역량 개발의 첫 번째 요소인 전문적 가치기반과 관련하여서는 전문직으로서 사회적 소수자에 대한 사명감, 자기인식 등에 대한 논의가 실습과정에 포함되어야 할 것이다. 특히 자기인식과 관련하여서는 북한이탈주민에게 서비스를 제공하는 과정에서 문화 · 사회 · 정치적 경험의 차이가 전문적 원조관계의 형성에 어떻게 영향을 미치는지, 사회복지사 자신이 갖고 있는 북한이탈주민에 대한 편견과 선입견은 무엇인지, 서비스 제공자와 수혜자 간의 관계라는 이미 위계적 관계를 클라이언트의 소수자 지위가 어떻게 더 강화하는지 등에 대한 인식을 개발하는 것이 포함될 것이다.

둘째, 전문지식에 관한 교육 내용에 포함되어야 할 것으로는 개인에 대한 이해와 개인과 환경간의 상호영향을 주는 과정에 관한 지식, 개인과 사회의 문제를 생태체계적 관점에서 이해할 수 있는 능력, 법적 · 윤리적 책임, 원조 프로그램의 효과성을 객관적으로 평가하는 능력 등을 지적할 수 있겠다. 인간과 사회에 대한 일반적인 지식체계뿐만 아니라 북한이탈주민이 갖고 있는 고유한 특성들, 즉 인성발달, 대인관, 세계관의 형성에 영향을 미치는 요인들에 대한 이해, 이주민의 적응과정을 설명하는 이론적 지식 등도 다루어져야 할 지식체계의 중요한 부분으로 다루어야 한다.

셋째, 전문적 기술에 관한 교육은 사회복지전문직의 목표와 가치를 실현하기 위해 사용되는 다양한 개입 기술들을 적용할 수 있는 능력을 배양하는 데 초점을 둔다. 클라이언트가 제시하는 문제를 체계적인 관점에서 사정할 수 있는 능력, 문제에 포함되어 있는 하위 문제들을 확인하고, 적절한 개입을 계획할 뿐만 아니라, 효과적이고 효율적으로 시행하는 능력을 개발하는 것이다.

실습생은 실습과정에서 자신의 전문적 성장을 위해 정해진 실습교육과정에 성실히 참여할 뿐만 아니라, 실습 슈퍼비전을 자신의 발전에 적절히 활용할 수 있는 능동적 참여자가 되어야 한다. 또한 자기 평가의 시간을 갖는 것도 필요하며 자신의 시간을 투자해 새로운 문헌을 탐독하거나 전문적 조직에 참여하는 것 등도 실습교육으로부터 혜택을 증대하는 방법이다. 그러나 한국 사회복지 윤리강령에서는 "사회복지사는 전문성을 개발하기 위해 노력하되, 이를 이유로 서비스의 제공을 소홀히 해서는 안 된다"라는 점을 지적하며, 실천적 학문으로서 클라이언트를 위한 서비스 제공 책임의 중요성을 강조하였다.

전문적 역량을 개발하기 위해 가치기반, 지식기반, 기술기반의 개발을 위해 다루어야 할 내용들은 다음과 같다.

1. 전문적 가치와 태도의 인식

1) 사회복지전문직의 의무

사회복지전문직의 가치는 사회복지 윤리강령에 있는 사회복지사의 의무에 잘 표현되어 있다(National Association of Social Workers, 2002). 실습생은 사회복지전문직이 다양한 주체에 갖는 의무를 이해함으로써 자신의 전문적 정체성을 개발해 나간다. 사회복지전문가는 크게 클라이언트, 기관, 전문직, 사회 전체에 대한 의무를 갖는다.

(1) 클라이언트에 대한 의무

"사회복지사는 클라이언트의 권익옹호를 최우선의 가치로 삼고 행동한다."

사회복지사의 일차적인 책임은 내담자의 안녕과 복리의 증진이라는 것을 분명히 인식하여야 할 것이다. 사회복지의 궁극적인 목적은 개인의 자유와 자율성의 존중과 보호라는 가치를 구현하는 것이다.

사회복지 목적달성의 기반이 되는 실천 가치로는 첫째, 도움을 필요로 하는 사람들에 대한 서비스와 사회문제해결에 대한 노력이 있고, 클라이언트 개인의 자유롭게 태어난 인간의 존엄과 권리에 대한 인정이다.

사회복지 윤리강령은 "사회복지사는 사회정의 실현과 클라이언트의 복지 증진에 헌신하며, 이를 위한 환경조성을 국가와 사회에 요구해야 한다"라고 함으로써, 사회복지전문직의 책임은 개별적 수준에서 문제해결의 노력을 시도할 뿐만 아니라, 거시적 차원에서 변화와 개선을 옹호하는 옹호자로서의 역할도 중요한 사회복지사의 의무 중에 하나라는 것을 지적하고 있다.

(2) 기관에 대한 의무

"사회복지사는 기관의 정책과 사업목표의 달성, 서비스의 효율성과 효과성의 증진을 위해 노력함으로써 클라이언트에게 이익이 되도록 해야 한다."

(3) 전문직에 대한 의무

"사회복지사는 전문가로서의 품위와 자질을 유지하고, 자신이 맡고 있는 업무에 대해 책임을 진다."

"사회복지사는 자신의 이익을 위해 사회복지전문직의 가치와 권위를 훼손해서는 안 된다."

(4) 사회에 대한 의무

"사회복지사는 한국사회복지사협회 등 전문가 단체 활동에 적극 참여하여, 사회정의 실현과 사회복지사의 권익옹호를 위해 노력해야 한다."

"사회복지사는 인권존중과 인간평등을 위해 헌신해야 하며, 사회적 약자를 옹호하고 대변하는 일을 주도해야 한다."

2) 자기인식

사회복지사의 전문성을 높이기 위한 자기이해라는 측면에서 사회복지사의 개인적 가치관과 전문적, 사회적 가치관의 관계를 분명하게 인식하는 것은 매우 중요하다. 개인의 사적 가치는 의식적, 무의식적으로 자신의 행동에 영향을 주기 때문에 사회복지 실습생은 자신의 가치관이 무엇인지를 분명하게 인식할 필요가 있다. 실습생은 자신의 개인적, 전문적 가치는 무엇이며, 그것이 어떻게 자신의 행동을 규제하여 클라이언트 원조와 대인관계에 영향을 미치는가를 알아야 한다. 클라이언트와 일하는 데 직면하게 되는 다양한 상황에 대한 가치판단에 영향을 주는 개인적 가치관은 때로는 본인이 지각하지 못할 만큼 깊숙이 내면화되어 있어서 실습생 자신의 편견이 무엇인지를 알기 힘들 수도 있다. 따라서 실습생은 자신이 갖고 있는 편견과 고정관념이 무엇인지를 현실적으로 평가하도록 노력해야 한다(Brill & Levine, 2005).

자신의 가치관이나 태도를 이해하기 위해서 감수성 훈련 프로그램이나 참 만남 집단 등과 같은 구조화되고 전문가에 의해 인도되는 프로그램에 참여하는 것도 도움이 되겠지만, 실습생들은 스스로에게 다음과 같은 기본적인 질문을 함으로써 자기이해를 위한 첫걸음을 뗄 수 있다.

· 나는 나 자신에 대하여 어떻게 느끼고 생각하는가.
· 나는 나의 기본적인 욕구를 어떻게 해결하고 있는가.
· 나의 가치체계는 무엇이고, 가치체계가 나의 행동이나 다른 사람들과의 관계를 어떻게 규정 하는가.
· 내가 살고 일하는 사회와 어떻게 관계하는가.
· 나의 생활양식은 무엇인가.
· 나의 기본적인 철학은 무엇인가.
· 내가 함께 일하는 사람들에게 나는 무엇을 표상하는가.
· 내가 사회에서 소수자들과 일하게 된 내적 동기는 무엇인가.
· 나와 문화 · 이념 · 삶의 경험에 차이가 있는 사람과 일할 때 내가 느끼는 감정과 생각은 어떠한가.
· 힘없는 사람들에 대한 온정주의와 사회적 정의의 추구는 어떻게 다르게 실천되는가.

한편, 성숙한 사회복지전문가는 자기인식과 관련하여 다음과 같이 행동할 필요가 있다.

· 자신은 수많은 가치체계로 이루어져 있는데, 가치체계가 옳다고 굳게 믿는 경향이 있음에도 그 존재 자체를 인식하지 못할 정도로 내면화되었음을 인식하여야 한다.
· 자신이 가지고 있는 편견을 인식하려고 모든 수단을 활용한다. 자신의 편견을 인식하는 좋은 도구 중의 하나는 '그 사람들은'이라는 표현에 민감해 지는 것이다. 자신들 내면에 있는 '그 사

람들은' 이라는 말을 인식하는 것은 편견을 극복하는 첫 단계라 할 수 있다.

· 자신과 자신의 가치에 대해 객관적이고 합리적으로 평가하도록 하며, 자신의 가치관과 그러한 가치관이 어떤 목적을 성취하게 하는지를 살펴보고, 이들 가치관이 다른 사람들을 위해서도 유용한지를 생각해 본다.

· 객관적인 평가에 근거하여 자신의 가치에 변화가 필요하다면 변화시키려 노력하고, 자신의 삶의 양식과 클라이언트의 가치관 사이에서, 클라이언트의 욕구를 어느 정도 충족하고 파괴적인 요소가 없다면, 차이를 수용하는 것이 필요하다.

실습생 자신의 가치관이나 신념이 어떠한 배경에서 형성되었는지를 이해하고, 가치관이나 신념이 클라이언트와의 관계에 어떤 영향을 주는지를 인식하게 되는 객관적 평가가 있은 후에 실습생은 자신의 가치관에 변화가 필요할지, 또는 클라이언트와 자신과 생활양식이 다름을 수용하는 것만으로 충분할지를 결정하고, 원조과정에서 가치관이나 생활양식의 차이가 미칠 부정적 영향을 최소화하도록 자기인식을 개발하여야 한다.

3) 다문화 사회에서 사회 · 경제적 정의 실현

한국 사회복지 윤리강령은 "사회복지사는 클라이언트의 종교 · 인종 · 성 · 연령 · 국적 · 결혼상태 · 성적 선호 · 경제적 지위 · 정치적 신념 · 정신, 신체적 장애, 기타 개인적 선호, 특징, 조건, 지위를 이유로 차별대우를 하지 않는다"라는 조항을 통해 어떠한 개인의 특성을 이유로 차별하는 것을 금지하고 있다. 사회복지사는 개인적 차원에서 서비스 대상자를 그들의 고유한 개인적 배경을 이유로 차별을 하지 말아야 할 뿐만 아니라, 사회정의 실현과 복리 증진을 위해 소수자에 대한 사회적 차별과 편견을 구조적 차원에서 없애기 위해, 전문직 차원, 기관차원, 국가와 사회적 차원에서 차별 없는 사회 조성을 요구하는 옹호자로서의 역할을 수행하여야 할 것이다.

2. 전문적 지식 개발

앞에서 언급된 전문적 지식 기반 중에서 북한이탈주민에 관한 지식과 서비스의 문화적 역량에 관한 논의는 제 6장에서 다루었고, 미시 · 중위 · 거시 수준에서 실천지식과 기술에 관한 논의는 제 12~14장에서 별도로 다루어질 것이다. 따라서 본 장에서는 전문직의 윤리적 책임, 법적 책임, 프로그램의 효과성 평가를 지식적 기반과 관련하여 논의하고자 한다.

1) 사회복지전문직의 윤리적 책임

(1) 비밀보장

한국 사회복지 윤리강령에서 비밀보장의 원칙은 다음과 같이 표현되고 있다. "사회복지사는 클라이언트의 사생활을 존중하고 보호하며, 직무수행 과정에서 얻은 정보에 대해 철저하게 비밀을 유지한다." 또한 "사회복지사는 문서 · 사진 · 컴퓨터파일 등의 형태로 된 클라이언트의 정보에 대해 비밀보장의 한계, 정보를 얻어야 하는 목적 및 활용에 대해 구체적으로 알려야 하며, 정보공개 시에는 동의를 얻어야 한다"라고 명기하고 있다.

비밀보장의 원칙에 대한 도덕적 정당성은 크게 세 가지로 제시되고 있다(김기덕, 2002). 첫째는 비밀보장의 원칙은 인간이 가진 고유한 자유와 자율성에 대한 존중과 함께 여기에서 파생된 권리의 하나인 사생활 보장의 권리에 그 윤리적 근거를 갖고 있다. 둘째, 클라이언트와 사회복지사 사이에 맺은 비밀보장의 원칙은 당사자 사이에 맺은 하나의 약속으로, 이를 어기는 것은 도덕적으로 타당하지 않다는 것이다. 셋째는 비밀보장의 원칙이 엄격히 준수되어 사회복지실천과 관련하여 바람직한 결과를 가져온다는 결과론적 윤리론에 근거한 것이다.

개인이 가지고 있는 사생활에 대한 권리의 중요성과 함께 인간을 다루는 전문가적 관계에서 비밀보장이 실천에 주는 혜택을 충분히 인식하여 법률로서 특정 전문직 집단에 일종의 특별한 권리인 정보특권을 부여한다. 실습생은 클라이언트에게 전문적 서비스를 제공하는 과정에서 얻게 된 정보에 대해 비밀보장을 하여야 한다는 것을 의미한다. 실습생은 기관 내에서 전문적 역량개발을 위한 과정으로 슈퍼비전이나 사례회의 등 전문 직원 간에서 공유되는 것 이외에는 클라이언트로부터 문서화된 허가를 얻기 전에는 누구와도 공유할 수 없다. 비밀보장과 관련한 윤리적 절차 중 가장 중요한 것은 우선적으로 정보공개와 관련하여 클라이언트의 동의를 얻어야 하며 동의를 얻는 과정에서 정보공개와 관련된 정보를 충분히 제공하여야[informed consent] 하는 것이다.

일반적으로 클라이언트와 관련된 정보를 공개하고자 할 때는 정보공개와 관련해서 다음과 같은 8가지의 사항들을 클라이언트에게 충분히 설명하여야 한다(Wilson, 1983).

- 첫째, 누가 정보를 원하는가.
- 둘째, 어떠한 목적에서 정보를 원하는가.
- 셋째, 정보를 사용하고자 하는 목적은 무엇인가.
- 넷째, 클라이언트에 대한 정보를 본인의 동의가 없이 제3자에게 회람할 의향이 있는가.
- 다섯째, 정확하게 어떠한 정보들이 공개될 것인가.
- 여섯째, 정보를 공개하거나 공개를 거부하였을 경우에 발생할 수 있는 문제점은 무엇인가.
- 일곱째, 정보공개에 대한 동의가 소멸하는 시점은 언제인가.
- 여덟째, 정보공개에 대한 동의를 취소하는 방법은 무엇인가.

비밀보장과 클라이언트의 사생활 보장과 관련한 또 다른 절차로는 클라이언트가 서비스를 받는 것을 음성녹음하거나 비디오로 기록하거나 제3자가 관찰하기 위해서는 클라이언트의 고지된 동의를 받아야 한다. 음성녹음이나 영상녹화은 많은 시간을 요하는 과정기록을 하지 않고도 실제 세션 중에 클라이언트와 사회복지 실습생 간의 상호작용 과정과 상담 내용을 기록할 수 있다는 큰 장점이 있기에 슈퍼비전이나 훈련을 위해 자주 활용되는 도구인데, 이를 사용하게 될 경우 클라이언트 협조와 동의를 얻도록 한다.

그러나 비밀보장의 한계도 있다. 아동학대나 의존적인 성인의 학대, 자살의 위험, 타인을 해할 위험 등이 있을 경우에는 적절한 정부기관, 치료기관과 같은 전문가들이나 가족에게 개인적 정보를 나누어야 하는 상황이 생길 수도 있다. 그럼으로 전문적 관계를 시작하기 전에 클라이언트에게 서비스에 대한 비밀보장을 설명하는 과정에 비밀보장이 갖는 한계성도 알릴 필요가 있다.

실습생은 비밀보장을 하기 위한 모든 적절한 행동과 조처를 할 필요는 있다. 예를 들면 사례회의와 같은 장소에서 사례를 발표할 때나 학교에 보고서를 만들 때, 클라이언트에 관한 정보를 보호하기 위해 가명을 사용하고 타인이 누구인지를 드러낼 만한 특이한 인적사항은 변경할 필요가 있다.

사회복지 윤리강령에서는 "사회복지사는 클라이언트가 받는 서비스의 범위와 내용에 대해, 정확하고 충분한 정보를 제공함으로써 알 권리를 인정하고 존중해야 한다"라고 말하고 있다. 비밀보장의 원칙이 클라이언트의 개인적 정보가 노출되는 것을 보호하지만 클라이언트 기록은 클라이언트 자신이나 외부에 의해 열람될 수 있기에 늘 서비스가 제공된 내용을 정확히 기록하여야 한다. 해결되어야 할 문제영역, 서비스 개입활동의 내용, 개입에 대한 클라이언트의 반응, 차후 개입계획 등이 기본적으로 기록되어져야 할 내용이다. 실습기록에는 실습생의 개인적 의견이나 주관적 판단을 기록하지 않도록 한다. 또한 클라이언트를 위한 개입을 위해 꼭 필요한 정보 이외에 사적 정보는 기록하지 않는 것이 원칙이다. 클라이언트는 자신의 서비스 기록을 언제라도 열람할 권리가 있다. 클라이언트는 자신의 기록을 열람함으로써 문제에 대한 이해와 통찰력을 개발할 수 있다는 긍정적인 측면이 있다. 그러나 혹시라도 클라이언트가 자신의 기록 전체를 그대로 열람하는 것이 클라이언트를 위해 도움이 되지 않거나 오히려 부정적 영향이 있으리라는 판단이 들 경우에는, 클라이언트가 열람을 요청하게 된 동기가 무엇인지를 알아보고, 열람을 원하는 이유를 충족시킬 수 있는 정보를 요약하여 제시해주는 방법을 고려하는 것도 바람직하다.

(2) 자기결정권

사회복지 윤리강령은 "사회복지사는 클라이언트가 자기결정권을 최대한 행사할 수 있도록 도와야 하며, 저들의 이익을 최대한 대변해야 한다"라고 말하고 있다. 클라이언트의 자기결정권은 자유와 자율성이라는 보편적인 도덕적 가치가 사회복지 영역에서 구체화된 대표적인 형태로 본다. 곧 클라이언트는 자신과 관련된 문제에 대하여 자기 스스로 결정하고 선택할 수 있는 욕구와 권리를 가진다는 원칙이다.

클라이언트의 자유로운 의사결정을 위해 사회복지사에게 요구되는 의무들 가운데 적극적인 것으로는 클라이언트에게 관련된 모든 정보와 가능한 모든 실천대안을 거짓 없이 제공하는 것 등을 들 수 있고, 소극적인 원칙은 사회복지사가 클라이언트의 의사결정을 내리는 과정에 어떠한 압력이나 영향력을 행사해서는 안 된다는 것을 들 수 있다(Abramson, 1983: 48; 김기덕, 2002에서 재인용).

그런데 클라이언트의 문제를 해결하고 복지를 향상시키기 위한 목적으로 행해지는 실천활동은 기본적으로 클라이언트의 의사결정과 관련하여 어떠한 지시의 형태를 취할 수밖에 없고, 이러한 지시형태는 그 지시의 강도에 따라 크게 4가지 형태로 구분될 수 있다(Rothman et al., 1996). 첫째, 클라이언트에게 어떠한 직접적인 지시가 없이 문제점만을 탐색하는 숙고형reflective mode, 두 번째는 사회복지사가 클라이언트에게 몇 가지 문제해결의 방향을 임의로 제시하는 제안형suggestive mode, 세 번째는 사회복지사가 구체적인 행동방향을 클라이언트에게 직접 제시하는 지시형prescriptive mode, 마지막으로 클라이언트를 대신하여 사회복지사가 직접 독자적인 행위를 취하는 결정형determinative mode 등이다. 첫 번째 숙고형을 제외하고는 어느 정도 클라이언트의 자기 의사결정의 원칙 및 관련 원칙들을 본질적으로 침해할 수밖에 없다. 사회복지의 두 핵심가치인 자율성과 개인의 복리 증진이란 원칙의 충돌에 대해 진지하게 생각할 필요가 있고, 실천과정에서 적절한 균형을 유지할 방안을 고려해 보아야 할 것이다.

북한이탈주민들은 북한에서 정치 · 사회 · 경제적 경험으로 인해 개인의 자율성이나 자기결정의 개념이 매우 생소할 수도 있다. 또 한국에서 자신의 권리나 활용할 수 있는 서비스 자원, 서비스 자원을 어떻게 접근할 수 있는지 등에 대한 정보가 매우 결여되어있다. 따라서 북한이탈주민과 일하는 사회복지사는 자기결정의 원칙에 대한 신념을 갖되, 신속히 해결되어야 할 기본적인 욕구의 충족과 관련된 결정에는 좀 더 적극적인 방법으로 개입을 하면서, 개인의 자기결정을 점진적으로 실천하도록 의사결정권을 북한이탈주민 클라이언트들에게 이전시키는 노력이 있어야 할 것이다. 클라이언트가 자신의 선택을 하기위해서는 자기결정이라는 개념의 소개를 구체적인 개입과정에서 실감하게 하며, 이들의 결정을 돕기 위해 다양한 정보와 대안을 소개하는 교육자로서 사회복지사의 역할을 수행하는 것이 필요할 것이다.

2) 법적 책임

"개인이 향유하는 특권에 대한 보호는 공공에 대한 위험이 시작되는 곳에서 끝나게 된다" (Lowenberg & Dogoff, 1996, 김기덕; 2002에서 재인용). 사회복지실천 중에서 가장 중요한 윤리원칙 중에 하나는 비밀보장의 원칙이다. 자기결정에 관한 논의에서와 마찬가지로 비밀보장의 원칙에도 한계 또는 예외가 있다. 비밀보장의 원칙과 직접적으로 윤리적 갈등상태를 초래하는 도덕적 원칙은 사회복지가 추구하는 공공의 복지에 대한 보호와 증진이다. 즉, 제3자 및 공공의 이익을 보호하기 위해 클라이언트가 가진 비밀보장에 대한 권리를 제한할 수 있다는 입장에서 타인의 복지를 침해하면서 자신의 이익을 추구하는 것이 정당하지 않다는 것과 타인에 대한 침해가 일반화될 경우 예상되는 사회적 결과가 바람직하지 않다는 것이다. 또 한 개인의 사생활에 대한 자유의 추구가 타인의 알 권리 혹은 기타의 이익보다 배타적으로 보호될 수 있는 특별한 근거가 없다는 것이다. 비밀보장의 제한을 지지하는 또 다른 관점은 개인 간의 이해관계를 조정하고 바람직한 공동체를 건설하기 위해서 필요한 가장 본질적인 도덕원칙으로서 '정의에 관한 원칙'이 있다. 이 원칙에 의하면 두 사람을 달리 취급할 수 있는 합리적인 근거가 존재하지 않는 이상 단지 두 사람이 다른 사람이라는 이유만으로 서로 다르게 취급하는 것은 옳지 않다는 것이다. 곧 한 개인의 사생활에 대한 자유의 추구가 타인의 알 권리 혹은 기타의 이익보다 배타적으로 보호될 수 있는 특별한 근거가 존재하지 않는 다른 행위주체의 이익은 동등하게 취급되어야 한다는 것이다. 하나의 공동체에서 자기 자신의 삶과 연결되어 있는 타인들에 우선해서 자신의 이익과 욕구만을 배타적으로 추구할 수 있는 도덕적 근거는 존재할 수 없다는 것이다.

공공의 복지의 증진이나 보호라는 관점이든, 자신의 이익을 보호하기 위해 알 권리의 필요성을 근거로 하든, 한 개인이 누리는 비밀보장의 원칙이 제한되는 상황들은 크게 3가지로 분류해 볼 수 있다.

(1) 아동 및 의존적 성인 학대 행동

한 개인의 행동으로부터 제3자를 보호하여야 할 때 비밀보장의 원칙이 제한되는데, 그러한 상황은 아동학대나 노령이나 장애 등을 가진 성인에 대한 학대가 의심되는 경우이다. 예를 들어 삶 속에서 경험하는 다양한 스트레스 중에서 급속히 남한문화에 동화되어 부모에 도전적인 행동을 보이고 학업에 불충실하여 심한 체벌을 되풀이해 사용했다는 사실을 알게 된다면, 아동의 안전을 확보하기 위한 조치를 취하는 것이 클라이언트의 사생활보호보다 상위가치가 된다. 특히 아동이나 의존적인 성인의 안전보장은 더 이상 한 가정의 일이 아니라 사회적 책임이라는 사회적 인식이다.

(2) 타인의 안전의 위협

미국 사회사업가 협회 윤리강령에서는 신원을 분명히 확인할 수 있는 제3자에게 심각하고 급박한 위험이 예견되는 경우 사회복지사는 자신의 클라이언트와 관련된 정보를 공개할 수 있음을 명백히 하고 있다. 왜냐하면 사람의 생명을 보호해야 한다는 윤리적 원칙은 클라이언트의 비밀보장의 의무보다 상위에 있다고 보기 때문이다.

클라이언트가 구체적인 대상을 지목하여 폭력을 가할 의도를 표현할 때, 개인의 사적 정보를 보호할 의무에서 면해질 뿐만 아니라 공공의 안전을 위한 적절한 조처를 신속히 취할 의무를 갖게 된다.

(3) 자신의 안전의 위협

개인의 의사결정의 자유를 제한하거나 비밀보장의 특권은 클라이언트가 자신의 건강과 안전을 지킬 능력에 손상이 있다고 평가될 때 제한되거나 정지될 수 있다. 사람의 생명을 보호하여야 하는 의무가 클라이언트의 사생활을 추구할 자유보다 우선적이라는 원칙을 따라야 하기 때문이다.

따라서 실습교육과정에서는 사회복지전문가들이 이와 같은 클라이언트 개인의 안녕과 복리, 공공의 안전을 보장하기 위해서는 심각하고 급박한 위협이 되는 상황들에 처했을 때, 문제의 위험의 정도를 정확히 사정하고, 사정 결과에 따라 적절한 위기개입을 수행하고, 개입의 효과를 객관적으로 평가할 수 있는 지식과 기술을 개발하는 내용을 다루어야 한다.

3) 평가에 관한 지식

전문사회복지사는 자신의 클라이언트와 기관에 대해 책무성이 있어야 하고, 사회복지기관은 지역사회와 사회 전체에 대해 책무성이 있어야 한다. 사회복지사 개인이나 기관 전체가 제공하는 서비스의 효과성과 효율성은 지속적으로 평가되어야 하며, 이는 서비스의 전문성 개발에 중요한 도구가 될 뿐만 아니라 서비스의 책무성 향상이라는 점에서 매우 중요하다. 실습교육에서 배울 평가에 관한 지식은 두 차원에서 볼 수 있다. 하나는 실습생이 개인 클라이언트에 제공한 개입에 대한 평가이고 다른 하나는 실습생이 참여한 프로그램이나 기관의 효과성에 관한 평가이다. 미시적 수준에서 개별적 개입에 관한 평가는 클라이언트와 사회복지 실습생이 함께 개입의 성공여부에 대한 사정과 다음 단계에서 시도할 개입을 계획하는 것이다. 효과적인 평가과정은 클라이언트 중심적이고, 강점 중심적이며, 개별화된 것이다(Derezotes, 2000).

클라이언트 중심적 평가란 클라이언트와 사회복지실습생이 서비스의 목표, 수행할 과업, 평가 계획을 설정하는 모든 과정에 함께 참여하는 것이다. 강점관점에서 평가는 클라이언트의 강점과 성공을 강조한다는 것이다. 물론 클라이언트의 한계도 정직하게 검토하지만, '미래의 개입 목표의 초점이 될 것' 과 같은 가능한 한 긍정적인 표현을 사용하여 지적한다. 마지막으로 평가는 개별화되어야 한다. 클라이언트와 클라이언트체계의 고유한 특성을 고려하고, 제한된 평가 기준만을 고집하지 않도록 하여야 한다. 평가는 개입의 목적과 목표의 달성 정도를 결정할 뿐만 아니라, 동시에 목적과 목표를 성취하기 위해 사용된 수단의 적합성을 검토해보는 과정이어야 한다.

실습생은 실습생이 참여한 프로그램의 효과성과 효율성을 평가하는 데 참여할 수도 있기에 프로그램 효과성 평가에 대한 지식을 개발할 필요가 있다. 먼저, 평가의 두 중요한 기준으로서 효과성과 효율성을 구분할 필요가 있다. 효과성은 서비스 개입의 목표달성 여부를 말하고, 효율성은 투입된 비용과 산출된 성과 간의 비율을 말하는 것이다.

평가는 평가의 내용에 따라 크게 두 가지로 나눌 수 있다. 하나는 총괄평가이고 다른 하나는 형성평가이다. 총괄평가가 개입의 결과, 즉 제공된 서비스의 효과성과 효율성에 대한 평가라면, 형성평가는 개입의 과정이 얼마나 계획된 대로 충실하게 시행되었고, 목표달성을 위해 투입된 개입의 적합한지에 대한 평가이다(Rossi, Freeman & Lipsey, 1999).

개입을 평가할 때 많이 사용하는 실천평가기법으로는 단일사례설계, 과업성취척도, 목적달성척도, 동료검토, 클라이언트 만족도 등이 있다. 이 중, 단일사례설계, 과업성취척도와 목적달성척도는 개입의 결과를 평가하는 것이고, 동료검토는 사회복지사의 구체적인 활동 내용이나 과정에 대해 동료들이 검토하는 것이다. 클라이언트 만족도는 받은 서비스에 대한 클라이언트의 인식 또는 의견을 통해 서비스에 대한 소비자의 의견을 직접적으로 구한다는 장점이 있는 반면, 클라이언트의 주관적 인식에 많이 의존하고, 서비스에 불만족한 클라이언트들은 서비스에서 조기 탈락하였거나 반응하지 않을 가능성이 있어 결과가 편향적일 수 있다.

3. 전문적 기술 개발

북한이탈주민과 일하는 실습생이 갖추어야 할 다양한 기술이 있지만 북한이탈주민과 효과적인 업무수행을 위해서는 특정한 가치관이나 입장이 필요하다고 생각한다. 그것은 강점관점, 역량강화, 선물주기 개념을 활용한 자원동원 및 연계를 돕는 사례관리적 접근이다. 이 세 개념과 기술에 대한 논의는 다음과 같다.

1) 강점관점적 문제 사정

강점관점은 세계를 보는 하나의 방식으로서 이 관점은 개인, 가족 또는 지역사회가 갖고 있는 내적, 외적 자원들을 발견하는 것을 좀 더 쉽게 해준다. 사회복지 분야에서 대하는 클라이언트의 결점, 실패, 약점에 주목하고 지적하는 데 익숙해 있다. 그러나 효과적인 사회복지사는 사람들의 부정적인, 병리적인 측면보다는 강점과 성공에 초점을 맞춘다. 강점관점은 문제나 사람들에 대하여 거짓된 확신을 주거나 혹은 비현실적으로 낙관적인 입장을 취하는 것은 아니다. 강점관점은 현실을 바라보는 다른 방법으로서 사람의 삶 속에 있는 기능적 특성과 성분들을 파악하게 하는 새로운 시각을 갖는 것을 말한다(Saleeby, 2001).

북한이탈주민 클라이언트들은 어떤 서비스 환경에서 만나든지 남한사회에서 생소함과 경제적 취약성의 문제를 보여준다. 이뿐만 아니라 지역사회에서 지지체계도 매우 제한되었는데, 이들이 제시하는 문제들은 대개 복합적이다. 경제난, 관계에 어려움, 건강 · 정신건강 문제 등 복합적이고 만성적인 문제를 가지고 있지만, 서비스에 대한 이해나 활용하려는 의지는 없거나 다급한 문제에 대한 즉각적인 개입에는 협조를 하지만 장기적이고 지속적인 변화를 위한 개입에는 관심이 없는 경우가 많다. 이러한 북한이탈주민 클라이언트에서 실습생이 강점을 발견하고 강점에서부터 문제의 해결책을 만들어 나간다는 것은 상당한 사고의 전환과 관점의 변화를 요구한다.

2) 역량강화적 관계 형성기술

역량강화는 과정과 결과 모두를 의미한다. 역량강화는 "개인적 · 대인관계적 · 정치적 힘을 증대시키는 과정이다. 개인, 가족과 지역사회가 자신들의 상황을 개선하기 위해 행동을 취할 수 있게 하는 것이다(Gutierrez, 1994: 202, Karla Miley & Dubois, 1999에서 재인용)". 과정으로서 역량강화는, 사회정치적 영역에서 사건의 방향에 영향을 미치는 것과 같이, 개인적 문제에 대한 통제감이나 처한 상황에 대한 영향력 등의 심리적 상태와 실제 사회적 영향, 정치적 힘, 법적 권리 등을 모두 포함하는 것이다. 개인적 힘은 자신의 운명을 통제하고 주위 사람들에게 영향을 미치는 개인의 능력을 의미한다. 정치적 힘은 체계의 변화, 자원의 재분배, 기회 구조의 확장 그리고 사회적 행동을 통한 사회변화의 창조 등을 일으킬 수 있는 능력을 의미한다.

역량강화에 대한 가설에 의하면 클라이언트와 실천가는 파트너로 함께 일하는 협력적 과정이다. 역량강화 과정은 클라이언트 체계가 권한과 능력이 있다고 보고, 자원과 기회를 사정한다. 클라이언트는 스스로를 변화에 영향을 줄 수 있는 임시관리자로서 지각해야 한다. 능력은 효능감을 확인시켜주는 삶의 경험을 통해 재인식되거나 획득된다. 주어진 어떠한 상황에서든 다양한 요인들이 기여하게 되므로 효과적인 해결책 또한 다양할 수밖에 없다. 사람들은 자기 자신의 역량강화에 참여해야 한다. 목적, 방법과 결과물들에 대한 자기규정이 이루어져야 한다. 사회복지사는 파트너로서 클라이언트와 계약을 맺고, 클라이언트에게 이익이 되는 자원망을 창조하는 노력 등을 통해 클라이언트 체계의 능력을 향상시키기 위한 활동을 수행해야 한다.

Miley, O'Meilia & Dubois(1998: 24)는 사회복지실천에 있어서 역량강화 접근을 다음과 같이 제안하고 있다.

> "사회복지사는 대화[dialogue]의 과정을 통해 클라이언트와의 협력적인 파트너십을 발전시킨다. 문제가 되는 상황을 명료화하고, 개입의 목적을 정의한다. 사회복지사와 클라이언트는 변화를 위한 계획을 하는 과정에서 가용한 자원들을 파악하는 발견[discovery]과정을 수행한다. 사회복지사와 클라이언트는 대인관계적 · 제도적 자원들을 활성화하고 다른 사람들이나 체계들과 연결하고, 사회자원의 재분배를 위한 새로운 기회들을 창조해 낸다."

미시, 중위, 거시 등 모든 사회복지실천의 수준에서 역량강화적 접근을 실천하는 과정은 협조적 관계 창조, 자원의 활성화, 기회의 확장이란 세 요소를 갖는다.

3) 업무관리기술

실습교육 중이나 차후에 실무에서 근무하게 될 때, 자신의 업무를 생산적으로 수행하고, 소진을 예방하는 것은 매우 중요하다. 실습교육에서 전문적 훈련은 업무와 관련한 지식이나 기술에 관한 것뿐만 아니라 전문인으로서 경계를 명확히 유지하고, 업무량의 관리, 소진의 예방 등과 같은 자기 관리기술도 포함해야 한다.

사회복지서비스 분야는 항상 시급하고 절박한 문제를 가져오는 클라이언트들을 대해야 하기 때문에 그들의 고통을 덜어주어야 한다는 책임감과 부담을 갖게 되는데, 실습생이 자신의 한계를 인식하지 못하고 과도하게 업무를 감당하려 할 때, 서비스의 질에 부정적인 영향을 주고, 실습생은 안전, 건강, 소진의 문제를 갖게 될 수 있다. 특히 북한이탈주민 클라이언트들의 자원체계는 열악하고, 제기되는 클라이언트의 문제는 상당히 복합적이고 위기 상황이 많은 경향이 있어, 분야 실천가들 가운데 소진으로 고통을 받고 있는 경우가 매우 많다. 따라서 실습생은 실습슈퍼바이저의 지도 아래 자신의 역량을 최대한으로 발휘할 수 있도록 최적의 업무상황을 유지하고, 자기관리를 하는 기술을 배워야 한다.

다양한 방향에서 다양한 요구가 있을 때 어떻게 효과적으로 여러 역할을 감당하면서 정서적 안녕을 유지할 수 있는지에 대한 방안은 다음과 같다(Berkenmaier & Berg-Weger, 2007).

- 균형을 유지한다. 개인과 전문적 삶의 어떤 영역도 다른 영역에서의 책임과 관심에 부정적인 영향을 줄 수 있을 정도의 압도하는 상황이 되지 않도록 한다.
- 가능하다면, 여러 과업을 동시에 수행할 수 있는 능력을 개발하도록 하지만, 꼭 그러해야 한다는 기대를 자신에게 강요하지는 않도록 한다.
- 업무나 학습 내용 중 가장 어렵다고 생각하는 것은 자신이 가장 효과적으로 기능하는 시간대에 계획하도록 한다.
- 자신의 업무 스타일이나 패턴에 대해 잘 이해하고, 자신의 강점

을 키워나간다.

- 식사, 짧은 휴식, 가정 방문 등을 이유로 자신의 사무실이나 기관 건물을 정기적으로 벗어나도록 한다.
- 일의 속도를 조절한다. 감당하여야 할 업무들은 간격을 두고 일정을 잡아서 계획하지 않았던 사건이나 요구를 다룰 수 있는 시간을 확보한다.
- 가능하다면, 매일의 일과에 다른 업무 활동으로 채워 다양성을 갖도록 한다.

자신의 업무량을 잘 관리하는 능력을 향상시키기 위해서, 다음과 같은 전략을 부가적으로 고려해 볼 수 있다.

- 어떤 활동에 열심히 참여하고 있다고 해서 반드시 생산적일 것이라는 가정은 하지 말아야 한다.
- 업무를 관리하고 계획하는 데 신경을 쓴다. 당일에 끝내야 할 일, 시작하여야 할 일, 좀 나중에 해도 될 일 등을 생각하면서 매일 매일 수행할 과업과 관련하여 계획을 한다.
- 클라이언트가 요구하는 것들은 모두 수용되어야 하고, 또 대부분 자신이 해결해야 할 것이라는 책임을 가정하지 않는다. 클라이언트는 스스로 자원을 동원할 수 있고, 생존해 나갈 수 있는 내적 역량이 있음을 잊지 않는다.
- 클라이언트의 삶의 질을 향상시킬 수 있는 다양한 개입과 자원동원은 동시다발적으로 수행될 수도 있지만 클라이언트와 협의 하에 우선순위를 결정하고, 현실적인 일정을 갖고 수행해 나간다.
- 실습생이 미칠 수 있는 영향력에 대해 현실적인 평가를 하여야

한다. 실습생이 제공하는 개입이나 동원하는 자원들이 클라이언트의 삶에 큰 변화를 가져 올 수도 있고, 그러한 신념으로 수행하여야 하지만, 동시에 자신의 개입 없이도 클라이언트는 생존할 수 있다는 것을 수용한다.

실습생이 효과적으로 업무수행을 하기 위해 배워야 할 또 다른 기술은 전문적 관계의 경계를 유지하는 것이다. 전문적 관계의 경계를 유지해야 하는 이유는 이를 통해 원조관계를 기관의 근무시간, 업무의 영역, 물리적 경계 등 기관이 구조화해 줄 수 있는 경계 안에서 역할을 수행함으로써 클라이언트를 위한 서비스에 24시간 몰두해 있지 않게 할 것이다.

경계는 또한 사적 관계와 전문적 관계를 구분하게 해주고 전문적 원조관계가 갖는 선을 분명히 함으로써 실습생이나 클라이언트 모두 전문적 관계에서 설정된 목표에 초점을 맞출 수 있고, 전문적 업무관계에서 요구되는 비밀보장을 유지할 수 있으며, 부적절한 이중적 관계가 발생하는 것을 예방할 수 있다. 사회복지 윤리강령은 사회복지사와 클라이언트 간에 재정적 이해관계나, 성적 관계, 원조 관계에서 권력의 차이를 이용한 착취적 관계에 관여되지 말아야 함을 분명히 하고 있다. 이중적 관계는 전문적 관계가 끝난 후에도 바람직하지 않고 비윤리적인 것이다.

전문적 관계의 경계와 관련된 또 다른 윤리적 이슈는 자기노출이다. 어느 정도의 자기노출이 적절한 수준인지는 쉽게 규정하기 힘들다. 그러나 너무 과도한 자기노출은 클라이언트와 실습생 간의 관계 전도를 야기할 위험이 있고, 자기노출이 너무 없으면 클라이언트가 실습생과 연결된 느낌을 갖기 힘들다.

클라이언트와 일하는 과정에서 클라이언트의 문제나 이슈들이 실습생 자신이 과거에 갖고 있었던 어려웠던 기억이나 감정을 자극할 수 있다. 전문적 경계를 적절히 유지하고, 자신의 해결되지 않은 이슈가 원조관계에 영향을 미치지 않도록 하기 위해서 실습생은 실습지도자나 실습담당 교수와 슈퍼비전을 활용하고 자기인식을 키워나가야 할 것이다.

스트레스 관리 또한 실습 교육을 통해 배울 수 있는 중요한 기술이다. 누구나 자신의 직업과 관련한 스트레스를 경험한다. 스트레스는 부정적인 경험에서만 오는 것이 아니라 긍정적인 사건으로부터도 경험된다. 현장실습에 대하여 많은 기대와 의욕을 가지고 시작하는 학생도 새로운 환경과 역할에 적응하려 노력하면서 스트레스를 경험한다. 실습과 관련한 스트레스의 원인으로는 자신이나 실습에서 만나게 되는 사람들에 대한 과도한 기대, 함께 일하는 클라이언트, 동료, 기관이 갖고 있는 가치관과 자신의 가치관이 충돌할 때, 사회복지전문직이나 기관이 대외적으로 표방하는 가치나 목표와 현실 간의 괴리를 발견할 때, 클라이언트의 욕구와 자신의 전문적 능력으로 수행할 수 있는 업무 수준이나 자원의 수준 사이에 괴리감을 느낄 때 등이 될 수 있다.

스트레스가 과도하거나 누적되었을 때 나타나는 흔한 증상과 징후들은 다음과 같은 것들이 있다.

- 평소보다 어색하거나 거북한 느낌
- 신체적 질병의 빈도나 정도가 증가하여 결근, 결석 등이 증가
- 울음의 빈도나 정도가 증가
- 과거의 좋지 않았던 습관으로 퇴행(흡연, 음주, 과식 등)
- 수면이나 식사습관에 변화
- 즐기던 활동으로부터 위축되거나 회피
- 스트레스 자체를 부인

· 업무 기한 · 회의 · 약속 등에 늦음
· 소지품을 잃어버리거나 잘못 둠
· 무망감hopelessness이나 무기력감
· 과도한 정서의 분출(분노, 실망 또는 심한 짜증)
· 일에 효율성과 효과성 감소
· 타인들이 피곤, 스트레스, 소진된 듯 해 보인다는 지적

전문가로서 자기개발에서 있어야 빠뜨리지 말아야 할 것은 자기돌봄의 기술이다. 실습생 자신이 앞에서 지적한 몇 가지 상황을 경험한다면 자신돌봄 전략을 활용해 볼 필요가 있다.

· 자기돌봄은 우선순위이고, 삶의 양식의 한 부분임을 인정한다.
· 신체적 · 정서적 안녕에 철저히 관심을 둔다.
· 자신의 정서적 반응, 특히 일과 관련된 반응을 인정한다. 분노, 실망, 기쁨 등을 모두 인정한다.
· 개인 · 전문적 지지체계를 발굴하고 활용한다.
· 개인적으로나 전문적으로 즐기는 활동에 참여한다.
· 도움이 필요할 때는 실습지도자나 학교 교수, 친구, 학우들로부터 도움을 청한다.
· 자신의 일정에 실습, 학업뿐만 아니라 즐거운 활동과 한가한 시간도 포함시켜 계획한다.
· 생각과 신체적 수준에서 자신의 상태에 대해 민감하게 지켜보고, 정기적으로 현실검증을 해본다.
· 스트레스의 위험신호를 잘 알고 관심을 기울인다.
· 전공분야에 멘토를 갖는다.

9 행정적 지식과 기술 교육

사회복지실천기관에서의 실습과정 중에 학습해야 할 내용 중 두 번째 영역은 정책적 측면의 지식과 기술에 대한 부분이다. 사회복지실천기관은 전문적 서비스를 제공하는 기관으로 행정적인 구조를 가지고 있다. 기관 고유의 목적에 따른 사업의 유형이 있으며, 기관의 고유의 사명과 비전을 실천하기 위한 행정 제반에 대한 규정과 지침이 있는데, 행정적 측면의 지식과 기술은 이러한 영역에 대한 학습이라고 할 수 있다. 현장실습에서 기관에서 진행되는 사회복지 서비스의 실천과정 및 내용에 대한 이해도 중요하지만, 이러한 사회복지 서비스가 원활히 진행되도록 지원하는 행정적 측면의 기관의 시스템에 대한 이해도 상당히 중요하다. 기관의 행정적인 절차와 행정적인 구조는 사업의 원활한 진행에 있어서 중요하며 여러 관계된 부서들과의 협력과 논의를 위한 구체적인 방법도 파악할 수 있기 때

〈표 9-1〉 행정적 측면의 지식 및 기술에 대한 실습 내용

실습지도 세부내용(Fortune)	북한이탈주민 실습지도 내용
1. 기관 사명과 철학에 대한 이해 2. 기관의 공식적 · 비공식적 구조 파악 3. 의사소통 · 의사결정체계에 대한 이해 4. 관료제도 내에서 기능하는 능력 5. 문서 작성과 기록 6. 자원동원과 활용에 대한 이해	· 기관 이해를 위한 교육 - 연혁과 미션(비전) 및 핵심가치, 조직 이해 - 주요 사업내용 및 예산의 출처, 관계기관 · 지역사회 소개와 대상 집단에 대한 이해 · 부서별 업무회의 참관 및 회의록 열람(구조화된 회의 피드백 및 슈퍼비전 참관) · 기관의 슈퍼비전 체계에 대한 교육(슈퍼비전 지침서 및 기록서 열람) · 주된 행정업무 부서에서의 업무 참관(총무과 및 예산회계 집행 부서) - 기관 제반 운영 규정 열람 및 교육 - 예산 집행과정에 대한 경험 및 예산서 작성 실습 · 사회복지 행정 관련 업무 경험(기록, 관리: 사회복지 직접 서비스 제공 관련된 행정업무 실습, 전산시스템 실습, 지출품의서 작성, 공문서 작성) · 프로포잘 작성법 학습 및 프로포잘 작성 · 지역사회복지자원 조사활동 - 사회조사활동 - 복지 네트워크 및 복지자원 현황 파악 분석

문이다. 구체적인 현장실습에서 학습해야 할 행정적 측면의 지식과 기술은 〈표 9-1〉과 같다.

1. 기관 사명과 철학에 대한 이해

1) 기관 이해를 위한 교육

(1) 기관의 사명 · 비전 · 핵심가치 이해

북한이탈주민 정착지원 서비스를 제공하는 기관들은 비영리조직으로 공공서비스를 주된 목적으로 하는 기관들이다. 비영리조직으

〈표 9-2〉 북한이탈주민지원민간단체 연대의 분과별 기관 현황

구분	단체특징	단체명
지역복지분과	· 지역복지관 중심 · 전국적으로 분포(북한이탈주민 밀집지역 중심) · 거주지밀착형지원 중심	· 서울: 가양7복지관, 공릉복지관, 방화6복지관, 평화복지관, 태화복지관, 한빛복지관, 화원복지관 · 부산(경상도),대구: 몰운대복지관, 상리복지관, 학장복지관, 개금복지관, 울산화정복지관, 대구북한이주민센터 · 경기: 부천덕유복지관, 한솔복지관, 청솔복지관, 군자복지관, 우림복지재단(고양) · 인천: 삼산복지관, 만수복지관, 갈산복지관, · 대전: 법동복지관, 생명복지관, 월평복지관 · 전남: 광주복지관, 이주민지원센터 · 강원: 명륜복지관
아동·청소년분과	· 대안학교 · 무연고 청소년 생활공동체 (그룹홈) · 학습지원(검정고시) 중심 · 청소년 장학금 지원	한꿈학교, 자유터 학교, 여명학교,셋넷학교, 북한인권시민연합, 다리공동체(우리집), 남북문화통합교육원,하늘꿈학교, 여럿이함께만드는학교, 라우라의집, 꿈사리공동체, 우양복지재단, 지구촌고등학교, 한국청년연합회,늘푸른청소년상담교육원, 돈보스꼬청소년센터, 마자렐로센터, 대구YWCA청소년쉼터,열린사회강서양천시민회
정착지원분과	· 정착지원의 일정영역을 선택하여 지원 (단체설립목적반영) · 전국규모단체 다수참여	대한적십자사, 자유시민대학, YWCA(서울,부산,대구), 새롭고하나된조국을위한모임, 천주교주교회의민족화해위원회, 고향마을, 남북나눔운동, 대한사회복지회, 생명의전화, 새마을운동이북5도지부, 온누리건강가족복지회, 한국자유총연맹, 무지개재단, 한국인성개발연구원, 한민족통일여성중앙협의회, 한국기독교정착지원협의회, 한국시민자원봉사자회, 좋은씨앗, 하나로교육복지연구원,
해외분과	· 해외탈북자 지원 · 탈북자 인권문제	좋은벗들, 북한인권정보센터, 한국기독교총연합회, 이주난민선교회, 희년선교회, 동북아평화연대, 피랍탈북인권연대, 북한민주화네트워크

※출처: 김선화, 2006.

로서 대부분이 민간단체들로 이루어져 있고, 민간단체들은 '북한이탈주민지원민간단체 연대' 로 그들 간의 모임을 만들어서 서로 간의 협력과 공동의 사업들을 추진하고 있다. 북한이주민들을 위한 민간서비스 기관은 약 60여개 단체로 각 단체마다의 특징과 각각의 고유목적사업에 의거하여 서비스를 제공하는데, 북한이주민들에게 제공하는 서비스 유형과 각 기관의 유형에 따라서 4개로 구분할 수 있다.

각각의 기관의 유형과 주요 특징들을 살펴보면 〈표 9-2〉와 같다.[1]

〈표 9-2〉와 같이 4개 유형으로 구분되는 각 기관들을 이해하기 위해서는 기관의 설립목적과 사명mission · 비전vision · 핵심가치core value를 파악하고 그 기관의 연혁과 주된 사업에 대한 명확한 이해가 필요하다.

사명이란, 특정한 목표나 전략이 아닌, 조직의 나아가야 할 방향을 제시하고 조직구성원들에게 동기를 부여하는 '조직의 근본적인 존재이유' 이다. 사명은 조직에 대해 안정성과 지속성을 제공하고, 가능성과 기관의 방향을 제한하며, 조직이 준수해야 할 핵심적인 내용을 포함한다(김경희, 2007: 52).

비전은 '조직이 장래를 내다보는 능력으로서의 비전' 과 '조직이 장래를 내다본 산출물(output)로서의 비전' 이라는 요건이 통합된 것으로서, '조직의 핵심가치와 사명을 미래로 투시한 것' 이다. 즉 비전은 현실성이 있고 신뢰할 만하며 또한 매력적인 조직의 미래상이라 할 수 있다. 이러한 비전의 본질은 조직이 추구하는 핵심가치 및 사명과 일치된다(김경희, 2007: 52).

또한, 핵심가치는 다른 기관이 이미 세워 놓은 것이 아닌, 조직 구성원들의 마음속에서 진실로 신뢰할 수 있는 '바람직한 그 무엇' 이다. 핵심가치는 조직의 특별한 문화나 운영지침과는 다르며, 기관의 이익이나 근시안적 기대치와 타협해서는 안 되는 '조직의 필수적이고 영속적인 신념' 이다. 조직이 지속적으로 보존해야 할 핵심적인 가치는 끊임없이 이어지는 조직의 역사 속에서 그곳에 모여드는 사람들의 마음을 통합하는 정신적 의지인 조직의 마음이라 할 수 있다(김경희, 2007: 53).

이러한 사명과 비전과 핵심가치를 이해하는 것은 각 기관들이 북

1 김선화(2006)에서 수정 · 보완.

한이탈주민 사업을 하게 된 배경과 북한이탈주민 지원 사업의 목적과 방향성을 명확하게 확인할 수 있는 과정이기 때문이다. 따라서 현장실습 과정에서 그 기관의 북한이탈주민 사업의 실시 배경 전반과 향후의 방향성까지도 예측할 수 있는 정보이므로 실습과정에서 학습해야 하며 이러한 내용들은 실습 과정 초기에 제공되는 중요한 정보라고 할 수 있다.

(2) 기관의 연혁에 대한 이해

기관의 연혁은 기관이 설립 이후, 지금까지의 역사적인 발자취라고 할 수 있다. 연혁은 기관의 주요한 이력들을 정리한 것으로서 기관의 과거에서 현재까지를 한눈에 파악할 수 있는 정보라고 할 수 있다. 또한, 연혁은 기관의 역사이므로 그 안에서는 기관의 운영에 대한 방향성과 현재의 위치를 파악할 수 있으며, 미래를 향한 계획도 유추할 수 있는 정보가 될 수 있다. 따라서 실습생들은 기관의 연혁에 대한 이해와 더불어 연혁 속에 이어져 왔던 기관의 운영 방향성에 대해서 이해를 증진시켜야 한다. 이러한 학습을 위해서는 기관에서 제시되는 연혁에 대한 기본 정보를 파악하는 것보다는 기관의 최고 관리자들로부터 강의 형태의 교육을 받는 것이 가장 이상적인 방법이라고 할 수 있다.

(3) 기관의 주요사업(예산) 및 네트워크 현황에 대한 이해

기관이 주요사업내용과 그 사업을 추진하기 위한 사업 예산의 출처와 사업 추진 등을 위해서 관계를 맺고 있는 기관 및 네트워크 현황에 대해 이해할 필요가 있다. 북한이탈주민 지원을 위한 주된 사업을 파악하는 것도 중요하지만, 그 기관의 다른 대상자들을 위한 사업 내용을 파악하여 두 개 혹은 그 이상의 영역에서의 연관성 및 연계성을 파악하는 것도 필요하다. 또한, 북한이탈주민 지원 사업을 위한 예산의 출처를 확인하는 것은 무엇보다도 중요하다. 현재 북한이탈주민 지원 사업 기관들의 대부분은 민간단체이고 비영리조직이기 때문에 정부의 보조금을 지원받는 기관도 일부이며, 정부의 보조금을 받은 경우에도 일부의 예산만을 한시적으로 지원받는 경우가 상당수이다. 또한, 거의 모든 기관들이 회원들의 회비 및 개인을 포함한 다양한 민간(기업)과 공공단체로부터의 후원을 통하여 예산을 확보하기 때문에 예산의 출처를 확인하는 일은 향후 예산을 조달하는 과정에서 사회복지 인력들의 자원동원 전략을 학습하는 것과도 긴밀한 관계가 있다.

북한이탈주민 지원 사업을 하기 위한 기관들과의 연계 및 네트워크는 사업의 규모와 영향력을 파악할 수 있는 중요한 단서가 될 수 있다. 공동의 사업을 추진하는 기관과 협력관계에 있는 기관, 지도감독 관계에 있는 기관 등 여러 유형의 유관 기관들에 대한 이해는 향후 북한이탈주민 지원 사업 실천의 과정에서 좋은 정보가 될 수 있으므로 실습 초기에 기관에 대한 전반적인 이해과정에서 파악해야 할 정보들이다.

2) 지역사회 소개와 대상집단에 대한 이해

북한이탈주민 지원 사업을 실시하고 있는 기관이 위치한 지역사회에 대한 전반적인 이해와 기관의 주요 서비스 이용자인 대상집단에 대한 이해를 필요로 한다.

(1) 지역사회에 대한 이해

북한이탈주민 지원 사업을 실시하는 데 있어 지역사회의 환경적인 측면에 대한 이해가 필요한 기관은 지역사회복지관이라 할 수 있다. 다른 유형의 북한이탈주민 정착지원 기관(대안학교, 종교기관, 일반 NGO들)은 북한이탈주민이 밀집 거주하는 지역사회를 기반으로 정착지원 사업을 실시하는 기관이 아니므로 지역사회 환경에 대한 이해가 그리 중요하지 않다. 그러나 지역사회복지관은 북한이탈주민이 밀집 거주하는 지역사회를 기반으로 정착지원 서비스를 제공하기 때문에 해당 기관이 위치한 지역사회에 대한 전반적인 이해와 주요 특징을 파악하는 것은 매우 중요하다.

김경희(2007: 270)는 지역사회의 개념을 다음의 3가지로 정의하고 있다.

첫째, 사회문제로서의 지역사회로 지역사회는 변화될 필요가 있는 문제 · 욕구 · 이슈 등을 내포하고 있는 환경이다.

둘째, 변화의 수단으로서의 지역사회로 지역사회는 지역사회 주민들 간의 상호작용을 통해 변화가 일어날 수 있는 기회와 수단, 그리고 방법을 제공하고 있다.

셋째, 사회복지서비스의 장으로서의 지역사회로 사회복지서비스의 대상으로서 지역사회는 서비스실천의 장이다. 지역사회는 변화가 필요한 문제 · 욕구 · 이슈 등을 내재하고 있는 환경이다. 한편 지역사회는 사람들 간의 상호작용을 통해 변화가 일어날 수 있는 기회와 수단, 방법을 제공하고 있는 곳이기도 하다.

이러한 3가지 의미를 담고 있는 지역사회에 대한 이해 속에서 북한이탈주민 지원 사업과 관련된 지역사회에 대한 시사점을 설명하면 다음과 같다.

첫째, 북한이탈주민들이 거주하고 있는 지역사회는 어떤 의미에서는 북한이탈주민들로 인해서 사회 문제가 발생하는 상황에 처해 있기도 하다. 특정 아파트를 중심으로 고밀집화된 주거 현상은 기존 남한거주자들과의 생활습관이나 가치관의 차이들로 인해 빈번한 갈등 상황이 일어나는 문제가 발생하고 있다. 따라서 실습생들은 지역사회의 환경적 특성(북한이탈주민 거주 비율, 아파트별 거주 현황 및 밀집도), 지역주민들과 융화과정에서 발생하는 갈등이나 어려움, 이러한 문제 해결을 위한 지역사회 차원의 활동에 대한 전반적인 정보를 파악하는 차원의 지역사회에 대한 이해가 필요하다. 이러한 지역사회에 대한 포괄적인 이해는 향후 북한이탈주민의 지역사회 정착에 장애가 되는 요소들을 파악, 해결을 위한 개입 계획을 수립하는 과정에 필수적이다.

둘째, 변화의 수단으로서 지역사회에 대한 이해도 북한이탈주민 지원 사업을 실천함에 있어 중요한 의미를 가진다. 북한이탈주민들이 거주하는 지역사회 안에서 지역주민들과의 상호작용은 북한이탈주민이 남한사회 정착의 과정이면서 동시에 지역사회가 성장하고 발전해 가는 과정이라고 할 수 있다. 예를 들면, 북한이탈주민들이 지역사회 내 주민조직(새마을 부녀회, 조기 축구회, 동주민자치센터 및 주민자조 조직 등)에 참여하면서 주민들과의 상호작용 및 의사소통을 통해 북한이탈주민에 대한 지역주민들의 부정적인 인식도 개선하고, 주민들 간의 융화의 계기가 되어 북한이탈주민들이 지역사회 안에서 안정적인 정착을 해나가는 데 도움이 될 수 있으며 궁극적으로 지역사회 전체가 하나가 될 수 있는 계기를 마련해 줄 수 있다. 따라서 실습생들은 이러한 북한이탈주민들이 거주하는 지역사회 안에서의 다양한 활동과 그 활동들이 북한이탈주민들의 정착에 미치는 영향들을 고려하여 지역사회에 대한 이해를 증진시켜야 한다.

〈표 9-3〉 북한이탈주민 지원 실무자 교육 내용

교육 제목	교육 내용
북한사회에 대한 이해	· 주요 탈북시기의 북한의 상황 · 현재의 북한의 상황(사회, 문화, 정치, 경제적 측면 전반에 대한 이해)
탈북과정과 제3국 체류 경험에 대한 이해	· 탈북의 배경과 탈북 과정에서의 어려운 경험 · 중국, 몽골, 태국, 캄보디아 등 제3국에서의 생활실태 및 수용소에서의 생활실태 및 어려움
북한이탈주민의 현황과 정착지원 제도	· 남한 거주 북한이탈주민의 현황(인원수 및 향후 전망) · 정부의 정착지원 제도에 대한 이해 - 보호과정, 하나원 교육, 지역사회 내 정착지원제도
북한이탈주민의 정착현황	· 북한이탈주민의 남한사회 정착 현황 - 정착실태(직업교육, 취업현황, 교육현황, 건강상태, 가족관계적인 측면 등) · 정착 장애요인 및 문제점에 대한 이해
북한이탈주민 정착 지원 기관 현황과 서비스 현황	· 북한이탈주민 정착지원 서비스 기관 현황 - 북한이탈주민지원 민간단체 연대 기관현황 및 활동내용(지역복지관, 아동청소년들의 대안교육, 정착지원 전반, 북한인권 및 해외탈북자 지원 사업 등) - 정부의 주요 기관들의 지원 업무(한겨레 학교, 정착도우미 시행기관, 보호담당관들의 역할)
북한이탈주민의 주요 서비스: 대상층별 욕구와 문제 상황	· 북한이탈주민 청소년의 적응 실태(문제점)와 대안 · 북한이탈주민 여성들의 적응실태와 적응지원을 위한 대안
북한이탈주민 정착의 주요 이슈별 문제점	· 북한이탈주민 정착의 주요 이슈에 대한 토론과 제도개선안 모색(취업지원제도의 문제점, 직업훈련의 문제점, 생계비 지원제도의 문제점, 청소년 교육지원제도의 문제점) - 현황에 대한 학습과 개선안 마련을 위한 토론
북한 인권 침해 실태	· 북한이탈주민의 인권 침해 실태 및 그에 따른 정신적 외상의 실태와 정신건강 및 심리지원을 위한 서비스 내용

(2) 대상집단에 대한 이해

북한이탈주민 서비스 기관의 주요 대상자들에 대한 전반적인 정보를 파악하는 과정이 필요하다. 대상집단에 대한 이해는 일반적인 인구학적인 정보에서 그치는 것이 아니라, 사회복지서비스의 주요 대상으로서 서비스 주요 대상자들의 욕구와 어려움과 문제점들을 전반적으로 파악해야 한다. 북한이탈주민이라는 주요 대상자의 개인별의 욕구와 어려움을 파악하는 사례를 담당하는 시점에서 접근해야 할 것이며, 이 단계에서의 대상집단에 대한 이해는 북한이탈주민들이 가진 전반적이고 보편적인 차원의 정보를 파악하는 것을 의미한다.

북한이탈주민 지원 사회복지 실습의 초기에 학습해야 할 북한이탈주민 관련 교육의 내용을 제시하면 〈표 9-3〉과 같다.

실습 시작 전에 실습생들은 실습 해당 분야에 대한 선행 학습이 필요하며, 북한이탈주민 지원 기관인 실습현장에서 도 해당 주제에 대해서 실천현장의 경험과 신속한 정보를 바탕으로 하여 실습생들을 위한 기본적인 교육을 제공해야 한다.

2. 기관의 조직 구조와 의사소통 · 의사결정 체계에 대한 이해

1) 조직 구조에 대한 이해

북한이탈주민 지원 사업을 하고 있는 해당 기관의 조직에 대한 이해를 위해서는 조직도를 그릴 수 있어야 한다. 조직도는 그 조직을 운영하고 있는 법인의 이사회에서부터 기관장과 조직 내 부서들을 표시하고 그 부서들 간의 관계를 설명하는 것이라 할 수 있다.

Wolf(1992: 114)에 의하면 5명 이상의 직원이 있을 때, 조직도는 필수적이다. 조직도는 권한의 한계와 보고의 체계, 책임하달체계 등이 확립된 것을 보여준다. 큰 조직일수록 조직도는 필수적이며, 최고 관리자는 모든 직원들을 관리하기가 불가능하기 때문에 관리 권한을 위임해야 하며, 권한을 위임과 동시에 책임의 위임도 이루어지는데 이러한 사항이 조직도를 통해서 표시되면 확인될 수 있다.

북한이탈주민 지원 사업을 실시하는 기관들은 비영리 단체로서 법인의 형태로 운영되는 곳과, 법인 산하의 별개의 기관 및 단체의 형태로 운영되는 곳이 있다. 어떠한 형태이든지 해당 기관을 운영하기 위한 법인(이사회)이 조직되어 있을 것이며, 이사회와 해당 기관들 간의 관계에서부터 조직이 시작되므로, 이사회와 이사회를 통해서 법인에 대한 이해가 필요하다. 김경희(2007: 246~247)는 이사회의 역할에 대해서, "산하 기관의 사명과 목적을 규정하고, 산하 기관의 책임자를 선발하고 지지하며, 책임자의 업적을 심사하며 기관의 미래를 조망하는 장기계획 수립에 참여하고, 산하 기관의 사업과 프로그램들을 승인하고 모니터하며, 회계 감사를 통해 재정운영의 투명성을 보장하며, 산하 기관의 대외 이미지를 제고시키며, 이사회의 역량 강화를 위해 지속적인 교육 및 훈련에 참여한다"라고 설명하고 있다. 이러한 이사회의 기능이 산하 시설에 지대한 영향력을 미치기 때문에 북한이탈주민 지원 기관을 운영하고 있는 이사회에 대한 이해를 증진시켜야 한다.

이사회 산하에 기관의 대표가 있으며, 기관 대표를 중심으로 기관 조직이 구성되는데, 북한이탈주민 지원 사업을 직접적으로 수행하는 부서를 포함한 조직 내 모든 부서의 역할과 부서간의 협력에 대한 이해를 필요로 한다.

또한, 직접적으로 북한이탈주민 지원 사업을 실시하고 실습생이 소속된 부서에 대해서는 상세한 업무파악과 조직구성원의 경력과 조직 구성원 간의 역할 분담 및 위계질서 등에 대한 제반 조직 관리

〈표 9-4〉 조직 구조에 대한 이해를 위한 실습 내용

구분	실습 내용
이사회	· 법인 명칭과 법인의 설립이념과 주요 연혁 이해 · 법인의 주요 목적 사업 이해
조직이해(조직도 열람)	· 직원현황과 부서현황 · 부서배치 현황 및 부서별 업무 분장과 업무 협력 · 기관의 운영규정 및 제반 업무 규정 열람
실습 부서에 대한 이해	· 종사자의 업무분장 · 업무회의 참관 & 회의록 열람

에 대한 학습 과정이 필요하다. 이를 위해서는 기관에서 제공하는 부서에 대한 이해증진 교육뿐만 아니라, 부서의 업무회의 참관하여 부서에서 진행되는 업무에 대한 이해를 증진할 필요가 있으며, 이전 진행되어 온 회의록을 열람하는 방법으로 조직에 대한 이해를 증진시킬 수 있다.

2) 조직의 의사소통 · 의사결정 체계에 대한 이해

일반적 의미의 의사소통은 의사전달자가 의사수신자의 행위를 변화시키기 위한 목적으로 의미를 전달하는 과정을 뜻한다. 이러한 일반적 의미의 의사소통과는 달리 사회조직 내에서의 의사소통은 고도의 구조적 특성과 함께 조직 외부환경과의 의사소통 과정까지를 포함시킨다. 따라서 전략적 기획과정과 같이 환경변화에 대처하기 위한 조직의 노력이 증가할수록 외부로부터의 정보를 수용하고 처리하여 기관 활동으로 전환시키는 과정으로서의 의사소통의 중요성은 더욱 커진다(김경희, 2007: 90).

조직의 의사소통 유형은 2가지로 구분할 수 있는데, 공식적 의사소통과 비공식적 의사소통이다. 공식적 의사소통은 조직 내의 공식

적 채널, 직위 및 직무에 따라 이루어지는 의사소통을 의미하며, 크게 수직적 의사소통과 수평적 의사소통으로 구분할 수 있다. 수직적 의사소통 중 하향식 의사소통은 상의하달로 업무지시, 업무절차 및 조직의 목표를 달성하기 위한 구성원들에 대한 지지 · 격려의 노력 등 조직의 관리자가 조직구성원들에게 전달하는 것이 대부분이다. 상향식 의사소통은 하의상달의 의사소통으로 각종 업무활동에 대한 보고하는 것과 상급자의 슈퍼비전이 필요한 문제나 상황을 보고하는 것들이다. 수평적 의사소통은 동료 간 또는 부서(팀) 간에 이루어지는 의사소통을 의미하며, 주로 업무의 중복 방지, 불필요한 갈등 해소, 필요한 정보교환을 위한 의사소통을 포함한다. 비공식적 의사소통은 조직에서는 공식적 의사소통뿐만 아니라 친분이나 상호 신뢰와 같은 인간관계를 통해 이루어지는 비공식적인 의사소통이 존재한다(김경희, 2007: 91).

또한, 의사결정이란 문제를 인식하고 바람직한 결과를 얻기 위한 해결방안을 선택하는 과정이다. 즉, 조직의 목표달성을 위한 여러 대안 중에서 가장 바람직한 행동 경로를 선택하는 과정으로 총체적 조직관리 과정이라 할 수 있다. 의사결정 과정은 크게 문제를 인식하는 과정과 문제해결 방안을 선택하는 두 가지 과정으로 구분할 수 있는데, 첫 번째 과정은 문제를 인식하는 과정으로, 의사결정 후, 실행에서 나타날 성과수준을 결정하고 조직의 문제를 진단하기 위해서 외부환경과 조직상황에 대한 정보를 수집하는 과정을 말한다. 두 번째 과정은, 문제해결방안을 선택하는 과정으로, 여러 가지 행동 대안을 고려하여 최석의 대안을 선택하고 실행하는 과정이다(김경희, 2007: 84).

실습생들은 실습기관을 이해하기 위해서는 그 기관의 의사소통의 방식과 의소결정 체계에 대해 파악해야 한다. 앞서 언급한 의사소통의 방식 중 공식적 의사소통 방식을 채택하고 있는지, 아니면 비공식적 의사소통 방식을 채택하고 있는지 파악해야 하며, 그것이 기관의 운영과 서비스 이용자들을 위한 서비스 제공에 있어서 효율적인지, 어떤 문제점이 있는지에 대한 분석적이고 다소 비판적인 시각을 가질 필요가 있다. 이렇게 파악된 실습생들의 주관적인 견해들은 실습 슈퍼바이저와의 대화를 통해서 객관화시키는 과정을 가짐으로써 실습생들이 균형 잡히고 바른 시각을 갖도록 하는 훈련을 할 수 있다. 또한, 실습생들은 실습기간 동안 각 기관의 성격에 따라서 고유하게 채택하고 있는 효율적인 의사결정 방식이 무엇인지에 대해서 파악해야 한다. 실습기관이 사회복지기관인지, NGO 기관인지에 따라서 그리고 조직 내 리더의 리더십 유형에 따라서도 다양할 수 있는 조직의 의사결정 방식이 달라질 수 있으므로 실습생들은 학습자의 자세를 가지고 살펴보아야 할 것이다.

북한이탈주민 정착지원 업무를 수행하는 해당 부서 내 · 외에서의 의사소통 방식과 의사결정방식에 대한 이해는 실습생으로 하여금 직장인으로서의 실무 적응 능력을 터득하게 할 뿐 아니라, 자신의 업무를 처리하기 위해서 채택하는 의사소통의 유형에 대해서 자신의 스타일 확인해보고 의사소통과정에서의 어려움에 대한 대처 능력을 학습할 수 있는 계기를 제공한다.

3) 슈퍼비전 체계에 대한 이해

실습 기간 중 실습 슈퍼바이저로부터 실습생들은 실습의 여러 내용과 관련된 실습 슈퍼비전이라는 것을 받게 된다. 실습 슈퍼비전은 실습생들이 실습의 목적과 목표를 이룰 수 있도록 실습의 과정 중에 개별 또는 집단적으로 구두 또는 서면으로 슈퍼비전을 제공받는다. 이러한 슈퍼비전을 통해서 실습생은 자기에 대한 인식을 새롭게 하고 사회복지실천현장에 대한 이해를 증진시키게 된다.

이러한 슈퍼비전이 사회복지실천조직에서는 어떻게 이루어지고 있는지를 실습생들은 실습 기간 중에 파악해야 한다. 사회복지실천현장의 직원 슈퍼비전의 체계를 이해한다는 것은 슈퍼바이저(기관의 중간관리자)가 슈퍼바이지(기관의 일선 직원)에게 제공하는 슈퍼비전의 개념적 정의를 이해한 이후에 현재 실습하고 있는 기관 내에서의 이루어지고 있는 직원 슈퍼비전의 목적과 목표의 확인, 업무수행 과정에서 제공되는 슈퍼비전의 내용을 파악하는 것을 의미한다. 또한, 직원들에게 제공되는 관리자의 슈퍼비전을 통해서 현장 실무자들의 성장과 서비스의 발달 및 클라이언트의 서비스의 질적인 성장이 이루어지는 과정을 이해하는 것을 포함한다.

슈퍼비전의 개념을 살펴보면, 슈퍼비전이란 중간관리자인 슈퍼바이저의 스타일과 일선 실천가인 슈퍼바이지의 반응 간의 위계적이며, 긍정적인 슈퍼비전 관계 속에서 특정 세팅이나 상황의 고유한 특성을 고려하면서 그 세팅의 정책과 절차에 따라 클라이언트에게 질적 및 양적으로 최선의 서비스를 제공할 목적으로 행정적(연결), 교육적(서비스 전달), 지지(통합)적 기능들과 이들 기능별 고유 역할과 과제 및 활동들을 슈퍼비전 관련 윤리강령에 입각하여 다양한 내용과 구조 및 시간 적용을 통해 수행함으로써 슈퍼바이저가 슈퍼바이지의 업무수행을 지시하고, 조정하며, 향상시키고, 평가하는 의무적이고, 구조화되어 있으며, 정규적이고, 일관성이 있으며, 사례중심적인 상호작용과정으로서 슈퍼바이지에 대해서는 직접적이지만, 클라이언트에 대해서는 간접적인 전문적 서비스이다(조휘일, 2000: 27).

슈퍼비전의 3가지 영역에 따른 슈퍼비전의 목표를 요약하면 〈표 9-5〉와 같다.

〈표 9-5〉 슈퍼비전의 단기 목표

구분	내용
교육적 슈퍼비전	· 워커의 직무를 더욱 효과적으로 실행하기 위해서 워커의 능력을 향상시키는 것 · 워커가 슈퍼비전을 떠나 자율적, 독립적으로 업무를 수행할 수 있는 시점까지 워커의 임상의 지식과 기술을 극대화하여 워커가 전문적으로 성장하고 발달하도록 돕는 것
	· 워커의 업무 능력 개선을 목표로 두고 업무에 필요한 지식과 기술의 제공
행정적 슈퍼비전	· 워커가 직무를 효과적으로 수행할 수 있는 업무환경을 제공하는 것 · 워커에게 적절한 업무수행 환경 제공
지지적 슈퍼비전	· 워커의 업무수행에 대해서 만족스럽게 느끼도록 돕는 것 · 업무 만족감을 고취를 목표

〈표 9-6〉 슈퍼비전의 기능별 목표, 역할 등

구분	행정적 슈퍼비전	교육적 슈퍼비전	지지적 슈퍼비전
목표	작업배경 제공	업무능력 개선	업무만족감 지원
장애물	비합리적 조직	무지와 낮은 인지능력	정서불안정
내용	조지그이 구조와 사회복지사의 업무를 도울 수 있는 기관 자원에의 접근법 제공	업무에 필요한 지식과 기술 제공	효과적으로 업무를 수행할 수 있도록 심리적 자원 제공
관심 영역	효율적인 조직에 사회복지사를 연결시켜 사회복지사가 조직의 구조와 자원을 효율적으로 이용할 수 있도록 하는 것	지식과 기술의 향상을 통해 사회복지사의 효율성을 증대하는 것	업무수행을 방해하는 스트레스를 감소시키고 사기를 증진시켜 사회복지사의 효율성을 증대하는 것
사회복지사 모델	효율적으로 과제를 수행하는 사회복지사	자질 있고 능력 있는 사회복지사	공감적으로 이해심 많은 사회복지사
과제	· 직원 채용과 선발 · 직원의 임명과 배치 · 업무계획 · 업무할당 · 업무위임 · 업무 모니터링(검토 및 평가) · 업무조정 · 의사소통 촉진 · 행정적 완충 · 변화 대행	· 가르침 · 학습촉진 · 훈련 · 경험과 지식공유 · 정보 제공 · 명확화 · 가이드제공 · 사회복지사 원조 · 전문적 성장 제고 · 조언, 제안, 문제해결 원조	· 스트레스 유발 상황방지 · 스트레스 해소 · 스트레스 대처 원조 · 신뢰형성 · 관점 공유 · 결정에 대한 책임공유 · 성공을 위한 기회제공 · 동료를 통한 지지 제공 · 업무관련 긴장완화

슈퍼비전의 각 기능에 따라 고유한 역할과 과제 및 활동들이 수행되어야 하는데, 그 과정을 살펴보면 활동이 수행되어야 과제들이 수행되며, 과제들이 수행될 때 역할들이 수행되고, 역할들은 기능을 수행하게 하며, 기능들이 수행되어야 목표가 달성될 수 있다. 그러한 내용을 Kadushin(1992)의 설명에 의거하여 표로 구성하면 〈표 9-6〉과 같다(김융일 외, 2002: 16).

4) 주된 행정업무 부서에서의 업무 참관

실습과정 중에 기관의 운영을 총괄하는 부서에서의 업무 참관과 업무 진행에 참여해 보는 것은 실천기술을 적용하여 대상자에게 서비스를 제공하는 것과는 다른 차원의 실습으로 실습기관의 운영 전반에 관한 학습이 이루어지는 과정이라고 할 수 있다.

대부분의 기관들은 목적사업을 수행하는 부서와 그러한 목적사업을 수행하는 부서들을 지원하면서 기관 운영의 전반적인 업무를 처리하는 총무부서로 구분되어 있는데, 총무 부서에서의 행정업무의 경험은 주로 기관의 제반 운영규정을 열람 및 교육을 받는 것으로부터 기관운영의 중요한 부분인 예산을 편성하고 집행하는 과정에 대한 교육 및 실습까지 다양하다. 특히 실습에서 실습생들이 학습해야 할 것들 중 중요한 것은 기관 운영에 필요한 예산의 전체적인 규모를 파악하고, 예산의 출처와 예산 지원 및 동원을 위한 방법에 대한 학습이 필요 하며, 예산을 집행하기 위한 내부규정과 외부의 규정을 열람하고 실질적인 예산 집행과정을 학습해야 한다. 또한, 기관의 전체적인 예산서를 확인하고, 예산서를 작성하는 방법에 대해서도 학습할 수 있다. 이를 통하여 실습생들은 기관 운영에 필요한 재원의 확보와 관리의 중요성을 학습하게 된다.

3. 문서 작성 및 기록

최근에는 기관에서 기록의 관리를 함에 있어서 전산시스템을 병행하고 있다. 사회복지 기관은 전문 업체들에 의해서 개발된 사회복지조직의 기록유지 관리 및 예산집행 및 기관 운영전반에 관한 전산시스템을 활용하고 있다. 실습생들은 실천 현장에서 활용되고 있는 일반적인 기록의 방법에 대한 학습뿐 아니라 전산시스템에 대한 실습도 병행해야 한다. 일반적으로 사용되고 있는 전산시스템은 예산처리를 위한 회계시스템과 대상자들의 상담과 사례관리를 위한 시스템, 기관을 이용하는 이용자들의 정보와 이용내역을 기록 관리하는 시스템, 자원봉사자와 후원자들을 활동 및 후원 내역과 사용내역이 기록되는 관리 시스템 등으로 구분할 수 있다.

또한 실습생들은 실천 현장에서 사용되는 행정 문서들을 작성할 수 있는 능력을 향상시켜야 하는데, 그 내용은 내부에서 조직 구조에 맞게 문서가 처리가 되는 절차에 따라 기안 문서를 작성하는 방법과 외부로 발송되는 공문서를 작성하는 방법, 지출에 관한 서류를 작성하는 방법 등의 행정문서를 처리하는 것과 관련된 실습을 해야 한다.

뿐만 아니라 사회복지서비스 제공과 관련된 기록에 대해서 학습을 해야 하는데, 그것은 대상자와의 상담 이후, 상담내용을 기록하는 것과 사회복지실천 서비스를 실시하는 데 필요한 다양한 프로그램 및 사업에 대한 계획서를 작성하는 것이다.

최근에 비영리조직들은 사업 수행에 필요한 자금을 조달하는 방법으로 사회복지공동모금회를 비롯한 민간의 지원 영역에서 실시하는 프로그램 지원 공모사업을 활용하기 때문에 비영리 조직에서 종사하는 실무자들은 지원 기관들이 요구하는 프로그램 계획서를 작성할 수 있는 능력을 갖추어야 한다. 이러한 프로포절의 핵심적인 요

〈표 9-7〉 기록과 기록 능력 향상 위한 실습 내용

구분	실습의 내용
전산기록시스템	· 전산기록 시스템 실습(예산집행기록,상담과사례관리,이용자정보 및서비스기록,자원봉사자및 후원자 활동 및 기부내역)
행정문서 및 서비스 제공 관련 문서	· 공문서 작성법 · 지출관련된 문서 작성법 · 프로그램(사업)계획서 작성법 · 상담일지 및 대상자 서비스 관련된 내용 정리
프로포절 작성법	· 민간 지원기관에서 요구되는 프로포잘 작성법에 대한 실습

구사항은 문제의 명확한 규명과 문제해결을 위한 객관적인 방법의 제공이라 할 수 있는데, 이것은 그 현장에서 필요로 하는 대상자들의 욕구를 명확히 인식하고 대상자들의 욕구 충족과 문제해결을 위한 구체적인 방법을 제시할 수 있는 실천현장에서 오랜 경험을 쌓은 전문가들이 가장 적절하게 제시할 수 있기 때문에 실습생들에게 프로포절 작성법의 기본 원칙을 교육하는 것보다 더욱 중요한 것은 바로 이러한 현장의 노하우를 프로포절로 문서화하는 방법을 교육하는 것이라 할 수 있다. 따라서 실습생들은 학교에서 학습한 프로그램 계획과 평가라는 교과목에서 학습하였던 내용을 복습하고 기관에서 제시하는 현장의 고민과 경험이 담겨진 프로포절 작성의 노하우를 학습해야 할 것이다.

또한, 이 영역에서는 실습일지를 작성하는 방법에 대해서 학습할 것이 요구된다. 실습지도자들은 실습생들에게 실습이라는 일련의 교육과정을 정확하게 기록하고, 사회복지 및 관련 영역에서 사용되는 전문용어를 적절히 사용하며, 실습한 내용들을 정확하게 기록하는 것에 관해서 학습시켜야 한다.

4. 자원동원과 활용에 대한 이해

북한이탈주민 정착지원 서비스 기관들은 비영리조직들로서 정부 보조금을 일부 지원 받는 기관과 전혀 받지 않는 기관들이 중심을 이루고 있다. 따라서 북한이탈주민 정착지원 사업을 수행하는 데 필요한 재원을 마련하는 것은 기관의 중요한 사명이며, 목적 사업을 수행하는 데 가장 중요한 기반이라고도 할 수 있다. 따라서 실습생들도 북한이탈주민 정착지원 서비스 기관의 인적 · 물적 자원 동원을 위한 전략과 자원들이 활동되는 영역과 인적 · 물적 자원들을 관리하기 위한 기관의 노하우를 학습해야 할 것이다. 특히, 물적 자원의 중요성이 강조되기 때문에 기관들의 기금을 조성하기 위한 노력들을 살펴보아야 한다.

모금활동은 사회복지기관의 설립이념을 실현하고 서비스의 질을 향상시키는 데에 핵심적인 역할을 하며, 몇몇 사회복지기관들은 공익성의 차원에서 개인이나 단체, 기업들로부터 기부를 받아 질 높은 서비스를 제공하면서 지역사회 주민들의 복지욕구를 충족시키고 있다(김경희, 2007: 167). 이렇게 모금활동의 중요성과 의미가 크지만, 실천현장에서의 모금활동은 많은 어려움에 봉착해 있다. 현재 우리나라 사회복지기관의 모금활동에 장애가 되는 주요한 요인들로는 풍부한 경험을 가진 전문가의 부재, 이사들의 모금활동에 대한 인식 미약, 사회 전반의 복지에 대한 소극적 인식, 민간 모금활동에 대한 법률적 · 제도적 제약, 모금전략 부재 등을 들 수 있다. 사회복지기관들이 서비스의 질을 보장하고 경쟁력을 갖추기 위해서는 기관의 운영이 민주적이고 합리적이어야 함은 물론이고 기관의 재정이 안정적이어야 함은 재론할 여지가 없다(김경희, 2007: 169~170).

이러한 장애요인들이 있지만, 우리 사회는 시간이 흐를수록 기업

〈표 9-8〉 자원동원과 활용에 관한 실습 내용

구분	실습의 내용
인적 · 물적 자원현황	· 인적자원 파악 - 자원봉사자, 기부자, 주요 네트웍 기관 현황과 활동의 영역 · 물적 자원 파악 - 물품,현금후원자 현황자 기부현황, 기부금품의 활동현황
자원관리 체계 이해	· 자원봉사자 모집과 배치, 평가에 관한 이해 · 후원자 모집과 사용결과보고서 처리방법 이해 · 후원자에 대한 관리 규정에 대한 이해
모금전략에 대한 이해	· 연간 모금활동에 대한 계획 열람 · 각 모금 활동 영역별 목표와 활동 계획에 대한 이해

의 사회공헌에 대한 책임과 기부문화의 확산에 따라 국민들의 기부활동이 점차 증가하고 있다.

최근의 새로운 기부자들은 돈뿐만 아니라 시간과 전문지식을 기부함으로써 세상과 자신들의 지역사회를 바꾸기를 원한다. 그들은 지역사회의 문제가 자신들의 관심 분야와 일치하는 것인지, 또 문제해결을 하고자 하는 기관의 접근방식이 자신들의 가치와 일치하는지 등을 면밀히 검토한 후, 추진과정 및 성과에 대한 지대한 관심을 가지며 경우에 따라서는 직접 관여하기를 원하기도 한다. 이러한 상황 하에서 기관들은 기부를 유도하기 위해 각종 마케팅 기법을 동원하며 철저한 사전 계획 및 대책을 강구하지 않을 수 없다. 기금조성에 대한 전문적인 지식과 기술을 겸비한 전문 인력의 배양과 과학적인 접근 방법을 통한 새로운 기부문화에의 도전은 비영리조직으로 하여금 무한한 가능성을 갖게 한다.(김경희, 2007: 172).

또한, 그 간에 비영리기관들에 대한 지역사회의 불신이 있었다면, 기관이 해온 일들을 적극 홍보함으로써 오해와 왜곡, 불신을 최소화할 수 있다. 사회복지기관들은 자신이 어떻게 지역사회에 영향을 미치는지, 왜 우리 기관이 변화를 가져오고 결과를 이루어내는 데 가장 적절한 기관인지, 그리고 기부자들이 이것에 대해 확신을 가지는 투자자가 될 수 있도록 설득할 필요가 있다(Grace, 2000; 김경희, 2007: 172에서 재인용).

10 정책적 측면의 교육

사회복지실천기관에서의 실습과정 중에 학습해야 할 내용 중 세 번째 영역은 정책적 측면의 지식과 기술에 대한 부분이다.

정책적 측면에서의 교육은 사회복지실천을 위한 구체적인 서비스의 바탕이 될 수 있는 것중의 하나로 행정적 측면의 지식과 기술이 그 기반을 이루는 것과 마찬가지로 정책적 측면도 구체적인 사회복지 실천에 있어서 기반이 되고 있다. 실천현장에서 이루어지는 사회복지서비스는 해당 서비스 분야의 정책적인 흐름과 방향성에 의거하여 이루어지기 때문에 정책적인 기조를 파악하는 것은 더욱 중요하다. 이러한 정책적인 기조에 따른 서비스의 제공은 사회복지 실천현장에서 업무 처리의 첫 출발과도 같은 것이므로 학생들은 실천 현장에서 가장 정확한 사회복지정책에 대한 이해를 증진시킬 수 있다. 또한 정책에 대한 현장 적용적 측면에서의 성과와 문제점에 대해서

〈표 10-1〉 정책적 측면의 지식 및 기술에 대한 실습 내용

실습지도 세부내용(Fortune)	북한이탈주민 실습지도 내용
1. 사회복지정책에 대한 이해 2. 지역사회에 관한 이해 (문화, 정치, 경제, 사회적 상황) 3. 지역사회 복지서비스 전달체계에 관한 지식 및 활용기술 4. 의뢰절차 및 접수과정에 대한 이해	· 사회복지 정책 전반에 대한 학습 - 주요 사회복지정책 열람(정부 홈페이지 스크린) · 기관의 주요사업에 대한 정부의 정책 학습과 토론 - 중앙정부(통일부)와 지방자치 단체의 정책 및 역할학습 · 북한이탈주민밀집거주 지역사회에 대한 이해 · 북한이탈주민 정착지원제도와 민 · 관 전달체계 이해 · 북한이탈주민 서비스 기관의 네트워크 현황 학습 - 서비스 의뢰 및 접수과정에 대한 실습 - 기관방문

도 파악할 수 있는 좋은 학습의 장이 될 수 있다.

정책적 측면의 지식 및 기술에 대한 실습 내용은 개괄적으로 살펴보면 〈표 10-1〉과 같다.

1. 사회복지정책에 대한 이해

1) 사회복지정책의 이해

실습생의 현장실습 기관 유형이 북한이탈주민 정착 지원 서비스 기관 중 지역사회복지관 및 사회복지기관일 경우, 사회복지정책에 대한 이해를 위한 교육이 이루어져야 한다. 실습생들은 학교에서 학습하였던 사회복지정책론을 복습하면서 사전 학습하고 실습기관의 유형에 따른 사회복지정책에 대해서 실습기관에서 추가적인 학습이 이루어져야 한다.

지역사회복지관과 관련된 사회복지정책의 이해는 「사회복지사업법」과 「사회복지관의 설치 · 운영에 관한 규정」, 보건복지가족부와

〈표 10-2〉 사회복지정책의 이해를 위한 실습 내용

구분	실습 내용
보건복지가족부의 정책	· 보건복지가족부의 주요 정책 열람 · 해당 업무 부서의 주요업무 확인 및 기관관의 관계성 확인
관련 법령 이해	· 사회복지사업 열람 · 사회복지관 설치 및 운영 규정에 관한 지침 열람
기관 운영 매뉴얼	· 기관 운영의 방향성과 목표 확인 · 정부의 기관 운영과 관련된 정책 확인

서울시가 발행하는 『사회복지관 운영업무 매뉴얼』을 통해 볼 수 있다. 이러한 자료를 통해서 중앙정부와 지방자치단체가 설정하고 있는 기관의 운영방향에 대한 이해를 증진시킬 수 있으며, 향후 운영방향에 대한 전체적인 측면의 그림을 설정할 수 있다.

또한 최근의 다변화하는 사회적 흐름에 따른 사회복지에 대한 시민사회의 요구가 증가하고 그에 따른 사회복지 정책의 변화가 다양하게 진행되고 있기 때문에 실습생들에게 해당 기관과 관련된 최근의 정책 이슈들에 대한 자료들을 열람시키고 정책 이슈들에 따른 학생들의 사고가 확장될 수 있도록 지원할 필요가 있다.

또한, 관련 영역의 정부 주요부서들의 업무를 열람하고 정부 산하기관들에서의 역할에 대한 이해와 정부 부서 및 산하 기관(연구원)과 실습 기관과의 관계성을 확인하고 그에 따른 기관의 발전방향에 대해서도 생각해 볼 수 있는 기회를 제공할 필요가 있다.

2) 북한이탈주민 정책에 대한 이해

북한이탈주민 정착지원에 관한 정부의 정책에 대한 이해를 위해서는 정책과 제도의 근간을 이루는 관련법령을 확인해야 한다. 북한이탈주민 관련 법률은 『북한이탈주민 지원 및 보호에 관한 법률』로 전문에 대한 이해 속에서 북한이탈주민을 위한 정착지원 제도를 살펴보아야 한다. 또한 북한이탈주민 정착지원 제도를 시행하고 있는 중앙정부를 포함한 정부 산하 기관들의 역할에 대한 전반적인 이해를 필요로 한다.

정부의 정착지원 제도의 상세한 이해뿐만 아니라 제도가 가진 한계와 문제점에 대한 분석적인 이해를 필요로 한다. 이를 위해서는 북한이탈주민을 지원하는 기관들의 연구보고서와 관련 기관들의 학술 세미나와 포럼 등의 자료집을 통해서 자료를 확인하며 북한이탈주민 정착지원 기관의 실무자(슈퍼바이저)를 통한 교육과 실습생들 간의 토론 학습을 통해 문제점에 대한 비판적인 시각과 문제해결을 위한 현실적인 대안을 마련할 수 있다. 이러한 학습과정을 통해서 실습생들은 정책과 제도가 북한이탈주민의 정착지원에 적용되는 사례를 확인할 수 있으며 예비실무자로서의 현장에 대한 이해를 증진시킬 수 있다.

북한이탈주민 정착지원 제도는 2005년도에 정부의 정책의 기본방향을 보호와 지원에서 자립과 자활이라는 형태로 방향 전환이 이루어졌다. 그 내용은 정착금의 지원 방식과 지원 금액을 조정하였으며, 장려금 형태로 신설된 정착금을 수혜의 방법으로서와 자활자립을 준비하도록 하는 두 가지 측면을 고려한 직업훈련이수와 자격증 취득에 따른 장려금과 취업유지 기간에 따른 장려금 지급 등의 제도를 개선한 바 있다.

또한 최근 2007년도에도 약간의 추가적인 제도 개선을 통해서 새로운 시도들이 이루어지고 있으나, 북한이탈주민 정착 수준의 향상과 정착 장애요소들의 해결을 위한 대안책으로는 부족한 부분이 많다. 따라서 실습생들은 현장에서 일어나고 있는 북한이탈주민들의 상황에 대한 이해를 증진시키고, 북한이탈주민의 정착을 지원하는 중요한 영역의 역할을 담당하고 있는 정부의 정책적 측면에 대한 비판적이고 문제 해결적 관점을 갖도록 훈련해야 한다.

2. 지역사회에 관한 이해(문화 · 정치 · 경제 · 사회적 상황)

북한이탈주민 정착지원 기관에서의 실습 과정에서 지역사회에 관한 이해가 필요한 것은 북한이탈주민들은 하나원이라는 정부의 공식적인 보호기관을 수료한 이후에 북한이탈주민들은 대부분의 삶을 그들에게 부여된 지역사회에서 거주하게 될 것이기 때문이다. 그렇기 때문에 북한이탈주민들이 거주하는 지역사회의 환경적 특성을 이해하는 것은 북한이탈주민 개개인의 욕구와 필요, 특성을 이해하는 것과 동일한 수준의 중요성을 갖는다.

지역사회에 대한 이해를 위해서는 지역사회를 구성하는 지역주민들의 욕구를 파악하는 것이 가장 첫 번째 과정이라고 할 수 있다. 지역사회의 특성으로 나타나는 문화적 · 정치적 · 경제적 · 사회적 상황들은 지역주민들의 욕구에 근간하고 있기 때문이다.

1) 지역주민들의 욕구 파악

김경희(2007: 271~272)에 따르면 지역사회주민들의 욕구를 파악하는 방법은 지역사회 포럼, 사회지표활용, 사회복지기관의 자료 활용, 지역사회 프로그램 욕구조사 등의 4가지로 구분할 수 있다. 이러한 과정을 통해 지역주민들의 욕구를 파악하고 이를 통하여 지역사회의 특성을 파악하게 된다. 위에서 언급된 바와 같이 실습생들은 실습기관이 속한 지역사회 내에 지역사회 포럼 및 그와 유사한 형태의 지역사회 네트워크가 구축되어 있는지를 확인하고, 그 모임에서 발행되는 자료집을 열람하여 지역사회에 대한 정보를 확인할 수 있다. 또한, 해당 지역의 지역사회지료를 통계청 및 지자체의 홈페이지 등을 통해서 지표자료를 활용하는 과정을 통해서 정보를 획득할 수 있다. 또한 북한이탈주민 정착지원 기관들이 가지고 있는 지역사회조사 보고서를 열람하여 지역사회의 대한 개괄적인 정보를 획득할 수 있으며, 그동안 진행해왔던 기관의 북한이탈주민들을 대상으로 하는 주요사업과 관련된 사업계획서와 평가서와 사업보고서 및 연간보고서들을 통해서 지역주민들의 주요한 욕구 및 문제에 대한 구체적인 정보들을 확인할 수 있다.

(1) 지역사회포럼

지역사회 주민들의 욕구 및 문제의 규모 · 범위 · 복잡성 · 강도 등에 관한 정보를 지역사회 지도자 또는 지역주민 공청회를 통해 정보를 획득한다. 이러한 방식의 지역사회 주민의 욕구 파악은 수혜를 받아야 할 당사자들의 참여 부족으로 이들의 의견이 실제로 반영되지 않는다는 문제점을 가진다.

(2) 사회지표 활용

특정지역 주민들의 사회 문제적 특성을 반영하는 통계자료를 이용하는 것이다. 예를 들어 범죄백서, 통계연감, 보건사회연구원 자료 등이 그것인데, 이러한 사회지표들은 특정문제의 전반적인 실태나 추세를 파악하는 데에는 유용하나 사회복지기관이 지역사회 주민의 삶의 질을 향상시키기 위한 사회복지 서비스를 계획하는 데에 필요한 구체적인 문제를 알려주지는 못한다. 따라서 이러한 사회지표들은 보충 자료로서 활용할 가치가 있는 것이며 구체적인 정보는 다른 추가적인 방법으로 수집함으로써 지역사회 주민들의 욕구를 파악해야 할 것이다.

(3) 사회복지기관의 자료 활용

사회복지기관이 가지고 있는 월별, 분기별, 연별 사업평가서를 비롯한 프로그램 평가서, 실습기록, 자원봉사기록 등을 통해 지역사회 주민의 욕구를 파악할 수 있다. 이러한 방법으로 지역사회 주민들의 욕구를 파악하는 것은 자료를 수집하기가 비교적 용이하면서도 사회복지기관을 찾는 사람들의 표출욕구를 비교적 정확하게 분석할 수 있다는 장점이 있다. 그러나 한편으로는 기관을 찾는 사람들에게만 국한되기 때문에 심각한 문제를 가지고 있지만 여러 가지 사정으로 기관에 오지 않는 사람들의 욕구 파악이 불가능하다는 단점이 있다.

(4) 지역사회조사

지역사회 주민 각자로부터 직접적으로 자료를 수집하는 방법이다. 한 예로, 지역사회 프로그램 욕구조사를 들 수 있는데, 설문지의 신뢰도 · 타당도 및 표본의 대표성을 확보하였다면 지역사회 정보를 수집하기 위한 적절한 방법이 될 수 있다. 이러한 지역사회조사는 주민들의 욕구를 체계적으로 파악하게 하므로 서비스를 계획하는 구체적인 근거가 되지만 반면 비용이 많이 든다는 단점이 있다.

어떠한 방법으로 욕구파악을 하던 파악된 욕구는 문제의 심각성 정도에 따라 우선순위가 정해져야 한다. 욕구조사의 결과는 문제분석과 자원배분의 우선순위를 결정하는 기준이 된다.

2) 지역사회의 정치, 경제, 사회 · 문화적 상황에 대한 이해

우리 사회의 모든 구성원들은 각각 다양한 지역사회에 소속되어 지역사회와 관계를 가지면서 지역사회의 구성원으로 살아가고 있다. 다양한 영역에서 우리 삶의 터전이 되는 지역사회는 삶의 질을 향상시킬 수 있는 다양한 자원을 제공한다. 지역사회는 우리가 생각하는 방식과 행동하는 방식에 영향을 끼치기도 하고, 사회적 가치와 규범을 내재화하도록 만들기도 한다. 또한 우리가 살아나가는 데 필요한 기화와 자원을 제공해 주기도 한다. 즉, 지역사회는 우리 삶의 장으로서 그리고 동시에 삶의 질을 향상시키는 수단으로서 중요한 의미를 갖는다. 그러나 동시에 지역사회는 우리 삶의 질에 부정적 영향을 끼치는 문제의 장으로서 기능하기도 한다. 즉, 지역사회가 바람직한 모습을 구성하지 못하고 지역사회로서 기대되는 기능을 수행하지 못할 때, 지역사회는 우리의 삶에 부정적 영향력을 제공하는 문제의 원천이 된다(강철희 · 정무성, 2006: 28).

이러한 긍정적, 부정적 영향력을 제공하기도 하며 인간 삶의 다양한 터전이 되는 지역사회에 대한 다양한 이해는 북한이탈주민들의 정착과 적응을 지원하는 기관에서 필수적으로 파악해야 할 사항이라고 할 수 있다. 특히 북한이탈주민이 밀집 거주하는 지역사회는 더욱 그 의미가 강조된다고 할 수 있다. 북한이탈주민들이 거주하는 지역사회는 작게는 한 개 동일 수도 있고, 자치구 차원이 될 수도 있으며, 넓게는 시 · 도 차원이 될 수도 있다. 지역사회의 공간적인 개념은 보는 관점에 따라서, 그리고 상황과 문제의 내용에 따라서 다르게 해석될 수 있으므로 여러 차원의 공간적 개념을 가지고 지역사회의 특성을 파악해야 할 것이다.

지역사회의 이해는 지역사회의 정치적, 경제적, 문화적 상황을 포함한 전반적인 사회적 상황에 대한 이해라고 할 수 있다.

(1) 지역사회의 정치적 상황에 대한 이해

먼저, 정치적 상황에 대해서는 지역사회의 정치권력의 흐름이 어떠한지, 국회의원(시의원, 구의원)의 소속 정당과 그 정당의 주된 정치 활동의 내용에 대한 이해, 그리고 지역 정치인들의 북한이탈주민에 대한 관점을 파악해야 한다. 북한이탈주민에 대한 관점은 정치적인 영향력, 즉 정권의 북한에 대한 입장과 태도에 따라서 영향력을 받기 때문에 정권에 따라서 북한이탈주민에 대한 관점이 다르고, 그에 따른 정착지원의 방향성도 달라진다. 따라서 현재의 집권여당의 정치적인 성향을 알고, 그에 따른 북한에 대한 입장과 그와 일맥상통할 수 있는 북한이탈주민에 대한 관점을 파악하는 것이 중요하다. 그러나 해당 지역의 정치인들의 정치적인 성향이 소속 정당의 입장과 대체로 동일하지만, 문제나 사안에 따라서 주관적인 입장이 있기도 하기 때문에 북한이탈주민에 대한 지역 정치인의 관심과 그들을 위한 지원 활동에 대한 생각을 개별적인 측면에서 파악하는 것도 중요한 과업이라고 할 수 있다. 실습생들은 북한이탈주민 실천기관들이 이미 지역사회와의 관계 속에서 지역의 정치인들과의 관계를 어떻게 설정하고 있으며, 어떻게 유기적으로 활동하고 있는가를 실습과정에서 파악함으로써 지역사회의 정치적 특성을 파악하는 훈련을 할 수 있다.

(2) 지역사회의 경제적 상황에 대한 이해

지역사회의 경제적인 측면은 지역사회의 경제적인 차원의 주변 여건들을 살펴보는 것을 의미한다. 북한이탈주민 실습기관이 위치한 지역사회가 상권지역인지, 주거중심의 지역인지, 공단지역인지 등을 살펴보고, 지역사회의 경제적인 흐름은 어떻게 유지되고 있는지 등에 대한 전반적인 이해를 증진시키는 것을 의미한다. 또한 해당 지역사회의 경제 활동의 중심이 무엇이며, 그러한 중심을 이끌어가고 있는 조직들에 대한 이해를 증진하여 북한이탈주민들과의 관계성을 살펴보는 것으로 생각을 확장해야 한다. 전반적인 지역사회의 경제적인 자립도와 경제적인 자립도에 따른 지역주민들에게 미쳐지는 영향력에 대한 이해를 필요로 한다. 지역사회의 경제적인 측면에 대한 이해는 사회복지 실천에 있어서 서비스의 이용자들의 경제적인 측면의 삶과 밀접한 관련이 있으며, 그러한 관점에서 지역적 여건이 북한이탈주민이 경제활동을 하기에 용이한 구조를 가지고 있는지를 확인하는 것은 북한이탈주민 정착지원 기관이 파악해야 할 중요한 부분이다. 정치 · 경제 · 사회 · 문화적으로 모든 것이 상이한 여건인 남한사회에서 경제활동을 해야 한다는 그 자체가 부담스럽고 어려운 북한이탈주민에게 지역사회 내 환경이 경제활동을 하기에 어려운 구조, 예를 들면 취업처의 부족과 북한이탈주민의 근로활동 관련 특성과 상이한 구조의 취업 현장 등은 북한이탈주민이 지역사회 내에서 정착하는 데 큰 장애요인이 될 수 있으므로 북한이탈주민 정착지원 기관의 실무자들은 그러한 사항을 잘 파악하고 그에 따른 대안을 수립하는 과정이 필요하며 이러한 실천현장의 상황에 대해서 실습생들이 학습해야 한다.

(3) 지역사회의 사회 · 문화적 상황에 대한 이해

또한 지역사회의 문화적인 측면의 특성과 전체적인 사회적 분위기를 이해하는 과정이 필요하다. 지역사회를 주된 구성원들의 일반적인 사회 · 문화 · 경제적인 측면의 계층을 살펴보고, 또한 지역사회를 구성원들 간의 갈등과 문제의 상황이 존재하는지 여부를 살펴보고, 지역사회가 지향하는 가치관을 확인하는 등 지역사회를 움직이고 이끌어가는 주된 조직들에 대한 파악 등을 필요로 한다. 이를 통하여 북한이탈주민이 지역사회 내에서 어떠한 위치에 있으며 북한이탈주민들의 남한사회 적응과 정착을 위해서 연계해야 할 지역사회 내 조직을 발견하는 역할을 수행할 수 있도록 해야 하므로 실습생들은 실습기관에서 이러한 정보들을 파악해야 한다.

3. 지역사회 복지서비스 전달체계에 관한 지식 및 활용기술

1) 지역사회 복지서비스 전달체계에 대한 이해

사회복지서비스 전달체계는 일반적으로 정부전달체계와 민간전달체계의 두 가지로 구분된다. 정부전달체계는 사회보험과 공적부조와 관련된 서비스를 담당하고, 민간전달체계는 대안적 사회복지서비스를 담당하게 되는데, 이를 하나의 전달체계로 볼 때 정부전달체계는 행정체계에 속하고 민간전달체계는 집행체계에 속한다고 볼 수 있다. 또한 어떤 의미에서는 민간전달체계는 공적(정부)전달체계로부터의 기획과 자원 통제 하에 있기 때문에 민간전달체계는 공적

전달체계의 하부구조 또는 집행구조로 볼 수 있다(김경희, 2007: 63).

북한이탈주민 복지를 위한 사회복지실습생들은 일반적인 지역사회 복지서비스 전달체계에 관한 지식과 더불어 현행 북한이탈주민 정착지원을 위한 별도의 행정체계에 대한 지식을 취득해야 한다.

일반적인 지역사회 복지서비스 전달체계를 학습해야 하는 이유는 북한이탈주민 정착지원 서비스 기관의 과반수이상을 차지하는 기관들이 지역사회복지관인데, 지역사회복지관은 최일선의 서비스 전달체계로서 중앙정부에서 지방자치단체로 이어지는 정부와 연결된 전달체계로서의 역할과 민간중심의 지역사회의 다양한 기관과 자원들과 연결된 전달체계로서 2가지의 기능을 모두 수행하고 있기 때문이다. 이와 같은 이유로 지역사회 복지서비스 전달체계를 우선 학습하는 과정이 필요하다. 북한이탈주민 정착지원 서비스를 제공함에 있어서 기존의 지역사회복지관이 가지고 있는 민 · 관의 서비스 전달체계 범위 안에서 상당수 정착지원 활동이 이루어지고 있기 때문이다.

〈표 10-3〉 북한이탈주민 지원 정부 · 민간의 영역별 기능

구분	역할 내용	
정부기관	국정원/국방부(대성공사)	조사
	통일부	하나원 보호, 거주지배정 및 지원, 정착금 지원, 취적
	경찰청(신변보호담당관)	신변보호(6개월)
	노동부 (취업보호담당관)	직업훈련, 훈련기관 관리, 취업 보호제 실시
	지방자치단체(거주지보호담당관)	지역협의회 운영, 각종증명서 발급, 현황파악
	보건복지가족부 (사회복지공무원:동사무소)	생계보호(생계급여지급), 의료보호
민간기관	북한이탈주민후원회	거주지 배정이후 정착지원, 민간단체지원
	북한이탈주민지원 민간단체 연대	68개 기관이 소속되어 전국적으로 북한이탈주민의 정착지원을 위한 전반적인 사업 추진: 지역복지분과, 아동청소년분과, 해외분과, 정착지원 분과 4개 분과로 운영

※출처: 김선화(2007a)에서 수정 · 보완함.

2) 북한이탈주민의 서비스 전달체계에 대한 이해

또한, 통일부를 중심으로 시작되는 북한이탈주민을 위한 별도의 서비스 전달체계에 대한 학습을 해야 한다. 현재 북한이탈주민 정착지원 정책의 주무부서인 통일부를 비롯하여, 생계급여와 의료보호를 위한 정책을 펼치는 보건복지가족부, 직업훈련과 취업지원 정책을 위한 노동부 그리고 북한이탈주민의 전국 거주지 배정과 그에 따른 정착지원을 위한 행정안전부, 신변보호 등을 위한 경찰청가 국가정보원 등 여러 정부 기관들이 관여하는 정착지원 서비스 전달을 위한 전달체계가 있다. 정부의 전달체계 외에 민간을 중심으로 제공되고 있는 서비스 전달체계가 있으며, 민 · 관 간의 연결된 서비스 전달체계가 존재하므로 이러한 전달체계에 대한 학습을 필요로 한다(〈그림 10-1〉 참조).

4. 의뢰절차 및 접수과정에 대한 이해

사회가 복잡하고 다원화됨에 따라 다차원적인 문제와 욕구를 가지고 있는 클라이언트가 증가하고 있다. 그런데 필요한 모든 서비스들이 한 기관에서 제공되기는 힘들고 다양한 기관으로부터 필요한 서비스를 확보할 수 있기 때문에 네트워크 형성이 필요한 것이다. 네트워크는 클라이언트를 다른 기관에 의뢰할 때도 필요한 것이고, 사회적 시지망을 개발하기 위해서도 필요하며 사회행동을 위해서도 필요하다. 그러므로 네트워크 창출은 사회사업의 핵심적 기술이다(Hardcastle, Wenocur, & Powers, 1997; 이윤로, 2007: 327에서 재인용).

사회적 네트워크의 맥락에서, 지역사회 복지서비스가 무엇에 초

〈그림 10-1〉 북한이탈주민 정착지원 흐름도

북한이탈주민 발생(해외 · 국내)
· 재외공관 및 관련기관에 보호신청

정부합동신문소(관계기관, 약 1개월)
· 신원, 북한이탈 동기 확인 · 위장 이탈 여부 등 신문 · 조사

정부합동신문소(관계기관, 약 1개월)
· 신원, 북한이탈 동기 확인 · 위장 이탈 여부 등 신문 · 조사

거주지 편입지원
· 취적 · 자격인정, 특별임용 · 학력인정, 교육지원 · 정착금 지급, 주택지원 *정착도우미 연결

거주지보호(5년, 가주지보호담당관)
· 거주지 전입신고 및 주민등록 · 의료급여 · 국민기초생활보장 · 직업훈련, 취업알선 및 취업보호 · 영농정착 지원 · 각종 애로사항 해소지원 · 수시 정착실태 파악

민간을 통한 지원
· 북한이탈주민후원회 운영 · 민간단체 활동지원 · 각종 민간 지원프로그램 운영 *장학지원, 상담 등 각종 적응 지원 프로그램
지역단위별 및 범 지역별 민간단체들의 다양한 지원(정착지원 전반 및 특성화된 영역별 지원) - 60여개 민간단체가 활동 중

※출처: 전승호(2007: 87)에서 수정 · 보완.

점을 두고 이해되어야 하는가와 관련하여 시드(Seed, 1990)는 지역복지실천가가 일상생활 속에서 사회복지기관과 관계를 맺고 있는 클라이언트에 초점을 두고 사회적 네트워크를 이해해야 한다고 강조한다. 사회적 네트워크는 궁극적으로 클라이언트에게 서비스를 어떻게 전달할 것인지의 차원에서 그 의미가 모색되어야 한다(강철희 · 정무성, 2006: 362).

지역사회 수준에서 서비스 네트워킹을 논할 때 함께 사용되는 개념의 하나가 바로 서비스 통합integration이다. 지역사회 서비스 통합에 대한 관점은 기능적 통합화와 물리적 통합화의 시각으로 정리할 수 있다. 기능적 통화를 살펴보면, 기능적 통합화는 관련 분야의 노력들, 서비스들 간의 협조체계를 형성하여 단편적인 노력이 아닌 좀 더 포괄적인 노력이 전달되도록 하고, 그 대상자에게는 최종적으로 높은 질의 서비스가 제공되는 효과를 갖게 하는 것을 의미한다. 지역사회에서 이러한 기능적 종합화가 이루어지면 그 대상자가 어느 기관을 최초로 접촉하여 도움을 받든 간에 그 기관은 필요한 서비스를 연계해 주는 접점 역할을 수행하게 되고 결과적으로 그 대상자는 포괄적 서비스를 받을 수 있게 되는 것이다(강철희 · 정무성, 2006: 370).

지역사회 안에서 사회복지실천을 위해서는 서비스 기관들 간의 긴밀한 네트워킹과 이를 통한 서비스의 중복과 누락을 방지함을 통하여 지역주민과 클라이언트의 서비스 통합이 이루어져야 한다. 2006년부터 중앙정부에서 민 · 관의 서비스 통합을 통한 주민들의 생활편의 서비스 제공을 위한 '주민통합서비스'가 시행되고 있다. 사회복지서비스 측면에서는 기존의 민간과 정부의 영역에서 제공되어 오는 서비스의 통합을 위해서 각각의 역할에 대한 제고와 서비스들 간의 연계를 위해서 정부 산하 모든 조직 내에는 '주민생활지원과'가 신설되어 서비스의 연계를 통한 'one-stop service'를 지향해

〈표 10-4〉 새터민 지원 지역복지관의 서비스 네트워크 현황

구분	기관현황(기관명)
새터민 지원기관	· 새터민 지원 민간단체(60여개: 대한적십자사 및 대안교육 등) · 북한이탈주민후원회
지역기관 (단체, 모임)	· 북한이탈주민지원지역협의회(보호담당관 및 지역대표) · 직능단체 및 지역조직 (민주평통, 의사회, 새마을부녀회 및 봉사조직 및 친목조직)
교육기관	· 초 · 중 · 고등학교 교육 복지실 및 대학교 · 일반학원 (학습 및 예체능 관련)
복지기관	· 이용시설: 사회복지관, 장애인 · 노인복지관, 보육시설 및 지역아동센터 · 생활시설: 일시보호시설 및 위탁가정 · 사회복지관협회
관공서	· 지방자치단체(구청, 시청 : 거주지보호담당관) · 고용안정센터(취업보호담당관), 경찰서(신변보호담당관) · 동사무소(국민기초생활보장 관련) · 시 · 구의회
의료기관	· 종합병원(아산병원, 삼성병원) · 지역병의원(내과, 산부인과, 정형외과, 신경정신과, 치과) · 지역보건소, 지역정신보건센터
지원기관	· 기업복지재단, 사회복지공동모금회, 기업체 · 한국정보문화진흥원, 한국문예진흥원
종교단체	· 개신교, 천주교, 불교(사회복지위원회 및 자원봉사 조직)
새터민 관련단체	· 새터민 친목단체 (탈북자 동지회, 통일을 준비하는 탈북자 협회 등)
기타	· 아파트 관리사무소

※출처: 김선화, 2007b.

가고 있다.

북한이탈주민 정착지원 서비스를 제공함에 있어서도 북한이탈주민들의 정착의 욕구와 그들이 가진 정착의 장애요소들로 인하여 다양한 문제와 어려움이 있으므로 정착지원 서비스 기관이 단독으로 서비스를 제공하는 데에는 다소 무리가 따른다. 지역사회 안에서의 해당

욕구 충족과 문제해결을 위한 전문 기관들과의 연계해야 하며 지역사회 안에 북한이탈주민 정착 지원 관련된 서비스 인프라를 구축하고 개발하는 노력도 필요하다. 북한이탈주민 정착지원 서비스 기관에서 실습하는 실습생들은 기존 기관들이 가지고 있는 서비스 연계망과 네트워킹 현황을 파악하고, 추가적인 연계가 필요한 영역에 대해서 의견을 제시할 수 있어야 한다. 또한, 연계 기관과 업무의 협력과 대상자의 의뢰의 절차 및 제반 진행과정에 대해 학습해야 한다.

1) 북한이탈주민 지원 지역사회복지관의 서비스 네트워크 현황

새터민들의 정착지원을 위해서는 다양한 자원들이 필요하다. 정착과 적응에 필요한 여러 요소들은 그 서비스를 제공하는 기관이 보유하고 있는 자원들도 있지만, 지역사회 내에 전문기관 등을 포함하여 해당 기관이 보유하지 않은 자원들을 더 손쉽게 제공 가능한 기관들이 있으므로 새터민 서비스 전담기관에서의 여러 지역 내 자원 및 기관들과의 네트워크는 무엇보다도 중요하다(김선화, 2007: 27).

지역사회복지관은 지역사회 내에 거점을 두고 오랜 기간 활동 하여 네트워크가 원활히 형성되어 있는데, 현재 북한이탈주민 서비스를 제공하는 기관들은 기존 복지관이 보유하고 있는 네트워크를 기반으로 하여 북한이탈주민 지원을 위한 전담 네트워크 등을 다양하게 형성하고 있다. 이러한 네트워크를 통하여 북한이탈주민들이 요구하는 다양한 문제들에 대해서 적정 · 적시적인 서비스 제공이 가능하게 하는 지역복지관이 가진 강점이라고 할 수 있다.

11 기본적 개입기술 교육

1. 기본적 대인관계의 기술

이 영역은 다른 사람들과 협력적으로 일하기 위해 필요한 대인관계 기술들을 의미하는데, 다른 사람의 말을 경청하고 감정이입하고 명확한 의사소통을 할 수 있으며, 정보를 이끌어내면서 언어적 · 비언어적 단서들을 이해할 수 있는 능력을 포함한다(김경희, 2007: 133).

기본적인 대인관계의 기술은 서비스 대상자들과의 관계기술과 동료 및 사회복지 실천 현장에서 접하게 되는 다양한 관계에 대한 기술을 의미한다. 사회복지 실천 기관은 인간봉사조직으로서 대인관계 속에서 모든 일들이 진행된다. 따라서 만나는 사람들이 누구이든지 어떠한 형태의 관계든지 그들과의 관계가 가지는 의미는 상당히 크고 중요하다. 따라서 사회복지실천현장에서 다양하게 형성되고 경

〈표 11-1〉 본적 대인관계의 기술에 대한 실습 내용

실습지도 핵심내용	실습지도 세부내용	북한이탈주민 실습지도 내용
기본적 대인관계의 기술	· 대인관계 의사소통 기술 · 동료와의 관계 형성 기술	· 동료 실습생과의 실습과정을 통한 기술 향상 · 동료 실습생들을 통한 peer - supervision · 실습 슈퍼바이저의 supervision · 실습 과정 중 사회복지사들과의 관계 형성을 통한 조직 생활에 대한 경험 · 실습 교육(강의) 과정에서의 의사소통 · 실습과정의 과제 수행을 통한 기술 향상

험되어지는 관계에 대한 학습은 실습을 통해서 학습해야 할 중요한 과업이다. 대인관계에 관한 자신의 능력과 기술에 대한 자아인식을 통해서 자신의 취약점과 강점을 파악하고 이를 보완하려는 노력은 실습과정 중에서 동료 실습생의 피드백feedback을 통해서도 이루어질 수 있으며, 슈퍼바이저로부터의 슈퍼비전을 통해서도 이루어질 수 있다. 이러한 과정 속에서 학생들은 객관적인 자신의 모습을 파악할 수 있으며 자기성장의 과정을 경험할 수 있다.

2. 클라이언트 체계의 개입을 위한 지식 및 기술

클라이언트 체계의 개입을 위한 지식 및 기술은 개인 · 가족 · 조직 및 지역사회를 포함한 미시 · 거시 클라이언트 체계 개입에 필요한 기술의 내용이 포함된다. 즉, 문제해결과정을 포괄적으로 다루는 기술들이 포함되는데, 문제해결의 구조는 일반체계 이론적 시각, 환경 속의 개인에의 초점, 경험적 실천 지향성 등의 개념을 강조한다(김경희, 2007: 133~134).

〈표 11-2〉 클라이언트 체계의 개입을 위한 지식 및 기술 실습내용

실습지도 핵심내용	실습지도 세부내용	북한이탈주민 실습지도 내용
클라이언트 체계의 개입을 위한 지식 및 기술	· 인간행동과 다양성에 관한 지식 및 적용기술 · 클라이언트와의 면접기술 · 클라이언트 체계의 사정 기술 · 개입 혹은 치료계획의 (적용)기술 · 평가기술 · 종결기술 · 집단에서의 개입기술 · 의뢰와 사례관리 기술 · 옹호활동	· 북한이탈주민의 특성에 대한 이해(탈북의 원인 및 과정에 대한 이해, 남한사회의 적응현황에 대한 기본 이해, 북한에 대한 사회 · 문화 · 경제적 측면의 이해) 교육 · 사례관리교육 및 북한 이주민 사례관리 (사례관리 case 열람) (사례관리계획 및 실행, comment 받기) - 가정방문 및 지역사회 자원동원 경험 · 주요 문제 및 욕구를 가진 클라이언트 면접 (상담)과 기록: 관계 맺기 훈련 · 집단지도 프로그램 기획과 실행 및 평가 (집단 활동 계획서, 과정기록서, 종결 평가서 작성하기) - 아동 및 청소년, 노인 집단 중심으로 - 집단진행 수퍼비전(동료 및 수퍼바이저) · 프로그램의 평가 및 개입의 효과성 평가를 위한 척도 사용 교육 및 척도 적용 · 지역사회조직 활동 - 북한이탈주민 조직화를 위한 활동 (조직화를 위한 조사 및 여론형성) · 정책개발 활동 및 사회행동, 옹호활동 - 클라이언트(북한이탈주민)의 권익증진 및 보호(인권보호 등)를 위한 언론활동

실습 과정에서는 정책적이고 행정적인 측면의 기본적인 이해 과정을 거쳐 클라이언트를 만나서 서비스의 제공을 위한 일반주의 실천의 과정을 거치게 된다. 클라이언트와의 관계를 형성하기 위한 면접의 기술, 문제와 욕구를 사정하는 기술, 욕구 사정에 따른 개입 및 치료에 관한 개입에 대한 구체적인 계획을 수립하는 기술, 계획수립 이후 개입의 과정과 종결 및 평가 등의 과정에 따른 직접적인 실천에 관한 기술들을 학습하는 과정을 갖게 된다.

서비스 실천기관의 유형과 해당 실천기관의 주요 대상층에 따라서 실천 과정에서의 독특성과 주의사항이 다를 수 있으며, 대상자의

다양성의 특수성에 대한 기본적인 이해가 무엇보다도 중요하다.

북한이탈주민의 경우도 일반적인 대상자들과의 면접기술과는 다른 차이점이 있으며, 그 차이점은 언어사용에 있어서의 차이점과 그에 따른 상호이해의 수준이 다를 수 있으며, 면접 그 자체에 대한 경험 부족에서 오는 어려움으로 인한 초기 라포rapport형성 과정이 더 길어질 수도 있다. 따라서 실천 현장에서 주요 대상자들의 특성에 맞는 클라이언트 체계에 대한 개입 기술을 익히는 것이 중요하다고 하겠다.

그러나 언급된 '기본적 대인관계 기술과 클라이언트 체계의 개입을 위한 지식과 기술' 범주해당 부분은 서술 과정상 상호 중복 되는 부분들이 있어 미시, 중간, 거시적 수준의 개입으로 크게 구분하여 서술할 것이다.

ㅁⅢ부 참고문헌ㅁ

7장 참고문헌

공릉종합사회복지관(2007), 『새터민 실습지도 계획서』.

김경희(2007), 『사회복지 행정론』, 청목출판사.

_____(2001), 『학생실습지도의 방법 및 실습 프로그램 개발』, 서울시사회복지관협회.

김선희 · 조휘일(2000), 『사회복지실습』, 양서원.

박미정(1999), 『지역사회복지관의 실습지도과정 및 내용에 관한 연구』, 서울여자대학교 석사 학위논문.

서진환(2001), 『사회복지실습의 길잡이』, 학지사.

양옥경 · 최소연 · 이기연(2007), 『사회복지현장실습 수퍼비젼』, 한국사회복지사협회.

오혜경 · 하지영(2007), 『사회복지현장실습 매뉴얼』, 양서원.

이시연(2001), 『사회복지전공 학부생 실습지도 모델 개발에 관한 연구』, 서울여자대학교 박사 학위논문.

조휘일(1998), 「실습생을 위한 슈퍼비전과 학습계약」, 『서울여자대학교 제4회 실습지도자 간담회 자료집』.

태화기독교사회복지관(2003), 『사회복지실습지도(이론과 실제)』, 양서원.

한국사회복지사협회(2005), 『사회복지현장실습 』.

Hamilton, N & Else, J. F.(1983), *Designing Field Education: Philosophy, Structure, and Porcess*, springfield, II: Charles C. Thomas.

Fortune, A. E.(1994), "Field education", In F. G. Reamer(Ed., *The Foundations of Social Work Knowledge*, New York: Columbia University Press.

8장 참고문헌

김기덕(2002), 『사회복지윤리학』, 나눔의집.

엄명용 · 김성천 · 오혜경 · 윤혜미(2005), 『사회복지실천의 이해』, 학지사.

이경아 · 박정임 외 공역(2004), 『사회복지에서의 역량강화 실천』, 양서원, Shera, W. & Wells, L.(1999).

이윤로 · 조미숙 외 공역(2006), 『사회사업실천기술론』, 학현사, Poindexter, C., Valentine, D. & Conway, P. (1999).

정무성 · 정진모(2001), 『사회복지프로그램 개발과 평가』, 양서원.

한국사회복지사협회(2001), 『한국 사회복지 윤리강령』.

Abramson, M.(1983), "A model for organizing and ethical analysis of the discharge planning process". *Social Work in Health Care*, 6: 33-42.

Berkenmaier, J. & Berg-Weger, M.(2007), *The practicum companion for social work integrating* class and field work, 2nd ed., Boston: Allyn and Bacon.

Brill, N. & Levine, J.(2005), *Working with people: the helping process*, Boston: Allyn and Bacon.

Derezotes, D.(2000), *Advanced generalist social work practice*, Thousands Oak, CA:Sage publication.

Lowenberg, F. & Dolgoff, R.(1996), Ethical Decisions for Social Work Practice, Itasca, IL: F.E. Peacock Publishers.

Miley, K. O'Melia, M. & Dubois, B.(1995), *Generalist social work practice: an empowering approach*, Boston: Allyn and Bacon.

National Association of Social Workers (2001), *Code of Ethics*, Washington D.C.

Rossi, P., Freeman, H. & Lipsey, M.(1999), *Evaluation: a systematic approach*, 6th ed.,

Thousands Oak, CA: Sage publication.
Rothman, J. et al.(1996), "Client self-determination and professional intervention: Striking a balance", *Social Work*, 41: 396-404.
Saleeby, D.(ed)(2002), *The strengths perspective in social work practice*, Boston: Allyn and Bacon.

9장 참고문헌

김선희 · 조휘일(2000), 『사회복지실습』, 양서원.
양옥경 · 최소연 · 이기연(2007), 『사회복지현장실습 슈퍼비전』, 한국사회복지사협회.
오혜경 · 하지영(2007), 『사회복지현장실습 매뉴얼』, 양서원.
태화기독교사회복지관(2003), 『사회복지실습지도(이론과 실제)』, 양서원.
한국사회복지사협회(2005), 『사회복지현장실습 교육지침서』.
공릉종합사회복지관(2007), 『새터민 실습지도 계획서』.
김경희(2007), 『사회복지 행정론』, 청목출판사.
서진환(2001), 『사회복지실습의 길잡이』, 학지사.
김선희 · 조휘일(2000), 『사회복지실습』, 양서원.
김경희(2001), 『학생실습지도의 방법 및 실습 프로그램 개발』, 서울시사회복지관협회.
박미정(1999), 『지역사회복지관의 실습지도과정 및 내용에 관한 연구』, 서울여자대학교 석사 학위논문.
이시연(2001), 『사회복지전공 학부생 실습지도 모델 개발에 관한 연구』, 서울여자대학교 박사 학위논문.
조휘일(1998), 「실습생을 위한 슈퍼비전과 학습계약」, 『서울여자대학교 제4회 실습지도자 간담회 자료집』.
Fortune, A. E.(1994), "Field education", In F. G. Reamer(eds.), The foundations of social work knowledge, New York: Columbia University Press.
Hamilton, N & Else, J. F.(1983), Designing Field Education: Philosophy, Structur, and Porcess, springfield, II: Charles C. Thomas.
Thomas Wolf(1999), Managing a Nonprofit Organization in the Twenty-First Century, Simon & Schuster.

10장 참고문헌

강철희 · 정무성(2006), 『지역사회복지 실천론』, 나남출판.
김경희(2001), 『학생실습지도의 방법 및 실습 프로그램 개발』, 서울시사회복지관협회.
김경희(2007), 『사회복지 행정론』, 청목출판사.
김선화(2007a), 「새터민 정착지원 제도와 지원 기관」, 『다문화 청소년 실무자 양성교육』, 무지개청소년센터.
김선화(2007b), 「새터민 정착지원을 위한 사회복지 프로그램의 현황과 평가」, 『새터민 1만 명 시대, 지난 7년』, 북한이탈주민연구학회, 한국사회복지사협회, 한국노동연구원.
김선희 · 조휘일(2000), 『사회복지실습』, 양서원.
오혜경 · 하지영(2007), 『사회복지현장실습 매뉴얼』, 양서원.
이윤로(2007), 『사회복지실천기술론』, 학지사.
전승호(2008), 「새터민 정착지원제도와 청소년 지원 체계」, 『2008 새터민 아동 · 청소년 지원 사회복지전문인력 양성교육(초급과정)』, 그리스도대학교, 한국사회복지사협회.
한국사회복지사협회(2005), 『사회복지현장실습 교육지침서』.
태화기독교사회복지관(2003), 『사회복지실습지도(이론과 실제)』, 양서원.
Fortune, A. E(1994), "Field education", In F. G. Reamer(eds.), *The foundations of social work*

knowledge, New York: Columbia University Press.
Hamilton, N & Else, J. F.(1983), *Designing Field Education: Philosophy, Structure, and Porcess*, springfield, II: Charles C. Thomas.

11장 참고문헌

김경희(2001), 『학생실습지도의 방법 및 실습 프로그램 개발』, 서울시사회복지관협회.
김경희(2007), 『사회복지 행정론』, 청목출판사.
김선희 · 조휘일(2000), 『사회복지실습』, 양서원.
박미정(1999), 『지역사회복지관의 실습지도과정 및 내용에 관한 연구』, 서울여자대학교 석사 학위논문.
공릉종합사회복지관(2007), 『새터민 실습지도 계획서』.
서진환(2001), 『사회복지실습의 길잡이』, 학지사.
양옥경 · 최소연 · 이기연(2007), 『사회복지현장실습 수퍼비젼』, 한국사회복지사협회.
오혜경 · 하지영(2007), 『사회복지현장실습 매뉴얼』, 양서원.
이시연(2001), 『사회복지전공 학부생 실습지도 모델 개발에 관한 연구』, 서울여자대학교 박사 학위논문.
조휘일(1998), 「실습생을 위한 수퍼비젼과 학습계약」, 『서울여자대학교 제4회 실습지도자 간담회 자료집』.
태화기독교사회복지관(2003), 『사회복지실습지도(이론과 실제)』, 양서원.
한국사회복지사협회(2005), 『사회복지현장실습 교육지침서』.
Fortune, A. E(1994), 'Field education', In F. G. Reamer(eds.), The foundations of social work knowledge, New York: Columbia University Press.
Fortune, A. E.(1994), 'Field education', In F. G. Reamer(Ed), The Foundations of Social Work Knowledge, New York ; Columbia University Press.
Hamilton, N & Else, J. F.(1983), Designing Field Education: Philosophy, Structure, and Process, springfield, II: Charles C. Thomas.

IV

북한이탈주민 개입기술과 전략

북한이탈주민의 국내 입국자 수가 2007년 초에 1만 명을 넘어섰고, 2008년에는 약 4천~5천 명이 남한에 들어오게 될 것으로 예측된다. 북한이탈주민의 수는 급격하게 증가해 왔지만 그들의 남한사회 정착은 원만하게 이루어지고 있다고 보기에는 많은 문제점들이 노출되어 왔다. 따라서 IV부에서는 북한이탈주민을 위한 좀 더 효과적인 정착지원이 필요하다는 것을 지적하면서 바람직한 서비스 전달체계와 전략은 무엇인지를 제안하고자 한다.

구체적 서비스 전략을 논의하기에 앞서 북한이탈주민 정착지원의 역사적 발달과정을 잠시 살펴보고자 한다.

북한이탈주민 정착지원의 발달과정을 4단계로 보는 견해가 있다(심연희 외, 2005).

첫 번째 단계는 한국전쟁 이후 1990년대 초까지를 국가보안의 단계로, 탈북자는 대한민국이 북한과의 체제 경쟁에서 승리하고 있다는 것을 증명하는 상징으로 활용되었다. 따라서 국가로부터 특별한 관심과 대우를 받으면서 정치적 목적의 강연회 등에서 활동하였다.

두 번째 단계는 통일부 주도의 탈정치화 된 관점에서 난민 수용의 접근이었다. 1990년대 중반부터 2000년대 초반까지의 시기로 본다. 이 시기에는 전 세계적으로 동서 냉전이 종식되면서 남한정부는 '햇볕 정책' 이라는 대북유화 및 개방유도 정책으로 대북정책이 변화하고 있었다. 그런데 90년대 중반 북한의 식량난, 경제난 등으로 인한 대량 탈북자의 발생과 탈북자의 입국이 발생하게 되자, 탈북자의 문제는 탈정치적인 입장과 인도주의적 원칙에서 지원정책으로 접근하기 시작하였다. 인도주의적 원칙에 따라 이 시기 탈북자들은 식량난으로 고통 받는 인구집단으로 이해되었고 민간단체, 종교단체들의 지원은 자선 및 자원봉사의 차원에서 이루어졌다.

세 번째 단계는 2000년대 초반에서 중반까지로 민간단체의 참여와 함께 종합적인 사회복지적 지원의 시기라고 할 수 있다. 매년 1천명 이상 입국하면서 유입인구의 수가 급속도로 증가하였다. 또한 여성 및 가족단위의 입국이 늘어나면서 지역사회에 정착하는 과정에 다양한 욕구가 노출되기 시작하였다. 따라서 '정부주도의 지원' 이라는 기존의 원칙을 포기하고, '민간서비스 자원 및 전달체계의 적극적 활용' 이라는 새로운 원칙을 수립하게 되었다. 이에 따라 다양한 학술단체들이 북한이탈주민들에 대한 연구 활동을 시작하였으며, 교육 및 사회복지 분야에서 서비스 기능을 조직화하기 시작하였다. 이 시기에 대안교육 기관들과 종합사회복지관들에 의한 특성화 프로그램들이 시작되었다.

네 번째 단계는 다학제적이고 포괄적인 서비스를 시작하는 단계로 물질적 지원뿐만 아니라 정신적, 심리적 영역에서까지 이루어지는 사회문화통합의 중요성을 인식하고 지원하는 포괄적인 접근을 시도하는 시기라고 하겠다.

앞으로 북한이탈주민 정착지원은 포괄적이고 다학제적인 정착지원이 이루어져야 한다고 보고 그 원칙을 정리하면 다음과 같다.

첫째, 북한이탈주민 정착지원은 탈정치화되어야 한다. 이들은 정치적 망명자나 이념적 전향자가 아니라 이주자로서 이해되어야 한다. 한국사회의 다양한 소외계층(빈곤층, 성인지적인 면에서 여성, 신체 및 정신적 장애자 등)으로서 갖는 특성에 더하여 사회적 편견과 차별로 고통 받는 문화적 소수자로 이해하고 이러한 사회적 편견과 차별로부터 자유로워질 수 있도록 다양한 차원에서 개입이 필요하다.

둘째, 북한이탈주민의 정착지원은 재정적인 지원에 한정되어서는 안 된다. 특히 일방적인 시혜적 지원이 되어서는 안 된다. 취업, 교육, 가족관계, 개인의 적응 등을 촉진할 수 있는 종합적인 사회지지망을 제공할 수 있어야 하며, 또 북한이탈주민 개인과 지역사회의 역량강화를 가져 오는 개입방법을 강구할 필요가 있다.

셋째, 한 개인의 성공적인 정착을 위해서는 심리적, 정서적 적응에 대한 관심이 필요하다는 것을 인식하고, 난민, 이주민으로서 경험하는 다양한 정신적, 심리적 적응과 관련된 문제들에 대한 인식이 필요하며, 이러한 인식이 다양한 구체적인 서비스프로그램에 반영되어야 할 것이다.

북한이탈주민을 위한 정착지원 서비스를 위와 같이 개념화하면서, 북한이탈주민을 위한 서비스를 미시, 중위, 거시적 차원에서 어떠한 서비스들이 어떻게 지원되고 있는가에 대해서 Ⅳ부(12~14장)에서 다루고자 한다.

12 미시적 차원의 개입기술과 전략

북한이탈주민에게 서비스를 제공하는 것은 사회복지사로서 보람과 성취감을 느낄 수 있는 경험이 될 수도 있지만 한편으로는 상당한 좌절과 실망을 경험하는 경우도 많다. 서비스 제공자들 중에는 북한이탈주민들은 약속을 잘 지키지 않는다거나, 예측불허의 행동을 해서 관계자들을 놀라게 한다거나, 급한 문제가 생기면 나타났다가 문제가 해결되기만 하면 연락을 끊어버린다거나 하는 등의 행동을 보임으로써 이들과의 관계 안에서 피로와 소진을 경험한다고 한다. 이러한 어려움은 남한과 북한이라는 두 이질적인 사회 · 문화 · 경제 · 정치적 체제에서 살아온 사람들이 서로에 대해서 이해하지 못하고, 서로 다른 행동 방식으로 관계를 형성하기 때문일 수도 있다. 따라서 이 장에서는 북한이탈주민에게 개인과 가족이라는 미시적인 차원에서 개입을 할 때, 사회복지실천가가 알아야 할 실천기술에 대하여 알아보도록 한다.

본 장에서 다루어질 내용은 첫째, 면담과정에서의 기본원칙, 둘째, 치료적 관계 형성을 위한 지지적 면담기술, 셋째, 다중적 문제를 다루는 전략으로서 임상적 사례관리기술이다.

1. 북한이탈주민과의 면담과정의 기본원칙

북한이탈주민이 가지고 있는 심리사회적 문제에 성공적으로 개입하기 위해서는 무엇보다도 사회복지사와 클라이언트 간의 신뢰적인 관계를 형성하는 것이다. 신뢰를 기반으로 한 관계는 상호 존중이라는 원칙이 지켜질 때 가능하다. 사회복지사와 클라이언트가 서로 다른 문화적 배경을 갖고 삶의 경험을 갖고 있을 때, 서로의 삶의 방식, 가치관, 행동 등에 대해 자신의 기준으로 판단을 하게 된다면 상호존중의 관계를 형성하는 것은 어렵게 된다. 따라서 사회복지사는 다른 문화권의 클라이언트와 일을 할 때는, 클라이언트의 문제 상황에 대한 이해, 인과관계의 설명 등을 좀 더 열린 마음을 가지고 경청하여야 하며, 클라이언트가 고려하고 있는 해결안을 적극적으로 활용하려는 자세를 가져야 할 것이다.

자신과 다른 클라이언트의 문화적 배경을 존중하며 치료적 관계를 형성하게 하는 면담과정에서의 9가지 원칙에 대해 Kinzie는 다음과 같이 설명하였다(Kinzie, 1987).

① 면담은 안전한 공간에서 진행한다

면담은 반드시 안전한 공간에서, 철저한 비밀보장이 이루어질 수 있는 환경에서 실시한다. 북한에 남은 가족의 안전을 해칠 수 있는 정보에 대하여 논의하는 것에 대한 두려움을 갖게 하거나, 수치심을 유발할 수 있는 과거의 행적이나 상황 등에 대하여 논의하는 데 장해가 되는 환경은 피해야 한다. 면담 초기에 비밀보장에 대하여 논의하였다면 이에 부합하는 장소를 선택하고 개인정보를 매우 조심스럽게 다룬다는 것을 행동으로 보여야 한다.

② 가능하면 한 사회복지사가 초기 면담부터 종결까지 연속해서 진행한다

초기 사정과 개입 과정을 담당하는 사회복지사가 다르다거나, 업무 내용에 따라 여러 사회복지사와 일하게 되는 상황을 가능한 한 피하도록 한다. 북한이탈주민 클라이언트가 사회복지서비스 기관이 갖고 있는 일련의 서비스 절차와 분업화된 업무 구조에 맞추기를 기대하여서는 안 된다. 초기 사정 과정에 자신의 과거의 경험이나 사건, 병력 등에 대하여 어렵게 털어 놓았는데, 개입 과정에서 다른 사회복지사에게 또 다시 반복해야 한다면 서비스에 대한 동기가 매우 약해질 수 있다. 특히 북한에서의 경험이나 이동과정, 남한에 정착하는 과정에서 인간관계에 불신을 갖게 되는 상황을 많이 겪었다면, 신뢰적인 치료관계를 형성하는 것 자체가 이미 어려울 수 있기 때문에 서비스 단계마다 새로운 사람과 관계를 형성해야 한다면 북한이탈주민 클라이언트는 관계 형성에 있어 많은 혼란을 경험할 수 있다.

③ 정보 수집은 천천히 점진적으로 이루어져야 한다

클라이언트의 과거력이나 병력 등에 대하여 정보를 수집하는 것은 사회복지사와 관계가 발전되는 정도에 맞추어 자연스럽게 점진적으로 이루어져야 한다. 북한이탈주민들은 정착 초기에 수많은 사람들에 의해 조사를 받고, 지역사회에 정착한 뒤에는 많은 인터뷰와 설문조사를 당하게 되므로, 사회복지사와의 관계가 형성되기 전에

성급한 질문이나 세밀한 설명을 하게 하면, 클라이언트에게 취조되는 느낌을 주거나 자기비판의 경험을 되살리게 하여 개입과정에 방해가 되는 정서를 불러일으킬 수 있다. 초기 면담 과정에서는 세부적인 정보수집보다는 사회복지사와 클라이언트 간의 관계 형성에 초점을 두어야 할 것이다. 서비스 자격을 결정하거나 제공되어야 할 서비스의 종류의 결정하기 위해 최소한의 정보를 얻어야 한다면 질문과 함께 정보가 사용될 목적을 설명하면, 불필요한 불안이나 저항을 예방할 수 있을 것이다.

④ 호소하는 문제 상황이나 증상에 대해 심각히 여기고 존중해야 한다.

클라이언트가 서비스를 받고자 찾아 올 때, 자신의 문제를 사회 · 심리 · 정신적으로 잘 이해하고 오는 경우는 거의 없다. 대개 시급한 생존의 문제들(재정난, 취업, 주거문제 등 이나 수면장애, 통증, 소화기 장애, 심장계 질환 등 신체적 증상들)로 인해 치료기관과의 연계를 요청하는 경우나 의료비 지원, 아니면 자녀들의 문제로 오는 경우가 대부분이다. 그러나 사회복지사는 신체적 증상을 심인성으로 이해한다거나, 기저의 심리사회적 원인을 분석하려 하기보다는, 구체적이고 시급하다고 호소하는 증상이나 문제를 진지하게 받아들이고, 그러한 문제를 해결하기 위하여 최선의 노력을 해야 한다. 이는 클라이언트가 있는 곳에서 시작하라는 사회복지실천의 원칙을 실천하는 것이며, 시급한 문제에 구체적인 해결책을 마련해 줌으로써 '선물주기' 라는 개입전략을 실천하는 것이다.

⑤ 충분한 병력을 청취한다

특히 가장 힘들었을 때의 전과 후를 잘 듣는다. 클라이언트가 인생에서 중요한 사건들이라고 생각하는 일들을 상담자가 공유하게 됨으로, 클라이언트와 깊은 유대를 갖는다. 정신적 외상을 가져온 사건들에 관한 이야기는 클라이언트가 감당할 수 있는 정도만, 천천히 이야기를 풀어내도록 한다. 이때 상담자는 클라이언트가 경험과 관련하여 표현하는 감정적 반응에 공감하고, 수용하는 입장을 보여준다. 클라이언트의 감정표현과 외상적 경험에 대하여 말하는 것을 부추겨서도 안 되고 억제시켜서도 안 된다. 슬픔, 고통, 분노를 표현하는 정도와 방법은 개인과 문화적 배경에 따라 차이가 있을 수 있음을 인정하고, 클라이언트의 방식을 존중한다.

⑥ 클라이언트가 말하는 증상에 대해 적절한 설명을 제시한다

북한이탈주민들이 호소하는 증상들은 '미쳐 버리겠다' 또는 '죽을 것 같다' 등 모호하게 표현되는 경우가 많다. 이 경우 상담자는 클라이언트가 받고 있는 스트레스에 대한 표현을 확인하고 명확한 용어로 명료화해야 한다. 또한 그러한 증상이 만성적인 스트레스, 정신적 외상, 우울증에 의한 정신적, 신체적 반응임을 설명해준다. 예를 들면 극도의 공포와 죽음의 위협을 경험하는 것은 일상적인 경험이 아니다. 이러한 극단의 경험을 한 후에 과도한 정서와 신체적 반응을 경험하는 것은 지극히 정상이라는 것, 오히려 아무런 반응이 없다면 이상할 것이라는 것, 그러나 그러한 스트레스로 인한 충격을 극복해 나가는 다양한 대처를 배우는 것은 건강한 생활을 위해 필요하다는 점을 설명하고 교육하는 것이 개입의 일부가 될 것이다.

⑦ 우선적으로 호소하는 증상을 완화시켜 준다

상담 초기에는 개입의 목표에 있어 사회복지사의 전문적 소견과 일치하지 않더라도 클라이언트가 관심을 갖는 우선적인 문제들에 초점을 두는 것이 좋다. 그것이 두통이나 소화불량과 같은 신체적 증

상일 수도 있고, 시급한 물질적 원조일 수도 있다. 또는 자녀의 학교와 관련된 것일 수도 있다. 의료진과 협력함으로써 클라이언트의 신체적 증상의 완화를 가져오고, 다른 건강 관련 문제들을 발견하고 적절한 치료에 연결시켜 주는 것은 전반적인 클라이언트의 삶의 질을 향상시키는 개입일 뿐 아니라 신뢰에 기반을 둔 원조관계를 형성하는 좋은 개입전략이 된다.

⑧ 서비스 목표를 설정하고 서비스 계약을 한다

서비스의 초기 목표는 클라이언트가 쉽게 인식할 수 있는 것, 변화의 가능성이 많은 것으로 정하는 것이 좋다. 예를 들어 수면장애를 극복한다거나, 생활 급여와 관련된 문제를 해결하거나 잘 이해되지 않는 부분을 알아본다거나 하는 것들을 초기 목표에 포함시키는 것이다. 초기에는 사회복지사가 좀 더 적극적인 역할을 수행하는 것이 바람직하나 클라이언트도 목표를 달성하기 위한 작업에 적극적으로 참여하여야 한다는 것을 주지시킬 필요가 있다. 서비스 목표를 달성하는 데 클라이언트와 사회복지사, 그밖에 다른 개인들이 수행하여야 할 과업과 역할에 대하여 논의하고 동의한 부분을 문서화하는 과정을 서비스 계약이라고 한다.

⑨ 문제해결에서 클라이언트의 주체적 역할을 부여한다

북한이탈주민을 비롯한 많은 취약계층의 클라이언트들은 종종 자신들의 문제나 삶을 개척하는 데 수동적인 수혜자로서의 입장을 취한다. 이는 이미 이들이 겪고 있는 학습된 무기력감을 재강화하는 것이다. 원조관계에서 각자의 역할과 과업을 구체화함으로써, 자신의 삶에 변화를 가져오는 데 주체적 역할을 부여하고, 서비스 목표달성이라는 개입의 구체적인 성과에 영향을 미칠 뿐 아니라 클라이언트의 역량강화라는 점에서 중요하다.

2. 치료적 관계 형성을 위한 지지적 면담기술

초기 면담과정은 클라이언트에 대한 정보수집이 주된 목적이라고 생각하지만, 이 시기는 클라이언트와 관계형성을 하며, 치료적 개입이 동시에 이루어져야 한다. 상담자가 초기 면담과정을 어떻게 이끌어 가느냐에 따라 서비스에서 조기중단을 예방할 수 있고, 개입이 성장과 치유의 과정이 될 수 있다. 사회복지사가 사회복지기관에서 일한다거나, 돕는 역할을 한다는 사실만으로 클라이언트의 신뢰를 얻을 수 있는 것은 아니다. 효과적인 원조관계는 정서적 사회복지사와 클라이언트 간에 정서적 연결이 이루어져야 한다. 난민이나 이민자들과의 효과적인 관계 형성을 돕는 면담기법은 다음과 같다(WHO, 1996).

1) 경청: 잘 듣는다

사람들은 누군가 자신에게 이야기할 기회를 주고, 자신의 이야기를 진지하게 들어 주는 것을 좋아한다. 과거나 현재의 힘든 경험으로 인한 감정을 억제하고 가슴에 묻어 두는 것은 쉽지 않다. 두려움, 분노, 좌절감 등을 억누르거나 무시하려고 할 때, 정서적 스트레스를 경험하고, 신체적 증상이나 통제가 안 된 행동으로 드러날 수도 있다. 사회복지사는 클라이언트가 자신의 감정을 잘 표현할 수 있도록 격려하며, 잘 들어 줌으로써 안전한 장소를 제공할 수 있어야 한다.

(1) 경청기술

· 마주보고 앉거나 90도 각도로 앉는다.
· 적절한 수준에서 시선을 맞추고 대화한다.
· 온전히 관심을 집중한다.
· 이야기를 듣는 중에 고개를 끄덕이거나 "네" 또는 "그렇군요"와 같은 말을 함으로써 잘 듣고 있다는 것을 전달한다.

(2) 경청은 다양한 수준에서 이루어진다는 것을 인식한다

· 표현된 단어를 듣는다.
· 음성의 높낮이, 음량, 속도 등에 관심을 가진다.
· 말할 때 취하는 몸동작을 관찰한다.
· 침묵으로 말하는 것을 듣는다.
· 말의 속뜻을 헤아린다.
· 말 속에 담긴 감정을 읽는다.
· 숨겨진 감정을 짐작하지 않고, 표현하도록 한다.

2) 정보 수집

사회복지사는 클라이언트가 가지고 있는 문제를 이해하기 위하여 다양하고 정확한 정보를 얻어야 한다. 그와 같은 정보는 효과적인 질문과 지지적인 관계형성을 통해 가능하다.

(1) 정보 수집 기술

① 조사하기

- 조용하고 천천히 질문한다. 강요하지 않는다. 북한이탈주민 클라이언트는 취조하는 듯한 분위기에 매우 민감하다.
- 질문이 클라이언트에 어떻게 들릴지 생각해 본다. 불신이나 비하의 느낌이 전달되지 않도록 어휘나 표현의 선택에 배려를 한다.
- 답변의 속도에 맞춘다. 질문자의 의도와 정확하게 부합하지 않는 답변에서도 클라이언트의 이해를 돕는 정보가 있음을 인식한다.

② 질문하기

'예' 또는 '아니오'의 답변을 가져오는 질문은 많은 정보를 주지 못한다. 열린 형식의 질문open-ended question을 하도록 한다. "남한에서의 생활이 힘드신가요?"라는 질문보다는 "남한에서의 생활이 어떻다고 생각하세요?"라거나 "남한에서 생활하면서 어떤 부분이 힘들게 느껴지시나요?"라고 묻는다.

③ 대화 이끌어 가기

면담의 진행은 클라이언트의 생각의 흐름을 계속 따라가도록 한다. 만일 클라이언트가 경제적 어려움을 호소하는데, 북한이탈과정에서 정신적 외상 경험을 이야기하라고 권유할 수는 없다. 경제적 어려움에 기여하는 요인이 정신집중이 어렵거나 수면장애로 인해 직장에서 업무를 감당할 수 없고, 그 결과 직장을 자주 그만두게 되었다면, 수면장애나 정신집중을 못하게 하는 요인에 대해 점진적으로 정보를 수집하다가 외상적 경험으로 인해 악몽에 시달린다거나, 작은 일에 놀라고 불안증상을 경험한다는 것을 말할 수 있게 면담을 진행시키는 것이다.

(2) 사정해야 할 정보의 종류

조사의 내용에는 객관적인 사실에 대한 자료나 정보뿐만 아니라 클라이언트의 주관적인 인식도 파악되어야 한다. 클라이언트 인식의 객관성 정도, 감정적 반응, 사고 양식, 대처기제 등은 치료전략을 계획하는 데 매우 유용한 정보이기 때문이다. 그러나 가능한 한 현재의 구체적인 상황과 사실들에 관한 정보를 수집함으로써, 개입전략을 세울 수 있을 뿐만 아니라 더 중요하게는 클라이언트로 하여금 자신의 문제를 이해하도록 돕는 것이다. 사정에 포함되어야 할 내용은 다음과 같다(Stream, 1969; 전재일 · 이성희, 2002에서 재인용).

① 문제의 촉발요인

현재의 문제를 발생하게 하거나 악화시키게 한 인적 · 환경적 요인을 찾아본다.

② 과거의 대처방식

클라이언트가 과거에 유사한 상황과 문제에 직면하였을 때 어떻게 대처하였는지를 알아본다.

③ 중요한 인물

클라이언트의 문제에 기여하는 인물들, 자원이 되는 사람들, 영향력을 미치는 사람들의 유무와 관계의 질에 대해 알아본다. 북한이탈주민의 삶에서는 자연적 가족지지체계가 매우 제한적인 경우가 많다. 아니면 북한에 남겨두고 온 가족이 북한이탈주민의 삶에 주요 스트레스원이 될 수도 있다. 반면, 하나원 동기, 동향 친구, 보호경찰, 교회 등과 같은 유사가족체계의 존재여부와 그들의 영향력을 탐색하는 것도 필요하다.

④ 개인과 환경과의 상호작용

개인이 주위 환경에 어떠한 영향을 미쳤으며 또 그가 주위환경으로부터 어떠한 영향을 받았는가를 생태체계적 관점을 갖고 조사한다.

⑤ 개인과 가정에 영향을 미친 요인

사회경제적 · 심리적 · 문화적 요인들이 개인과 가족에게 미친 영향을 이해하도록 한다. 가부장적 북한사회에서 남한사회로 이주하면서 부부관계의 성역할에 대한 재정립이 필요하다거나, 여성이 비교적 남한에서 취업이 용이하다는 점에서 가정에서 부부 간의 경제적 기여정도에 변화가 일어나고 이는 가정 내 권력구조의 변화를 의미할 수도 있다. 문화적 적응의 수준이 다른 부모 - 자녀 간에 세대차이뿐만 아니라 문화적 차이로 인한 갈등과 더 나아가서는 역할의 전도 현상도 가족관계에 큰 영향을 미치게 될 수 있다. 이주와 관련된 심리사회적 스트레스는 가족관계, 대인관계에 긴장과 갈등의 원인이 되기도 한다는 것에 관심을 기울일 필요도 있다.

이와 같은 정보를 조사하는 과정에서 언제나 기억해야 할 것은 모든 정보는 클라이언트의 현재 상태를 잘 이해하고, 변화를 계획하기 위해 도움이 되는 자료로 활용하는 데에 그 목적이 있다.

(3) 정보의 출처

사정과정에서 고려해야 할 주요한 정보의 출처는 다음과 같다(Hepworth, Rooney & Larsen, 2004).

① 말로 표현된 보고

문제 사정에 주요한 출처 중에서 클라이언트가 말로 표현한 내용이 가장 중요한 정보의 출처이다. 이 내용으로는 문제 또는 사건에 대한 묘사, 감정의 표현, 상황에 대한 관점 등이 있을 것이다. 클라이언트가 표현하는 느낌과 사실의 보고는 클라이언트의 환경과 그에 대한 반응을 이해하는 중요한 정보원이다.

② 비언어적 행동의 관찰

클라이언트의 비언어적 행동의 관찰은 추가적인 정보를 제공해 준다. 비언어적 행동은 감정 상태를 드러내는데, 언어화된 문제 인식과 일치 여부를 사정하고, 언어화하지 못한 감정 상태나 욕구에 민감하게 반응할 수 있게 될 때 클라이언트의 문제를 좀 더 심도 깊게 이해할 수 있다.

③ 대인관계 상호작용의 관찰

사회복지사와 상호작용뿐만 아니라 가족 성원이나 다른 사람들과의 상호작용을 관찰할 때 문제의 본질을 이해하는 데 도움이 된다. 기관의 사무실 안에서 관찰도 유익하지만 가정방문을 통해 클라이언트의 자연적 환경에서 상호작용과 물리적 환경을 관찰하는 것은 면담을 통해 얻을 수 없는 귀중한 통찰을 가져다 줄 수도 있다.

④ 정보의 이차적인 출처

클라이언트와 긴밀한 관계에 있는 사람들이 클라이언트의 문제를 이해하는 데 유용한 정보를 줄 수도 있다. 북한이탈주민 클라이언트에 관한 이차적인 정보원으로는 의료진, 보호경찰, 동사무소나 타 기관의 사회복지사, 정착도우미, 하나원 기록 등이 있을 수 있다. 이차적인 정보를 얻기 위해서는 클라이언트의 사전 동의가 필요하며, 개인에 관한 정보를 비밀스럽게 추적한다거나 누설하는 것은 비윤리적인 행동임을 주지할 필요가 있다.

⑤ 심리검사

심리검사는 표준화된 방식으로 클라이언트의 심리, 정신적 상태를 평가할 수 있다는 점에서 유용하고, 많은 숫자의 북한이탈주민 클라이언트에게 서비스를 제공하는 기관에서는 좋은 기초자료로 수집할 수도 있다. 그러나 심리검사의 문화적 적절성에 대한 판단도 필요하고, 북한이탈주민들이 남한사회에서 정착한 이후 수도 없이 많은 설문에 응답해 왔다는 점에서 이들에 대한 배려도 필요하고, 설문에 지친 북한이탈주민들의 응답 결과의 타당도에 대한 우려도 있어, 심리 검사가 갖는 제한성을 인식할 필요가 있다.

3. 개인 및 가족 차원의 개입기술

1) 지지적 상담기술

지지적 상담기술은 초기면담과정에서부터 개입의 전 과정을 통하여 주된 상담기법으로 사용될 수 있는 효과적인 개입기술이다. 상담

과정을 통해 클라이언트의 문제와 강점이 무엇인지를 파악하고 정서적 지지와 문제해결방안을 모색하는 과정을 촉진함으로써 클라이언트의 문제나 정서 · 행동 상의 증상을 개선시키는 것을 목적으로 한다. 이러한 접근은 심리적인 오리엔테이션은 높지 않고, 사회적 지지망이 부족한 북한이탈주민과 같은 대상자들에게 가장 적합한 방법이다. 지지적 상담의 기본원리는 다음과 같다(Winston, 1986).

(1) 부정적 감정의 논의

가장 기본적이면서 가장 중요한 상담기술 중 하나로, 클라이언트로 하여금 자신이 가지고 있는 부정적인 감정에 대하여 표현할 수 있는 안전한 장소와 분위기를 제공하는 것이다. 불안, 두려움, 분노, 수치심, 죄의식 등 여러 부정적 감정들을 스스로 이야기하는 과정을 통하여 자신에 대한 통찰을 갖게 한다. 인지이론에 따르면 어떠한 행동양식도 사고나 감정이 먼저 변화되지 않고서 즉각적으로 개선되지 않으며, 언어로 먼저 표현된 이후에야 행동상의 긍정적인 변화를 기대할 수 있다고 한다. 사회복지사는 클라이언트가 표현하는 부정적인 사고나 감정들에 대하여 도덕적인 판단을 내리지 않도록 주의하고, 내적 세계를 표현하는 과정을 지지함으로써 이 과정을 통하여 자신에 대한 새로운 이해를 가질 수 있도록 격려한다. 또 감정을 극단적이거나 폭발적으로 표현하지 않으면서도 자신의 내적 경험을 효과적으로 표현하는 방법을 점진적으로 지도한다.

(2) 지지적 사회관계망의 증진

가족, 친구, 지역사회의 다양한 자원을 동원함으로써 자신의 지지적 사회관계망을 넓히도록 격려하는 것도 개입의 일부이다. 북한이탈주민들은 일차적인 가족체계가 없는 경우가 많기에, 대체적인 지지체계를 개발하는 노력이 필요한데, 이러한 주변의 자원들을 활용하는 기술에 대한 논의와 실제 시도하도록 격려하고 지원한다.

(3) 심리 · 정신적 증상에 대한 논의

대인관계나 업무수행에 어려움을 갖는 이유 중 하나가 심리 · 정신적 문제일 수도 있다. 정착과정에서 스트레스로 인한 불안이나 우울증, 신체화 장애 등은 북한이탈주민 중에 상당히 흔한 증상이라고 본다. 이주 전이나 이주과정에서 겪었던 사건이 정신적 외상후 스트레스 증후군Post-traumatic Stress Syndrome의 원인이 되고 있을 수도 있다. 상담과정에서 심리적 문제가 일상의 기능에 부정적인 영향을 주고 있다면 이에 대해 논의를 하고, 문제의 심각성에 맞추어 필요한 수준의 치료개입에 관하여 전문가적 조언을 제공하고, 동기를 부여하도록 노력하여야 할 것이다.

(4) 긍정적인 대처기술의 강화

클라이언트가 기존에 사용하던 대처방식이 새로운 상황이나 문화적 환경 안에서 더 이상 효과적이지 않다고 평가된다면, 대처방식의 변화를 도모할 수 있다. 좀 더 순기능적인 대처기술은 클라이언트 스스로 자신의 문제의 심각성을 충분히 깨달은 후에라야 수용될 수 있다. 또 새로운 대처기술이 클라이언트가 이미 가지고 있는 기술을 일부만 수정하거나, 새로운 것을 조금 보태는 것으로 인식되게 되면 클라이언트는 변화에 좀 더 개방적인 태도를 갖게 된다. 그러므로 이미 있는 긍정적인 모습에 대한 격려를 하면서 변화를 모색해 보는 것이 중요하다.

(5) 통찰력의 발견

현재 자신의 일상생활 속에서 자신의 사고, 정서적 반응, 행동들에 대한 이야기를 하면서 자연스럽게 이러한 것들 안에 있는 지속적인 패턴을 발견하고, 그러한 패턴이 자신이 추구하는 것을 얻는 데 기여하는지 장해가 되는지에 대하여 깨우치게 되고, 변화에 대한 동기를 갖게 돕는 것도 또 다른 지지적 상담의 목표가 될 수 있다.

2) 심리 교육 훈련

북한이탈주민의 정착과정에 정서 · 심리 · 사회적 적응을 도울 수 있는 교육프로그램을 활용하는 것도 좋은 개입이다. 예방서비스는 치료서비스보다 비용 효율적이며 사회적 낙인이 적다는 점에서 문제가 발생하기 전에 적극적으로 활용할 필요가 있다. 또 교육을 통해 얻게 되는 정보와 기술은 북한이탈주민에게 문제 대처에 사용할 수 있는 도구를 제공하여 줌으로써 자신감과 자기 효능감을 키워준다는 점에서 매우 바람직한 개입전략이라고 하겠다.

(1) 정신건강 증진교육

① 정신건강교육

북한이탈주민 클라이언트가 경험하는 심리 · 정신 증상의 의미를 이해할 수 있도록 돕고, 자신의 증상이나 문제에 스스로 해결하는 능력을 배양하며, 필요시에는 정신건강 프로그램을 활용할 수 있도록 격려함으로써 북한이탈주민의 정신건강을 증진시킨다. 정신건강 교육에서 다루어질 수 있는 내용은 북한이탈주민 중에서 자주 발견되는 정신보건의 문제들(불안증, 우울증, 외상 후 스트레스 증후군, 신체화 증상)의 흔히 발견되는 증상, 원인, 문제를 완화하기 위해 스스로 할 수 있는 활동, 활용할 수 있는 전문가의 도움 등에 대한 정보를 소규모집단을 통해 교육하고, 쉽게 쓰인 교육 자료를 배포함으로써 수행할 수 있다.

② 스트레스 관리프로그램

이주민의 정착스트레스, 난민의 정신적 외상 경험 등 많은 기존의 연구들의 결과에 의하면 북한이탈주민은 스트레스의 고위험군이다. 스트레스는 삶의 자연적인 일부이지만, 스트레스의 관리능력 여부에 따라서 심리 · 정신적 적응의 결과는 달라진다. 북한이탈주민들이 자신들이 경험하는 다양한 스트레스의 원인, 증상, 일상 기능에 미치는 부정적 영향 등에 대해서 이해하게 할 뿐 아니라 다양한 형태의 스트레스 관리법을 배울 수 있게 한다. 여기에는 운동, 영양, 여가활동, 시간관리, 수면장애 완화법, 신체 · 정신 이완요법 등을 소개할 수 있다.

③ 분노조절 훈련

만성적인 스트레스에 노출되고, 강한 정서적 반응을 순기능적으로 소통하는 기술이 결여될 경우, 폭발적이고 파괴적인 표현으로 자신의 감정을 전달하는 경향이 있다. 특히, 북한이탈주민과 같이 과거에 다양한 형태의 폭력에 노출된 경우에 폭발적 자기표현에 비등점이 낮아지는 경향이 있는데, 그럴 경우 대인관계, 직장에서 어려움을 겪을 수 있다. 분노나 좌절 등의 부정적 정서를 사회적으로 용납되는 소통방식으로 전달하는 기술, 분노조절을 돕는 인지행동적 기술 등을 교육내용으로 담을 수 있다.

(2) 관계기술 훈련

북한이탈주민들에게 주요한 지지체계인 가족과 주변사람들과의 긍정적인 관계를 개발, 회복 또는 유지할 수 있도록 하고, 그 결과 전반적인 사회 · 정서적 적응을 도모하는 것을 목표로 한다.

① 부부관계기술

가부장적 북한문화에서 남녀관계의 역할기대를 갖고 있던 북한이탈주민들은 남한사회에서 적응해 가면서 점차 변화하는 부부관계를 경험하게 된다. 일반적으로 여성의 문화적 적응이 빠른데다, 여성의 취업이 좀 더 용이하기에 여성의 경제적 지위가 상승하게 될 때, 가부장적 사고를 하는 남성배우자는 자신의 권위가 위협받는 느낌을 갖게 될 수 있다. 이주, 빈곤 등으로 인해 높은 수준의 스트레스에 이미 만성적으로 노출되어 있는 부부에게 문화적 차이로 인한 갈등은 부부관계에 어려움을 가져다 줄 수 있다. 가정 내 역할에 대한 유연한 태도, 문제해결기술, 남녀 간의 의사소통 양식의 차이, 문화적 차이 등에 관한 지식과 관계기술 등을 교육이란 형식을 통해 전달함으로써 가족의 유지와 관계의 개선에 도움이 될 수 있다.

② 부모교육프로그램

북한이탈주민 부모들에게 욕구이자 관심 영역인 자녀교육에 대한 교육을 함으로써 부모-자녀관계를 향상시킬 뿐 아니라 부모, 자녀 두

세대의 정신보건을 위한 예방적 접근으로 바람직하다. 세대차이, 문화적 차이로 인한 갈등과 부적응의 문제를 예방하는데, '성공적인 자녀 기르기'와 같은 긍정적인 목표를 가지고 접근함으로써 개입에 대한 저항이나 낙인을 최소화할 수 있다. 또 프로그램을 북한이탈주민들의 접근성을 고려하여 밤이나 주말 시간대에 마련하고, 교회와 같이 이미 모이는 장소에서 제공함으로써 서비스 참여를 증진시킬 필요가 있다.

③ 의사소통기술 훈련

북한이탈주민 클라이언트들에게 주요 스트레스 중 하나는 언어소통의 문제이다. 남북한 분단의 기간이 길어 용어사용, 정서 등에 많은 차이가 있기 때문이다. 그러나 이러한 차이뿐 아니라 정서나 사고의 표현에 문화적 기대의 차이로 인하여 대인관계에 어려움을 경험하는 것을 자주 관찰한다. 특히 부정적인 정서나 갈등 상황에서 의사소통에 어려움을 완화하기 위해 갈등해결 기술, 적극적이고 친사회적인 대화기술 등은 북한이탈주민 클라이언트의 대인관계, 사회생활에 도움이 되는 정보와 기술이 될 것이다.

3) 임상사례관리

임상사례관리는 북한이탈주민의 심리 · 사회 · 경제라는 복합적인 문제에 접근하기 위해서는 서비스 전달이 가장 기본적이고 중요한 서비스 실천방법이 되어야 한다고 생각한다. 북한이탈주민의 욕구는 소득의 유지, 건강, 가정문제, 취업, 적절한 사회적 지지체계의 결여 등으로 매우 다양하며, 상호 밀접한 상호연관성을 가지고 있다. 위와 같은 문제에 더하여 심리 · 정신적 문제는 이들을 위한 서비스를 더욱 복잡하게 한다. 이러한 다양한 욕구들에 효과적으로 대응하기 위해서는 지역사회 내외의 자원을 효과적으로 개발하고, 중개, 조정할 수 있는 사례관리자의 역할을 해야 할 뿐 아니라 임상적 개입을 동시에 할 수 있어야 한다. 임상사례관리는 위와 같은 이중역할을 수행하는 데 가장 적절한 방법이다(정순둘, 2005).

임상사례관리에서 수행되어야 할 서비스와 개입 기술로는 연계, 자원개발, 임상적 개입, 모니터링 및 평가 등이 있으며, 이하에서 자세히 논의하겠다.

(1) 연계하기

연계linkage란 클라이언트와 환경적 자원간의 연결을 통해 클라이언트의 욕구를 충족시키려는 과정이다. 의뢰referral와 다른 점은 전문적 서비스 기관에 클라이언트를 연결시킬 뿐 아니라, 서비스가 제대로 연결되어 제공되고 있는지, 또 클라이언트가 원하는 도움을 실제로 받고 있는지를 확인하는 것을 포함한다. 따라서 연계는 한 순간에만 일어나는 것이 아니라 적절한 자원이 제대로 동원되고 활용되도록 지속적으로 모니터링하는 것까지도 포함한다. 효과적으로 연계서비스를 제공하려면, 사례관리자는 지역사회 서비스 기관들, 서비스 절차, 프로그램, 정책 등에 대하여 충부한 지식이 있어야 하며 상대방 기관과의 관계를 가지고 있어야 한다. 북한이탈주민 클라이언트들은 사회복지서비스 자원에 대한 정보를 많이 갖고 있지 못하고, 서비스를 활용하는 절차나 관계 기술에 익숙하지 않기에 두려움이나 불안을 경험할 수 있고, 그러한 이유로 연계된 서비스로부터 조기 중단의 위험도 크다. 서비스와의 연계가 제대로 되도록 초기에 연결기관에 클라이언트와 동행을 하는 것도 바람직하고, 새로운 기관에 의뢰

하기 전에 기관담당자와 직접 연락을 취한다거나 후속관리를 전화상으로라도 하여 클라이언트가 서비스 네트워크에서 탈락하는 일이 없도록 한다. 서비스 자원이라고 하면 공식적인 서비스 전달체계를 주로 생각하게 되지만, 클라이언트의 삶 속에 이미 있는 비공식적 자원체계를 동원하는 것도 중요하다. 가족, 친구, 이웃, 직장 안에서 클라이언트의 문제해결을 위해 정서적 지지, 도구적 지지, 재정적 지지를 제공할 수 있는 사람들은 누구인지를 알아보고, 이러한 자연적 자원을 활용할 수 있을 때, 클라이언트는 장기적인 문제해결과 자원동원 기술을 습득하게 되는 것이다.

(2) 자원의 개발 및 조직화

사례관리자는 클라이언트에게 효과적인 연계 서비스를 제공하기 위하여 지역사회에 있는 자원을 개발하고 조직화하여야 할 필요가 있다. 자원의 조직화는 지역사회 내에 있는 주요한 공식, 비공식적 자원을 목록화하고 사용하기 용이한 형태로 정보를 관리하는 것이다(Rothman, 1998).

북한이탈주민의 유입이 1년에 1천 명을 넘어선 것이 2003~2004년이다. 이후부터 북한이탈주민을 위한 서비스가 새로이 개발되거나 확장되어 왔다. 그러나 그러한 서비스 자원들이 효과적이고 효율적으로 활용되고 있는지에 대한 평가가 필요하다. 이들 지지체계가 클라이언트의 욕구를 충족시키고 통합적으로 접근하기 위해 서비스 제공자 간의 협력과 조정 기능을 시도해 볼 수 있다. 조정의 기능은 사회복지사 개인의 차원에서 일선 제공자 간의 협력적 관계를 개발함으로써 가능하고, 궁극적으로는 조직 차원에서 북한이탈주민 서비스 제공기관 간의 종적 · 횡적 연대를 만들어 감으로써 서비스의 포괄성과 연속성을 향상시킬 수 있을 것이다.

또한 북한이탈주민의 숫자가 점차 증가하고, 이주기간도 길어짐에 따라 새로운 개인의 욕구와 사회적 문제가 노출되기도 한다. 이러한 새로운 욕구가 기존의 서비스 체계에 의해 충족될 수 없다거나, 북한이탈주민의 증가에 서비스자원이 따르지 못한다면 서비스의 지속적인 창출과 변화를 도모하는 옹호자의 역할도 사례관리자에게 기대될 수 있다. 북한이탈주민 사업은 유입인구에 대한 사회복지서비스로서만이 아니라 남북통일의 가능성을 염두에 둘 때, 오래 기간 분단되었던 남북한 인구의 통합에 필요한 서비스전달체계의 축소판을 실험해 보는 작업이라고 볼 수도 있다.

(3) 후속관리[follow-up]

클라이언트를 다른 서비스로 연계를 시켰더라도 후속관리를 위해 사례관리를 계속하는 것이 바람직하다. 그래서 클라이언트가 다른 서비스에 지속적으로 참여하고 있나, 원하는 서비스를 제공받고 있나, 기대하였던 변화가 있나 등을 확인할 필요가 있다. 또 중간 사정 결과 새로운 서비스에 연결시켜야 한다거나, 임상적 상태에 변화가 있다면 사례관리자는 상황을 안정시키기 위한 임상적 개입도 제공할 수 있다. 후속관리를 진행하면서 사례관리자는 다음과 같은 질문을 지속적으로 할 필요가 있다(Holt, 2000).

· 클라이언트의 상황이 변화하고 있는가.
· 서비스 의뢰와 연계는 적절한 것인가.
· 기대하였던 서비스 성과가 달성되고 있는가.
· 치료적 개입은 수정되어야 하는가.

· 사례는 종결될 준비가 되었는가.

(4) 평가

모든 제공된 서비스는 그 성과에 대해 평가되어야 한다. 서비스의 효과성 평가는 클라이언트의 만족도로 평가될 수 있지만, 이보다 더 바람직한 것은 초기 사정 후에 클라이언트와 사회복지사가 서비스 계약을 할 때, 설정한 서비스의 목표들이 얼마나 성취되었나를 평가하는 것이 바람직하다. 또한 심리정신건강 영역에서 치료적 개입이 있었다면 북한이탈주민들에게 자주 사용되는 몇 가지 심리척도를 사용하거나 정신진단분류체계[DSM-IV: Diagnostic and Statistical Manual of Mental Disorders]에서 사용하는 정신보건 평가 척도인 보편적 기능사정[GAF: Global Assessment of Functioning] 척도를 사용할 수도 있다. 자주 사용되는 심리척도로는 홉킨스 우울 및 불안척도, CES-D 우울척도[the Center for Epidemiologic Studies Depression Scale], 벡 우울척도[BDI: Beck Depression Inventory], 강성록의 정신적 외상척도 등이 있다.

13 중간 차원의 개입기술과 전략[1]

중간meso 차원의 개입은 지역사회에서 북한이탈주민들에게 각 영역에서 최선의 서비스를 제공할 수 있도록 기관을 돕는 데에 그 목적이 있다. 여기에서는 보건과 정신보건, 가족문제, 교육 분야, 한국 주민과 북한이탈주민과의 통합 문제 등에 대한 중간 차원의 개입을 중심으로 살펴볼 것이다.

1 보건 · 정신보건 분야

보건 분야에서는 어떻게 서비스전달을 강화하는가에 대해 기관행

1 Potocky-Tripodi, 2002: 183~478.

정가들에게 자문하고, 내담자 욕구를 기관이 잘 인식하도록 도우며, 더 나은 서비스와 프로그램을 새롭게 개발하고, 지속적인 질 개선을 도와서 내담자의 욕구를 효과적으로 해결하고, 내담자를 위하여 기관과의 연계를 돕는 등 기관 활동을 통하여 최선의 서비스를 전달할 수 있다.

'학제간 협력' 과 '조직의 개발' (Tripodi, 2002: 229)은 보건 분야에 있어서 북한이탈주민들에게 최선의 서비스를 제공하기 위한 방법이다.

최근 사회복지 분야에서 팀에 근거한 실천을 하는 경향이 많이 나타나고 있는데, 이와 같은 팀 중심의 실천에는 학제간 협력이 수반된다. 다양한 분야가 상호 협력적 실천을 하는 형태인 사례별 협력, 자문과 교육 등을 활용하여 사회복지사들은 의사와 간호사, 다른 보건 전문가들을 도와서 문화적으로 역량 있는 실천을 발전시킬 수 있다.

문화적 역량을 갖춘 실천은 여러 가지 점에서 유용하다. 구체적으로 북한이탈주민들이 건강에 관하여 어떤 믿음을 가지고 있으며 그들의 문화적 가치는 어떠한지, 북한이탈주민에게 발생되는 특유의 질병과 만연되는 질병, 치료 효과성을 인식하고 반응할 수 있다. 또 이를 통하여 지역사회 성원들의 적극 참여가 가능하고, 진단상의 정확성을 높이고, 추천받은 치료를 잘 지키게 되며, 치료를 찾는 데에 지체됨이 없고, 서비스를 더 많이 사용할 수 있게 한다는 연구결과도 있다(Center for Cross-Cultural Health, 1999).

또 다른 방법인 '조직개발' 은 사회복지사가 조직의 문화적 역량을 강화하도록 돕는 것과 관련된다(Diversity Rx, 1997). 즉, 북한이탈주민들의 상황과 실태에 대하여 기관 자체가 준비가 될 수 있도록 할 필요가 있다. 북한이탈주민들의 실태에 대하여 잘 알고 있는 사람들 중에서도 지역사회 보건실무자나 준전문가가 필요한데 그들은 내방과 건강증진활동, 보건 체계에 지역사회 참여 촉구, 문화적 타당성에 관한 실무자 교육, 보호의 영속성, 조정과 전체 질에 기여 등의 기능을 할 수 있다.

사회복지사들은 교육기회와 자원들을 이용하여 북한이탈주민들이 문화나 건강에 대한 생각이나 전통 민속의료의 사용에 대하여 어떠한 인식들을 가지고 있는지 경청함으로써 그들의 건강에 관련된 욕구를 더 잘 이해할 수 있도록 한다. 또 그들이 특히 많이 경험하고 있는 질병들에 대해서도 잘 파악하고 있어야 한다. 뿐만 아니라 문화적으로 효과적인 보건 관련 서비스를 제공하기 위하여 북한이탈주민들의 자녀양육에 대한 태도의 차이와 접근법을 받아들이고 존중하여야 한다. 그러나 북한이탈주민 여성들의 경우 경제활동으로 인하여 자녀를 방임하게 되는 상황들처럼 명백하게 자녀에게 해로운 경우는 북한이탈주민들의 생각을 받아들이기보다는 관련 법률이나 제도, 사회 관습들에 대해 알려주어야 한다.

정신보건 분야에서도 건강 분야의 중간 실천전략이 마찬가지로 적용이 가능하다.

2. 가족역동성

가족역동성과 관련된 중간 차원 접근 역시 이민자나 난민 클라이언트들을 돕는 데에 있어서 기관과 체계의 효과성을 높이는 데에 그 목적이 있으므로 북한이탈주민의 경우에도 마찬가지로 적용된다. 가족역동성을 위한 기술도 앞서 언급한 기술들이 마찬가지로 적용된다. 특히 여성들의 역량강화를 위한 기관정책과 절차를 개발하는 것이 중요하다(Tripodi, 2002: 331). 여성들의 역량강화를 위한 기관 정책과 절차를 대부분의 이주난민문화가 남성 중심적이라는 점과, 남성과 여성이 동시에 직면하는 이슈들이 대개 성역할과 관련된다는 점에 초점을 두고 이루어져야 한다. 이러한 점들은 북한이탈주민들의 경우도 마찬가지로 적용된다. 한국으로 온 북한이탈주민들의 부부관계에는 북한에서와는 다른 큰 변화를 경험하게 되는 것이 일반적이다. 대체로 북한에서보다 남한으로 이주한 이후 여성의 구직이 용이한 반면, 남성들은 상대적으로 일을 찾기가 쉽지 않다. 여성이 경제력을 가지게 됨에 따라 남녀 사이에 역할 전도 현상이 발생하게 된다. 또한 북한에서는 아내에 비해 남편이 상대적으로 권한이 컸으나 한국사회에 와서는 여성의 권한이 북한에서에 비하여 강화되는 것이 일반적이다. 이러한 변화에 따른 부부관계의 변화를 서로 받아들이지 못할 때 부부관계에 갈등이 야기된다. 이러한 이슈들로 갈등하는 가족을 효과적으로 돕기 위하여 기관들은 프로그램 계획에 지역사회에 거주하는 북한이탈주민 여성을 포함시키는 것이 바람직하다. 따라서 기관 효과성 측정을 위하여 다음과 같은 질문들을 하는 것이 효과적이다.

- 얼마나 많은 북한이탈주민 여성들이 프로그램 계획과 실행위원회에 참여하는가.
- 얼마나 많은 북한이탈주민 여성들이 프로그램 효과성을 모니터링 하는가.
- 얼마나 많은 북한이탈주민 여성들이 의사결정을 하고 리더로서의 지위를 가지고 있는가.
- 얼마나 많은 프로그램이 북한이탈주민 여성에게 초점을 두고 있으며 이들 여성에게 사전에 접근성이 있는 시간과 장소를 제

공하는가.

· 기관 직원들이 성민감성, 성동등성, 인권에 관한 훈련을 받았는가
· 북한이탈 여성들이 그들 인권과 법적권리에 대하여 직접적으로 알고 있는가.
· 북한이탈 여성들이 신체, 성적학대를 비밀리에 보고할 수 있는 기제가 마련되어 있나.

3. 교육

학교 사회복지사들에 의한 학교에서의 개입은 학업성취를 증진시키는 데에 효과적이다. 팀 기능의 일부로서 사회복지사들은 이 프로그램 요소들의 구축과 유지를 증진시켜야 한다.

먼저, 교사들을 중심으로 한 학교직원들이 학생들의 교육적 성취를 위하여 헌신하여야 한다는 것이다. 그들에 대한 높은 기대를 가지며, 공적으로 그들의 성취를 인정하여야 한다. 또한 교사들은 북한의 문화와 사회에 대하여 잘 알고 있어서 다른 학생들이 북한사회에 대해 잘 이해할 수 있는 여건을 조성하는 것이 필요하다. 학교 직원들 중에 북한이탈주민들과 비슷한 문화적 배경을 가진 사람이 있다면 더욱 효과적이다. 교사들은 중 · 고등 교육 이후의 교육기회에 관한 정보를 제공하며, 적절한 수업배치, 학생의 지식정도와 경험에 맞는 수업제공, 학업서비스가 사회서비스, 상담, 튜터, 멘토, 부가활동, 건강서비스 의뢰 등 포괄적 서비스들과 함께 제공되어야 한다. 특히 부모와 협조하고 그들을 자녀 교육에 관한 의사결정에 참여하도록 한다.

교과과정을 통하여 학교 내의 북한이탈주민 학생들의 사회적 배경과 문화적 경험에 대한 관심을 나타낸다. 이를 통해 적대감, 조롱,

편견, 학교환경을 대하는 내용과 과정을 특징짓는다. 프로그램에서는 갈등해결, 인권, 다문화 교육들을 다룬다.

학교장 등 학교행정가는 교과과정과 교육을 강화시키는 구조를 개발하고, 최근의 연구와 실천을 통해 리더십을 제공한다. 모든 학교담당자들을 위한 전문성 개발 및 훈련은 교사와 상담가가 그들을 좀 더 효과적으로 도울 수 있도록 하는 데에 우선적인 목적을 둔다. 무엇보다도 부모들과의 미팅을 정기적으로 가짐으로써 가정과 학교 간의 지속적인 협력을 맺는 것이 중요하다. 이러한 미팅(회의 또는 모임)을 통하여 학교 규칙, 절차, 점수매기기, 과외활동, 특별지원서비스, 출석과 수업, 가족관여, 상급학교준비와 직업지도 등에 관한 기대들에 관하여 가족에게 알린다.

처음 입학한 북한이탈주민 학생들에게는 관련 학교 서류와 오리엔테이션을 위한 관련 비디오 등 각종 자료를 준비한다. 학교뿐만 아니라 지역사회에서도 모임을 만들어야 한다. 학교와 지역사회에 대하여 잘 알고 도움을 줄 수 있는 지원자들을 통해 이들 학생들과 부모들을 도울 수 있도록 한다. 특히 북한이탈주민 학생들과 부모들이 어려워하는 것은 한국사회의 교육체계에 관한 것이다. 따라서 중등교육 이후의 교육 과정을 비롯하여 직업 탐색, 직업안내, 직장을 위한 수업, 인턴십, 직장기반 멘토링 등 다양한 정보 제공이 이루어질 수 있도록 해야 한다.

4. 남한 주민과 북한이탈주민의 통합

사회복지사는 다양한 체계들 사이의 경계에서 기능하며 구체적으로 촉진자, 중계자, 중재자, 가능하게 하는 자, 자문가, 문화적 해석자 등의 역할을 하게 된다. 이때 사용할 수 있는 대표적인 실천 방법은 '구조화된 집단 간 접촉'과 '갈등해결'이다(Tripodi, 2002: 449~472).

1) 구조화된 남북 주민 모임 주선

상호이해를 높이고 편견을 줄이며 갈등을 해소하기 위하여 남북한 사람들이 함께 모이는 활동을 계획하고 촉진한다. 이러한 접촉은 조심스럽게 구조화되어야 한다. 왜냐하면 바라는 대로만 되는 것이 아니기 때문이다. 한 연구에 의하면 이민·난민들과 기존의 주민들이 함께 모이는 것이 원래 의도했던 목적에 이바지하는 경우도 있지만 정반대의 결과를 가져오기도 하기 때문이다(Hood & Morris, 1998; Simpson & Yinger, 1985). 비자발적이고 긴장이 부과된 교류는 오히려 편견을 증진시킬 수 있다.

현재 일부 종합사회복지관 등에서 북한이탈주민 거주 지역을 중심으로 남북 축구팀이 결성되어 정기 혹은 부정기적으로 축구 경기를 하는 것은 남북 주민이 함께 어우러지는 좋은 기회가 된다. 또 서울 강서구의 한 주민센터에서는 지역 자치단체에 최소한 1명 이상의 북한이탈주민들이 참석하도록 함으로써 지역사회 문제에 공동 참여하여 의견을 나누도록 하고 함께 교류할 기회를 제공하는 것은 남북 주민 통합에 큰 의미가 있다. 이때 사회복지사는 다양한 사회분야들 사이의 교량역할을 하게 된다.

2) 갈등해결

(1) 갈등해결을 위한 기본 원칙

일반적으로 갈등해결 과정은 관점 수집, 이해관계 파악, 대안 만들기, 대안 평가, 합의 창출 등 몇 개의 문제해결 단계를 따른다. 또 모든 갈등해결 과정은 다음과 같은 몇 가지 기본 원칙에 근거하여 이루어진다(Crawford & Bodine, 1996: 460~461).

첫째, '사람과 문제를 분리하기' 이다. 모든 문제에는 본질적인 이슈와 관계의 이슈들이 관여되어 있다. 이 이슈들을 분리시킴으로써 개인들이 상대방이 아니라 문제를 공격하는 것으로 볼 수 있게 된다.

둘째, '입장이 아닌 이해관계에 초점두기' 이다. 입장과 이해관계 사이의 차이를 이해하는 것이 문제해결에 중요하다. 입장이 아닌 이해관계가 문제를 규정한다. 입장은 개인이 그들이 원하는 것을 결정하게 되는 어떤 것이다. 이해관계는 입장 배후의 기본 동기이다. 입장들을 절충한다고 해서 특정 입장들을 채택하게 만든 인간의 욕구들을 효과적으로 배려할 합의를 가져올 수는 없다. 그러한 이해관계가 확인되지 않으면 일시적인 합의가 얻어지기는 해도 그 실제적인 이해관계가 다루어지지 않기 때문에 지속되기는 어렵다.

셋째, '서로에게 이익이 되는 선택하기' 이다. 논쟁을 하는 사람들은 결정에 대한 압력 없이 갈등을 해결하기 위한 안들을 확인하는 데에 초점이 있다. 브레인스토밍 과정은 공유된 이해관계를 진행시키고 서로 다른 이해관계를 창의적으로 조정하는 광범위한 대안들을 찾아내기 위하여 활용된다. 브레인스토밍의 중요한 기본 규칙은 제안된 생각들에 대한 비판과 평가를 미루는 것이다. 생각들을 확장하기 위하여 논쟁 중인 사람들은 다양한 방법으로 문제를 생각하고 제시된 생각들을 구축한다.

넷째, '객관적 기준을 사용하기' 이다. 객관적 기준을 활용한다는 것은 합의가 어느 한 쪽의 임의성 대신 공정한 기준을 반영한다는 것을 확실히 하는 것이다. 객관적 기준을 활용한다는 것은 어느 쪽도 다른 쪽에 굴복할 필요가 없음을 의미한다. 객관적 기준은 공정한 기준과 절차에 근거한 토론자들에 의하여 결정된다.

(2) 갈등해결 과정

두 가지 주요한 갈등해결 과정은 '타협' 과 '중재' 이다.

① 타협

타협은 논쟁 중의 상대 혹은 그들 대표들이 서로 그 논쟁을 해결하기 위하여 아무 도움 없이 함께 대면하는 문제해결과정이다.

이때 사회복지사들은 다음의 두 가지 방법으로 집단 간 갈등에 대한 타협에 참여할 수 있다. 첫째는 클라이언트에게 타협의 기술과 과정을 가르침으로써 그들이 스스로 그 안에 참여할 수 있도록 하는 것이다. 둘째는 클라이언트에 대한 옹호자로서 직접 타협에 관여하는 것이다.

근본적인 타협 기술(Crawford, 2002; Bodine, 1996)로는 다음과 같은 것들이 있다.

첫째, 오리엔테이션 능력인데, 이것은 교과적인 갈등해결에 어울리는 가치, 신념과 태도와 속성들이다. 여기에는 비폭력, 동정과 감정이입, 공정성, 신뢰, 정의, 관용, 자기존중과 타인존중, 다양성에 대한 존중, 논쟁에 대한 인정 등이 포함된다.

둘째, 갈등이 객관적 현실이기보다는 개인이 현실을 어떻게 인식하는가라는 사실을 이해하는 것이 중요하다. 따라서 감정이입과 개인적 두려움을 인식하는 자기평가, 견해를 자유롭게 나누도록 하기 위하여 판단과 비난을 중지하기 등이 필요하다.

또한 효과적으로 정서를 전달하고 공격적이지 않은 방식으로 정서를 표현하며 자기통제를 통하여 다른 사람들의 정서적 폭발에 대응하지 않는 등의 정서적 능력이 요구된다. 정서가 담긴 이야기를 중립적이고 덜 정서적인 용어로 표현하는 의사소통능력, 문제를 다양한 관점에서 생각하고 다양한 대안들을 만들어 정교화하고 강화하기 위한 브레인스토밍 등 창조적 사고 능력을 배양해야 한다. 객관적 기준을 만들어 대안들을 선택할 때의 기준으로 적용하고, 앞으로의 행동을 계획하는 등 비판적 사고능력 등이 필요하다.

근본적인 타협기술과 달리 이해관계에 기초한 타협과정(Barsky, 2000)이 있다. 이해관계에 기초한 타협과정은 다음과 같다.

첫째, 위치가 아닌 이해관계에 초점을 둔다.

· 이때 당신의 관심사는 무엇인가.
· 상대방의 관심사는 무엇인가.
· 공통된 관심사는 무엇인가.
· 충돌되는 관심사는 무엇인가.
· 충돌되는 관심사는 서로가 공유하는 깊이 깔려있는 어떤 관심사에 근거한 것인가.

둘째, 서로에게 이익이 되는 대안을 찾는다.

· 해결을 위하여 가능한 모든 대안들을 찾는다.
· 브레인스토밍을 혼자서 하는 것이 나은가, 함께 하는 것이 나은가.

· 대안을 찾도록 도움을 얻기 위하여 접근할 수 있는 정보원은 무엇인가.
· 그것들을 다 찾을 때까지 대안들을 평가하지 마라.

셋째, 객관적 기준을 적용한다.
· 대안을 파악하는 데에 어떤 기준들이 사용될 수 있나.
· 그 분야의 전문가나 문헌 등 객관적 기준을 찾는 것을 도와줄만한 소스로 어떤 것들이 있나.

넷째, 커뮤니케이션을 개선한다.
· 잘못된 커뮤니케이션으로 어떤 문제들이 발생되는가.
· 그러한 문제들을 어떻게 수정하는가. 소통의 갈등이 서로 다른 정보 때문이라면 정보 공유가 필요하고, 정보에 대한 서로 다른 해석 때문이라면 이러한 차이들을 서로에게 설명할 필요가 있으며, 서로 언어나 문화적 차이 때문에 이해할 수 없다면 중간에서 통역이나 서로 다른 문화를 해석해줄 사람이 필요하다.

다섯째, 긍정적 타협 관계를 구축한다.
· 합리성, 이해, 자문, 신뢰성, 비강요적 영향행사 방법 등 건설적인 전략들을 무조건 활용한다.
· 현재갈등에서 무엇이 그러한 전략들을 사용하는 것을 어렵게 만들며 그러한 도전들을 어떻게 극복할 수 있나.
· 협력을 어떻게 고무할 수 있나.

여섯째, 대안을 고려한다.
· 합의안들은 무엇이 있나.

· 대안들 중 당신의 최선의 대안들은 무엇인가.
· 상대의 대안은 무엇인가.
· 타협을 끝내고 다른 대안으로 옮겨가기에 언제가 제일 좋은지 어떻게 알 수 있나.
· 당신의 대안의 장점과 위험요인은 무엇인가.

일곱째, 헌신하게 한다.
· 합의를 위한 작업을 위하여 필요한 헌신은 무엇이 있나.
· 당신은 어디에 헌신할 준비가 되어있나.
· 상대는 어디에 헌신할 준비가 되어있나.
· 이러한 헌신은 실현가능한가.
· 그 헌신을 어떻게 견고화하는가.
· 상대방이 헌신하도록 어떻게 도울 수 있나.
· 상대방이 그 헌신을 따르도록 하기 위하여 어떤 전략을 사용할 수 있나.

그러나 이러한 타협은 불신이나 분노가 있을 때에는 유용한 전략이 아니다. 타협의 이점을 인식할 수 없을 때, 갈등이 현격한 가치관의 차이나 원칙의 차이로 인한 것일 때 혹은 결정을 빨리 해야 할 때, 또 노출이나 대면보다 체면유지나 갈등회피가 가치 있는 문화권에서는 이러한 타협은 효과가 없다(Barsky, 2000: 84). 그러한 경우에는 클라이언트가 스스로 타협에 나서기보다는 사회복지사가 클라이언트를 위하여 타협에 관여하는 것이 더 낫다. 만일 목표가 상호 간에 만족스러운 합의에 이르는 것이 아니라 한 쪽의 입장이나 아젠다를 상대방의 것보다 진전시키는 것이라면 그 때에는 타협이 적절하지 않다(Barsky, 2000).

북한이탈주민들의 경우, 일반적으로 한국 주민과 가치관의 차이가 존재하고 아직 서로를 완전히 받아들일만한 준비가 사회적으로 되어 있지 않다고 볼 때 이미 언급된 바스키Barsky의 '이해관계'를 기반으로 한 타협을 전적으로 적용하기에는 한계가 있다고 본다. 반대로 이주난민들이 이주국의 문화나 사회적 가치에 완전하게 동화assimilation하기를 요구하는 것도 많은 문제점을 갖는다는 연구들에 비추어 볼 때 북한이탈주민들이 한국사회에 전적으로 동화되기만을 바라는 것도 현실적이지 않다. 따라서 지역사회 등에서 북한이탈주민과 한국 주민들이 서로 다른 입장에서 타협을 해야 하는 상황에서는 사회복지사가 중간에서 타협을 위한 중간역할을 하는 것이 필요하되, 타협을 통한 합의를 반드시 얻어내기보다는 그러한 과정 속에서 서로를 역량강화하고 더욱 인정할 수 있도록 하는 것(Barsky, 2000)에 의의를 두는 것이 바람직하다. 실제로 최근 북한이탈주민들이 집중 거주하고 있는 임대 아파트 지역에서 북한이탈주민들과 남한 주민들 사이에 갈등의 조짐이 생겨나고 있다. 예를 들면 아파트 단지 내에서 북한이탈주민들 사이의 폭력 사태나 알코올 중독 사태 등 기존의 한국 주민들이 경계할만한 상황들이 생겨나고 이에 대하여 북한이탈주민들은 본인들이 차별받는다는 생각에 분노를 표출하는 경우이다. 이런 상황은 심각한 경우 남북 주민 간의 집단 간 대결 상황으로까지 이어질 수 있다. 최근 북한이탈주민 밀집지역 내에서 남북 주민 간의 미묘한 갈등을 해결하고 서로의 역량강화와 인정을 증진시킬 수 있는 타협을 구체화하기 위하여 다음과 같은 방안들을 마련할 수 있다.

먼저, 남북 주민들 서로의 '역량강화'를 위해 사회복지사가 다음과 같은 상황을 조성해 줄 수 있다.

· 자신들의 목표와 관심사가 무엇이며, 왜 그것들이 중요한가를

좀 더 명확하게 인식할 수 있도록 한다.

· 그들에게 가능한 대안들을 더 잘 인식할 수 있도록 한다.
· 경청, 의사소통, 이슈를 조직하고 분석하는 능력, 논쟁점을 제시하고 브레인스토밍 하는 능력, 대안적 해결책들을 평가하는 능력 등 갈등해결 기술들을 개선한다.
· 자신들의 목표와 목적들을 성취하기 위하여 자신들이 이미 가지고 있거나 접근 가능한 자원들에 대한 인식을 하도록 한다.
· 그들이 원하는 것에 관하여 스스로 반성, 숙고하여 의식적인 결정을 하고, 의사결정을 하기 전에 여러 가지 선택의 강점과 약점을 분석할 수 있도록 한다.

또한 남북 주민들이 서로를 '인정' 해 줄 수 있도록 하기 위해서 사회복지사는 다음과 같은 방안을 마련한다.

· 그들의 어려운 상태에 대한 전반적 관심으로부터 상대의 상황을 고려한다.
· 서로의 다름을 긍정적 관점에서 볼 수 있도록 마음을 개방하기 위하여 자신의 관점에 대해서는 의식적으로 생각하지 않는다.
· 상대방을 새롭게 이해하게 된 것을 솔직하게 인정한다.
· 상대에 대하여 지금까지 잘못된 행동이나 상대에 대하여 나쁘게 생각해온 부분에 대하여 사과한다.
· 상대방의 이해를 수용하기 위하여 자신의 행동을 변화시킨다.
· 결론적으로 사회복지사는 역량강화를 위하여 타협기술을 가르칠 수 있다.
· 자문 역할로서 남북 주민들이 서로 상대의 시각에 대한 인정을 할 수 있도록 돕기 위하여 남북 문화에 대한 해석자로서의 역할

도 할 수 있다.

② 중재

'중재'는 논쟁 상대들이 중재자라고 불리는 중립적인 제3자의 도움으로 논쟁을 해결하기 위하여 직접 대면하는 문제해결 과정이다(Crawford & Bodine, 1996: 10). 중재는 특히 새로 온 이민자와 난민 지역사회의 갈등을 해결하는 데에 중요하다. 중재는 역사적으로 많은 문화권에 존재해왔기 때문에 문화적으로 조화로운 접근법이다(Barsky, 2000).

일반적으로 서로 다른 인종 간 갈등 상황에 비추어 볼 때, 사회복지사는 중재자로 활동하거나, 지역사회성원들이 자발적 중재자가 되도록 훈련해야 한다. 사회복지사가 스스로 중재자가 될 때 가장 어려운 점은 중립적인 입장을 취해야 한다는 것이다. 왜냐하면 그들은 억압받는 사람들의 변호자로서의 입장에 익숙해있기 때문이다(Barsky, 2000). 따라서 중재에는 이민이나 난민 클라이언트의 이해관계에 초점을 두던 것으로부터 논쟁하고 있는 모두의 이해관계에 초점을 두는 쪽으로 재오리엔테이션 되어야 한다. 최선의 중재를 위해서 몇 가지 사항들이 고려되어야 한다(Potocky-Tripodi, 2002: 467~471)

첫째, 중재하기에 적절한 이슈인지 확인한다. 또 당사자들의 허락을 받고 의사결정에 영향을 줄 수 있는 법조인이나 다른 사람들과 이야기 나눈다. 중재에 참여할 사람에 관하여 합의를 한다.

둘째, 중재에 대한 오리엔테이션을 한다. 중재과정을 설명한다. 의사결정에 있어서의 상대의 책임을 강조한다. 과정에 영향을 주는 문화적 요인, 가치, 선호하는 갈등처리 방법 등을 파악한다.

셋째, 이슈를 정의한다. 구체적으로 각자 자신의 관심사를 확인하고 감정을 토로할 기회를 준다. 각자의 핵심 이해관계를 확인한다. 각자의 정체감과 역할을 인정한다. 어느 편을 들지 않는다. 기본적인 관심사를 분석한다.

넷째, 이해관계와 욕구를 탐색한다. 즉, 자신의 이슈를 둘러싼 감정을 파악하도록 한다. 갈등 이슈를 둘러싸고 상대의 감정에 대한 지각을 확인하도록 한다. 저변의 이해관계와 욕구를 탐색하는 것을 돕는다. 정보를 공유하도록 한다. 클라이언트를 위한 안전한 환경을 유지한다.

다섯째, 타협과 문제 해결이다. 합의할 목적이나 목표를 분명하게 하고, 객관적인 기준을 개발하도록 돕는다. 성급하게 해결하지 않는다. 논쟁 중인 이슈들을 좁힌다.

여섯째, 합의에 이른다. 각 편의 역할과 의무를 명백히 한다. 어느 편이던 의구심이 표현되면 자세히 탐색한다. 각 편의 노력과 결정을 강화한다. 사후지도를 위하여 시간과 장소를 조정한다.

일곱째, 사후지도를 한다. 각 편과 연락하여 피드백을 끌어낸다. 일정 간격으로 중재 점검을 한다. 긍정적 결과를 강화하고 추가 서비스를 제공한다.

남북한 주민 간 갈등을 구체적으로 중재하는 데에 있어서 효과적인 전략들로서 다음과 같은 것들이 있다. 즉, 남북의 각 문화가 무엇을 갈등으로 생각하는지, 갈등에 어떻게 접근되어야 하며, 어떤 과정이 개입에 가장 적절하고 해결책을 구성하는지 파악한다. 서로를 이해하고 상호존중을 위한 수단으로 대화를 강조한다. 서로 다른 문화적 신념, 가치, 일을 하는 방법을 인정한다. 왜냐하면 많은 갈등은 옳고 그른 것이 아니기 때문이다. 오히려 갈등은 다양성의 일부라는 것을 강조한다. 이해관계와 가치를 분리한다. 즉, 가치들 간의 갈등을 이해하도록 돕고, 중재의 문제해결 요소를 이해관계를 만족시키는 데에 초점을 둔다. 또 각 편이 서로에 대하여 더 잘 이해할 수 있도록 돕기 위하여 문화적 해석자를 활용한다.

14 거시적 차원의 개입기술과 전략[1]

거시적 차원의 개입 방법으로 지역사회 욕구사정, 정책과 프로그램 옹호, 지역사회자문과 정책, 프로그램계획, 지역사회 교육 등이 있다. 거시적 접근법은 이주난민들의 해당 서비스에 대한 접근성을 높이고 지역사회 교육을 통하여 문제점들을 예방하는 데에 목적이 있다.

1. 의료 분야

북한이탈주민들도 이주난민집단들의 경우와 마찬가지로 건강상

1 Potocky, M., 2002: 183~478.

태가 취약한 상태에 있다(윤여상 외, 2005; 윤인진 외, 2006; 윤인진, 2007). 따라서 사회복지사들은 북한이탈주민들의 건강상태와 보건 욕구를 파악해야 한다. 이들에게 있어서 건강관련 문제는 보건 시스템에 대한 접근성 문제, 건강상태, 건강에 대한 생각과 실행, 심리사회적 이슈와 특별한 건강 이슈를 가지고 있는 사람들과 관련된 것이다. 보건시스템에 대한 접근성이란 최상의 건강 상태를 위하여 개인적인 보건 서비스를 시기적절하게 사용하는 것을 의미하므로, 반대로 접근성이 떨어진다는 것은 예방적이고 치료적인 서비스를 사용하지 못하거나 지연되는 것을 의미한다고 볼 수 있다. 이민자들은 공중보건 프로그램을 사용할 수 있는 것보다 훨씬 실제 사용률이 현저히 떨어진다고 한다(National Immigration Law Center, 1999). 정확한 연구 결과나 통계는 없으나 현재 남한사회로 이주한 북한이탈주민들의 경우도 전반적으로 이주난민들과 비슷한 상황에 있을 것으로 추측된다.

보건 시스템에 대한 접근도가 낮은 것은 개인적 측면뿐만 아니라, 사회 전반에도 영향을 미친다. 북한이탈주민들이 건강하면 그들의 취업도 좀 더 빠른 시기에 가능해질 것이고 일상생활의 독립이나 지역사회로의 성공적인 통합도 그만큼 수월해질 것이다. 실제로 북한이탈주민들이 일(취업)하는 데 어려움을 느끼는 이유 중 가장 중요한 요인은 건강 때문이라고 한다(윤여상 외, 2005; 윤인진 외, 2006; 윤인진, 2007).

북한이탈주민들의 의료 관련된 부분에서 사회복지사가 자신의 역할을 효율적으로 수행하기 위해서는 그들의 사회적, 문화적, 경제적 여건과 상황에 대한 기본적인 이해와 함께 종합적으로 보는 것이 타당하므로 사회적 지지와 상담 서비스 등과 함께 진행되는 것이 가장 바람직하다. 구체적으로 다른 분야의 전문직들과 협력하여 복합적인 문제를 해결하는 것이 효과적일 것이다. 보건 분야에서의 사회복지는 거시적, 중간, 미시적 수준에서 광범위한 역할 및 기능과 과제들이 수반된다. 이 장에서 살펴볼 거시적 개입의 측면과 관련된 이슈는 앞서 언급된 보건시스템에의 접근성과 건강상태의 차이 등의 이슈로서 여기에는 지역사회 욕구사정, 정책과 프로그램 옹호, 지역사회 자문과 정책과 프로그램 계획과 지역사회 건강 교육 등이 포함된다.

1) 지역사회 욕구사정

거시적 실천의 첫 단계로서 사회복지사는 지역사회의 북한이탈주민들에게 영향을 주는 특정 보건시스템으로의 접근성 문제와 그들의 건강 상태를 확인할 필요가 있다. 지역사회의 욕구는 구체적으로 다음의 질문들을 통해 사정한다.

· 지역사회 내의 북한이탈주민들에게 많은 건강문제는 무엇인가.
· 그들이 가지고 있는 문제 해결을 위하여 지역사회에서 활용할 수 있는 건강보호자원은 어떤 것들이 있는가.
· 부족한 서비스와 중복되는 서비스는 어떤 것들이 있는가.
· 그들은 어느 정도 건강보호서비스를 활용하는가.
· 건강보호서비스를 활용하는 데에 장애가 되는 것은 무엇인가.

2) 정책과 프로그램 옹호

지역사회에서 북한이탈주민의 건강보호 욕구를 확인한 후 개입을 계획하고 실행한다. 이때 중요한 거시적 개입은 정책을 변화시키고, 이들의 건강보호 욕구에 더 잘 부응하기 위한 프로그램을 변경 혹은 개발하기 위하여 정책과 프로그램을 옹호하는 것이다.

3) 지역사회 자문 및 정책과 프로그램 계획

옹호에 덧붙여 사회복지사는 지역사회에 거주하는 북한이탈주민들의 건강과 건강 보호 욕구를 해결하기 위한 서비스를 개발하기 위하여 정책과 프로그램 계획에 참여하고 또 지역사회 성원들을 자문하도록 한다. 지역사회 수준의 정책과 프로그램 계획에서는 예방, 선별, 치료와 지지프로그램들을 다루어야 한다.

특히 지역사회의 서로 다른 분야, 즉 북한이탈주민 공동체 리더, 의료인, 공사 의료기관, 지역사회조직, 종교기관, 지역사회 고용주와 노동조직, 매스컴, 교육기관들 간의 협력을 통하여 서비스 효율성을 높일 수 있다. 구체적으로 전략적 계획 활성화, 비용과 노력의 중복을 방지하도록 돕기, 부족한 자원들을 최대화하기, 다양한 관점들을 통합함으로써 지역사회를 잘 이해하고 또 가치를 이해하기(지역사회와 가치를 이해하기), 클라이언트의 욕구에 따라 포괄적 서비스를 제공하기, 건강서비스에 대한 접근성 높이기, 기관들 간의 의사소통 개선하기, 정부조직으로부터 서비스를 찾으려는 생각이 없는 클라이언트를 위하여 연계 제공하기 등이다.

4) 지역사회 건강 교육

지역사회 수준의 건강 교육은 지역사회 주민들의 건강에 부정적 영향을 미치는 요인들을 변화시키고 건강행위 증진을 통한 건강 상태 개선에 목적이 있다(Centers for Disease Control, 1995). 지역사회 수준의 개입은 개인 측면에서보다는 전체 집단을 대상으로 하며, 지역사회 수준의 교육 프로그램은 북한이탈주민 등 특정집단에게서 높은 위험률을 보이는 건강 문제가 있는지 파악하고 있다면 그런 문제에 대한 인식을 높이고, 사용가능한 건강 보호 자원들과 그것들을 이용하는 데에 필요한 절차들에 대한 인식을 높인다. 또 예방과 선별, 치료서비스에 대한 인식과 활용도를 높이고, 담배와 알코올 사용, 안전한 성 행위 등 건강 관련된 행위를 수정하는 것 등이다.

지역사회 교육 개입 혹은 대중 정보 프로그램은 인쇄물과 방송 매체로 이루어질 수도 있고 교육자료, 핫라인과 특별 행사 등을 통하여 할 수도 있다. 이러한 것들을 통하여 인식을 높이고 지식을 증가시킴으로써 잘못된 개념을 없애고 사회적 분위기에 영향을 미친다.

2. 정신건강 분야

이주는 정신 질환을 가져올 수 있는 위기상황이다. 북한이탈주민들이 한국사회로 유입되어 지역사회에 거주하게 되기까지, 즉 이주 전(前) 과정과 출발, 이행기와 재정착 단계 동안 경험한 특이한 스트레스 요인들에 의하여 정신건강 문제를 야기할 위험에 처하게 된다. 일반적으로 이주 및 난민자들에게 가장 흔한 정신건강 문제는 애도, 고립과 외로움, 자존감 저하, 우울, 불안, 신체화 증세, 파라노이드, 죄의식, 외상 후 긴장 장애와 약물 중독 등이다.

이들의 정신건강 관련 문제에 대한 거시적 개입 역시 다른 분야에 대한 거시적 개입의 목적과 같이 정신건강 서비스에 북한이탈주민들이 쉽게 접근할 수 있도록 하고, 지역사회 교육을 통하여 정신건강 문제들을 예방하는 데에 초점이 있다. 예방을 위해서는, 다른 이민자, 난민자들과 마찬가지로 북한이탈주민들의 이주 과정의 각 단계

동안 있을 수 있는 위험 요인들을 감소시키는 데에 초점을 두는 것이 대단히 중요하다. 따라서 '이주 전(前) 단계'와 '출발 단계'에서의 정신건강문제의 위험률을 낮추기 위하여 사회복지사들은 해당 정부가 인권을 존중하도록 국제적 수준에서 압력을 가하는 옹호와 운동을 벌인다(Barclay, 1998). '이행기'에는 여러 서비스가 난민캠프에 제공되어서 생활여건을 개선하고, 재적응단계의 스트레스들에 대한 준비를 할 수 있도록 한다(Williams & Berry, 1991). 그러나 대부분의 우리 사회복지사들은 현실적으로 북한이탈주민들이 한국사회에 들어와 정착하는 동안 만날 수밖에 없는 상황에 있다. 따라서 한국사회에 정착하는 동안에 정신건강 문제에 관한 거시적인 예방 개입이 현실적으로 가능하다. 구체적으로 복지관 등 북한이탈주민 정착지원 기관에 대한 재정 지원 개선, 서로 다른 정치 · 경제, 사회 · 문화 이해와 관용을 증진시키기 위한 학교 교육과정 개발, 남북한 주민이 사회에 함께 거주함으로써 갖게 되는 장점에 대한 인정과 수용을 위한 대중 교육, 북한이탈주민들이 직면하는 편견 등 어려움에 대한 남한 주민들의 인식 증가, 북한이탈주민들의 정신건강 문제 관련 연구 및 교육 센터 건립 등이 거시적 예방 개입의 예들이다.

3. 가족관계 분야

이주는 개인의 역할 체계상의 완벽한 해체가 가장 분명하게 드러나는 경우 중 하나이다(BarYosef, 1980: 20). 이주 과정의 스트레스 요인은 전형적으로 가족역할, 가족 역동성의 변화 그리고 가족원들이 서로 관계하는 방식의 변화를 가져온다. 이러한 역할변화는 가족원들에게 또 다른 스트레스를 가져온다. 가족들의 스트레스에 대한 반응은 가족의 대응자원과 보호요인들에 의하여 영향을 받는다. 가족이 아주 적응적이어서 힘의 구조, 역할관계, 관계규칙을 상황에 따라 잘 바꿀 수 있다거나 혹은 지지 자원이 지역에 충분하다면 가족기능에 균형을 다시 형성할 수 있게 된다(Tripodi, 2002: 310). 부부관계와 세대 간 갈등이 많으며 심각할 경우 그러한 갈등은 가정폭력을 가져온다. 실제로, 북한이탈주민 가족의 경우 정확한 통계 결과는 없지만, 실무자들의 경험에 의하면 가정 폭력 사례들이 적지 않게 발생되고 있다고 한다.

거시적 개입방법으로서 북한이탈주민들의 서비스에 대한 접근성을 높이고 문제를 예방하기 위하여 이들 가족의 욕구를 지원하기 위한 정책과 프로그램을 개발한다. 예를 들어 미국의 ORR^the federal Office of Refugee Resettlement^은 지역사회와 가족강화 및 통합을 위한 프로그램을 개발시켜왔다(ORR, 2000a). 이 프로그램은 난민 가족, 특히 여성과 청소년, 노인들이 직면하는 문제들을 확인하기 위하여 개발되었으며, 서비스제공자와 지역사회 구성원들이 함께 기존서비스가 난민들에게 어떻게 도움이 되는지, 추가되어야 할 활동들은 어떻게 재원조성이 되어야 하는지에 대한 지역계획과정을 증진시키는 데에 목적이 있다. 따라서 서비스제공자, 지역사회리더, 자원봉사기관, 교회와 공공조직들과 민간조직들 간의 협력을 강화하고자 노력하고 있다. 이 프로그램 범위 내의 다양한 가족강화 활동들 중 북한이탈주민들에게 적용할 수 있는 것으로 다음과 같은 것들이 있다.

· 홍보를 통한 가족지원 서비스기관에 대한 접근성 강화
· 아동학대방지법, 가정폭력방지법 등 우리나라 가족 관련 법률에 관한 정보 제공
· 한국가족구조, 남녀역할, 이혼사례, 성추행과 폭력 등과 관련된

지역사회 욕구사정, 정책과 프로그램 옹호, 기관 간 협력, 지역사회 교육 등

이와 같은 전략을 통하여 관련 정책과 프로그램을 지속적으로 개발하고, 지원 프로그램을 위한 안정된 재원을 위해서도 노력하여야 한다.

4. 교육지원 분야

교육적 성취와 경제적 안정은 밀접하게 연관되어 있다. 특히 최근에 와서는 북한이탈주민들의 경우 경제적 안정 혹은 더 나은 교육과 삶을 위하여 한국사회로 오는 경우가 많아지고 있어 북한이탈주민들에게도 교육은 대단히 중요한 관심사임을 알 수 있다. 따라서 사회복지사들도 교육지원에 대한 특별한 관심이 역시 필요하다.

성인들의 교육 성취를 높이기 위해서 사회복지사가 할 수 있는 거시적 수준의 개입은 북한이탈주민 학생들의 교육적 향상을 위하여 전반적 지원을 위한 옹호를 하는 것이다. 예를 들면 교육비에 대한 세금 감면, 성인교육기관에의 탁아 프로그램 설치 등이다.

교육과학기술부도 2006년부터 북한이탈주민 학생들이 많은 학교의 교사들을 교육보호담당관으로 임명하여 북한에서 온 학생들의 학교생활에 대한 특별한 관심을 갖도록 하고 있다. 학교사회복지사들은 학업성취도를 높이고, 그들 아동과 청소년들의 전체적 상태를 개선할 수 있도록 학교와 가정, 지역사회를 연계하는 역할을 하는 것이 중요하다. 또 학교 사회복지사는 교사, 행정가, 상담가, 간호사와 부모들을 포함한 팀을 구축하고, 이들로부터 나오는 정보들을 통합

하여 심리사회적 사정, 상담, 자문과 서비스 조정을 통하여 학생의 학업, 사회적, 정서적, 행동상의 적응적 기능을 할 수 있도록 돕는 역할을 하게 된다. 거시적으로는 국가, 지역의 의사결정조직체 수준에서 관여를 할 수 있다. 학교 사회복지사는 이러한 것들을 위하여 관련 단체 대표들과 협조하고 이들 아동을 위한 특별프로그램의 재정을 제공해주는 정부정책과 학교 진학 관련 법규를 잘 알고 있어야 한다. 학교정책과 절차들이 법률적으로 어긋나지 않도록 확실히 하기 위하여 교육팀 성원들과 함께 일해야 한다.

런던(London, 1990)이 제시한 학업성취도를 향상시키는 많은 활동들에 비추어 볼 때 북한이탈주민들에 대한 교육 지원의 경우도 다음과 같은 방안들이 마련될 수 있다.

구체적으로 학교관리자들에게도 북한이탈주민 학생들의 교육에 대한 권리들과 책임을 알리는 것이 필요하다. 2006년부터 교육과학기술부는 북한이탈주민들이 거주하는 지역의 공립학교나 대안학교 등을 대상으로 프로그램 지원을 하고는 있으나 절대적으로 이들 학교는 재정적 어려움을 경험하고 있는 실정에 있다. 따라서 단발적이고 일시적인 지원이 아닌 지속적이고 장기적 관점에서 일반 다른 학교에 비해 더 많은 재정지원을 할 수 있어야 한다. 현재 서울의 경우 서울시 교육청 주관 하에 북한이탈주민 학생들이 다니는 학교의 교사 교육을 통하여 북한이탈주민 학생들의 학교생활지도를 지원하고는 있으나, 북한이탈주민 학생들이 밀집되어있는 지역은 오히려 지방자치단체에서 자체적으로 교사 교육을 집중적으로 시행하여 북한이탈주민 학생들에 대한 교육적 지원을 강화할 필요가 있다. 무엇보다 지역사회에서는 부모들에게 학교에 대한 포괄적인 정보를 제공하여야 하고, 인쇄물이나 전자매체, TV 등을 통하여, 혹은 지역을 기반으로 한 자조집단과 재정착기관을 통하여 관련 정보를 제공할 수도 있다. 교육청과 지역학교에서는 북한이탈주민 학생들에 대한 평가를 시행하여 학생들의 진전도를 파악하고, 북한이탈주민 학생과 그 부모를 직접 대하는 사무직들에게도 그들과 그 가족들의 법적 권리와 책임을 알리고 북한이탈주민 학생들에 대한 민감성을 갖추도록 도와야 한다. 해당 지역에서는 점차로 북한이탈주민 학생과 가족을 이해할 수 있는 교과과정을 보완 및 수정하는 작업도 필요하다. 즉, 모든 한국 학생들이 북한 문화와 북한이탈주민들에 대하여 이해할 수 있도록, 학교 내의 행정직과 교사들이 그들에 대하여 이해하고 존중심을 가질 수 있도록 하는 등의 조치도 필요하며, 이러한 노력들은 궁극적으로 북한이탈주민 학생들의 학교에서의 성취 향상과 연결될 수 있을 것이다.

5. 경제 분야

일반적으로 이민자나 난민들의 경제적 안정에 영향을 주는 요인들로 인적자본, 가족구성, 사회자본(재정자본)과 그들을 받아들이는 나라의 지역사회 상황 등이 언급된다(Tripodi, 2002: 403).

1) 인적자본

인적자본은 경제적 안녕에 가장 중요한 요인으로서 경제적 안녕을 위한 가장 효과적인 방법이다. 인적자본을 강화하는 것은 언어와 교육적 성취를 강화하는 것을 의미한다.

그밖에 인적자본 강화를 위하여 널리 사용되는 전략은 직업을 찾는 기술, 직업획득 기술, 직업유지 기술을 강화하는 개입(Westwood &

Ishiyama, 1991) 등이 있다. 현재 북한이탈주민들에게는 일정 기간 동안 무료로 직업 교육이 시행되고 있다. 한 예로, 직업탐색을 위하여 이력서 준비, 기술 발표, 지원양식작성, 고용주 접촉기술, 면접기술 등에 대한 지원을 할 수 있다. 이들은 직업을 얻기도 힘들지만 취업 이후에도 직장을 지속하는 데에 많은 어려움을 경험하고 있다. 따라서 북한이탈주민들이 직장에서 일하고 있는 상황을 모니터링하는 과정을 통하여 상세한 안내와 지도를 해주는 시스템이 필요하다. 특히 여성의 경우에는 탁아지원 등 자녀 양육과 건강 문제가 많이 거론된다. 남성의 경우도 직장 동료들이나 상사들과의 갈등 관리, 한국사회의 관습 등을 잘 알지 못함으로써 야기되는 직장에서의 습관과 행동 등에 대한 세심한 관찰과 지도가 멘토링 시스템을 통하여 이루어지는 것이 바람직하다. 창업 지원을 위해서는 자격증 취득, 현실가능성 탐색, 사업계획서 작성과 회계장부 기입 등에 대한 지도가 필요하며, 직업상담, 기존 사업연합체와의 민관 협력 관계를 통하여 네트워킹과 멘토링을 활성화할 수 있다.

2) 가족구성

가족구성원 관련하여 사회복지사가 할 수 있는 일은 없으나 어린 아동이 있는 가정의 경우 탁아서비스를 지원함으로써 부모가 일할 수 있게 도울 수 있다. 어린 자녀를 보호하는 문제와 관련하여 사회복지사는 자녀양육에 대한 지인과 세제지원이 가능한 방법들에 대한 파악과 정보제공이 필요하다.

3) 사회자본

사회자본은 직업탐색과 다른 경제적 정보를 위하여 이들의 공동체 내에서의 지지, 네트워크를 강화하는 것을 말한다. 그러한 네트워킹은 직업탐색과정에서 점점 중요해진다. 이미 한국사회에서 적응하고 있는 북한이탈주민들이 최근 한국사회로 온 북한이탈주민들을 지원해주도록 하는 방안이나 직업탐색활동 훈련 프로그램과 소집단 상호작용 프로그램을 혼합한 직업탐색지원 프로그램이 유용하다.

4) 지역사회 상황

북한이탈주민들을 받아들이는 지역사회 상황을 강화하는 것은 대단히 중요하되 지금까지 다른 영역보다 사회복지 분야에서 별로 관심을 기울이지 못한 부분이다.

특히 전체 사회와 기관, 주로 고용주에 대한 개입에 초점을 두고 보았을 때, 지역사회 경제개발과 계획을 위하여, 경기침체와 사회적 불안정을 감소하기 위하여 다양한 경제적 기반 안에서 직업을 창출하는 데에 목적을 둔 노력이 필요하다. 경제개발은 교육, 훈련 프로그램과 사회서비스를 지역 노동시장과 통합시킨, 좀 더 개선된 지역사회 계획에 의하여 지원되어야 한다(Burke, 1998).

또한 직업 개발 노력으로는 잠정적 고용주와의 접촉을 비롯하여 노동시장에 대한 폭넓은 정보 제공 및 고용주와의 밀접한 관계 유지, 고용주와의 정기적 만남으로 적절한 직장과 북한이탈주민들을 연결시키는 노력들을 할 수 있다. 또 사회복지사들은 전체 사회나 직장에서 북한이탈주민들에 대한 차별을 감소시키기 위한 방안들을 계획하여 실행할 수 있다.

6. 남북한 주민 통합 분야

처음 한국사회로 들어온 북한이탈주민들은 한국사회를 천국과 같다고 이야기 할 정도로 들떠있다. 그러나 시간이 지날수록 한국사회에 대하여 회의를 느끼고 한국사회로 온 것이 잘한 것인가에 대한 회의로 한국사회에서의 삶에 대한 만족도가 떨어진다. 여기에는 많은 이유가 있겠지만 무엇보다 한국사회에 대한 소속감 결여가 주요 원인이 되고 있다(전우택, 2002). 따라서 지역에서의 남북한 주민 통합은 통일 이후의 사회를 대비하는 선(先) 노력으로서 남북한 주민 통합의 성공 여부는 통일 이후의 한국사회를 예측할 수 있는 중요한 척도라고 볼 수 있다. 남북한 주민 통합을 위하여 정책 옹호뿐만 아니라, 지역사회 개발, 지역사회 교육 등의 방법도 중요한 역할을 한다.

1) 정책 옹호

남북한 주민 통합을 위하여 거시적으로는 북한이탈주민들을 동등하게 대우하고 조화로운 관계를 가질 수 있도록 지역 혹은 정부 수준의 정책 개발과 실행노력이 필요하다. 사회복지사들은 북한이탈주민들에게 적절한 자원들에 대하여 알려주고 연계하여 자신들의 권익을 보장받을 수 있도록 한다. 또 북한이탈주민들과 기존의 한국사회 주민들 사이에 긍정적 관계를 형성하기 위하여 지역사회 정책 결정과 실행에 북한이탈주민들을 포함시키고 참여하는 방안을 모색할 필요가 있다. 단순히 남북의 차이들만을 조정하려고 하는 것으로는 충분하지 않고 주택, 교육 등 공통된 지역사회 관심사를 함께 다루는 방안을 강구하는 것도 바람직하다.

2) 지역사회 개발

지역사회 개발은 시민들과 조직을 함께 연결하여 지역사회를 개선하고 공통된 관심을 다루도록 하는 데에 목적이 있다. 그리고 기관들과 지역사회집단들 사이에 합의를 도출하기 위하여 지역사회통합, 참여, 협력, 공조에 초점을 둔다. 이때 사회복지사들은 공통목표 달성을 위하여 다양한 조직과 시민집단을 돕는 매체로서의 역할을 한다.

Bach(1993)에 의하면, 지역사회 개발의 노력은 합의된 구체적인 과제들을 추구하기 위하여 참여, 구성원, 기회 그리고 이웃에 조직을 구축하는 데에 초점을 두어야 한다. 그리고 그러한 노력들은 구체적인 목표들을 가져야하고, 참여자들과 이야기 하는 과정에서 상당한 시간을 투자하여 그들을 결집시키고 그들에게 정보를 주어야 하며, 다양한 집단의 사람들을 대표하는 조직을 대신하는 것이 아니라 보완하여야 한다(National Immigration Forum, 1995).

이와 같은 남북한 주민 통합 사업은 최근 서울의 경우 가양7복지관, 방화6복지관, 공릉복지관, 한빛복지관 등을 비롯하여 강서열린 시민사회 등 NGO 단체에서도 활발하게 진행하고 있다.

3) 지역사회 교육

지역사회 교육도 한 방법이다. 구체적으로 편견과 차별로 인한 해로운 영향이 어떠한 것들이 있는지 등을 이해하도록 하고, 북한이탈주민들에 대한 편견, 차별을 없애는 일반인 상대의 정보제공캠페인을 하는 등의 방법으로 남한 사람들의 태도나 행동을 변화시킨다. 영화, 연극, 노래, 텔레비전 프로그램, 지역방송과 신문을 이용하는 것도 좋은 방법이다. 남한 주민들에게는 북한이탈주민들에 대하여 더 잘 알 수 있는 효과적인 정보를 제공하되, 특히 북한이탈주민들에 대한 긍정적 상호활동이 탐색되고 보고되도록 함으로써 남한 주민들의 북한이탈주민들에 대한 인식이 개선될 수 있도록 하여야 한다. 또 특별행사와 공적 페스티벌을 통하여 지역사회 안에서 북한이탈주민들에 대한 좀 더 관용적인 분위기를 만들어낼 수 있다. 특히 행사를 계획하는 데에 있어서 남한 주민과 북한이탈주민이 함께 대면하여 직접적인 교류를 통한 협력을 이룬다면, 행사는 더욱 효과적일 것이다. 학교도 남북한 전체 가족을 포함한 모임을 실시함으로써 상호 이해와 협조를 위한 기회를 제공할 수 있다.

□ IV부 참고문헌 □

12장 참고문헌

김연희 · 김창오 · 안나영 · 유시은(2005), 『새터민을 위한 정신건강 증진 프로그램 가이드북』, 아름다운 생명.
전재일 · 이성희(2002), 『사회복지실천기술론』, 형설출판사.
정순둘(2005), 『사례관리실천의 이해: 한국적 경험』, 학지사.
허남순 · 한인영 · 김기환 · 김용석 역(2004), 『사회복지실천 이론과 기술』. Hepworth, Rooney & Larsen(1997), Direct social work practice theory and skills, 5th ed.
Holt, B.(2000), The practice of generalist case management, Needham Heights: Allyn & Bacon.
Kinzie, J. D. & Fleck, J.(1987), "Psychotherapy with severely traumatized refugees", American Journal of Psychotherapy.
Rothman, J. & Sager, J.(eds)(1998), Case management: integrating individual and community practice, Boston: Allyn & Bacon.
Winston, A., Pinsker, H. & McCullough, L.(1986), A review of supportive psychotherapy, Hospital and Community Psychiatry.
World Health Organization(1996), Mental health of refugees, WHO in collaboration with the Office of the United Nations High Commissioner for Refugees.

13장~14장 참고문헌

Barsky, Q. E.(2000), Conflict resolution for the helping professions, Belmont, CA: Wadsworth.
Crawford, D. & Bodine, R.(1996), Conflict resolution education: A guide to implementing programs in schools, youth-serving organizations, and community juvenile justice settings, Washington, DC: Department of Justice.
Potocky-Tripodi, M.(2002), Best Practices For Social Work With Refugees and Immigrants, Columbia University Press New York.

V

북한이탈주민 실습 사례

V부는 북한이탈주민 정착지원 서비스를 제공하는 기관들을 알아보고, 각 기관들이 가진 특성이 반영된 북한이탈주민 정착지원 서비스에 대한 사회복지 전공생들의 실습지도 내용을 살펴보고자 한다.

현재 사회복지기관, 종교기관, 시민단체 등 64개의 다양한 유형의 민간단체들이 북한이탈주민 정착지원 서비스를 제공하고 있다. 여기에서는 북한이탈주민 정착지원 서비스를 제공하는 기관을 크게 2개로 구분하고자 한다. 첫째는 북한이탈주민이 정착하는 지역사회에서 사회복지실천방법론을 적용한 정착지원 서비스를 제공하고 있는 지역사회복지관이며, 둘째는 북한이탈주민의 정착에 필요한 다양한 영역 중 특정 영역(청소년대안교육, 북한인권, 북한 인권침해에 따른 정신건강)에서 사회복지 전공생들을 대상으로 실습지도가 진행되고 있는 기관이다. 이러한 2가지 유형을 중심으로 북한이탈주민 지원 사회복지실습의 구체적인 사례를 살펴보고자 한다.

15 지역사회복지관의 북한이탈주민 실습

1. 북한이탈주민 실습 기관에 대한 이해 : 지역사회복지관

1) 기관 현황

지역사회복지관은 북한이탈주민이 최종 정착하는 거주지인 지역사회 안에서 정착의 전반적인 영역을 지원하는 대표적인 정착지원 서비스 기관이다. 지역사회복지관에서는 사회복지사들이 여러 자원봉사자들과 함께 대상자들의 특성과 욕구와 문제에 따라 서비스를 제공할 뿐만 아니라, 북한이탈주민이 새로운 지역과 환경 안에서 지역주민들과 융화되고 통합되도록 지역사회를 대상으로 인식개선과 옹호활동을 실시하고 있으며, 북한이탈주민 당사자들이 자신의 문

〈표 15-1〉 북한이탈주민 정착지원 사업 실시 기관 현황

기관유형	기관의 사업내용	기관명
정착지원센터 설치기관	· 신규 정착자의 정착지원 사업(정착도우미사업) · 사례관리 서비스 (요보호사례 및 초기정착사례) - 경제적 지원, 의료서비스 포함 · 정신건강 지원과 심리상담 서비스 · 아동 · 청소년 학습지도 및 사회적응 지도 · 사회적응 프로그램 · 진로 및 취업지원 사업 · 지역주민 인식개선 사업과 통합지원 사업 · 북한이주민 조직화사업	공릉복지관, 한빛복지관, 가양7복지관, 방화6복지관 (이상 모두 서울지역)
단위사업 진행 기관	· 사례관리 서비스(요보호사례 및 초기정착사례) · 아동 · 청소년 학습지도 및 사회적응 지도 · 사회적응을 위한 문화체험 및 적응 지원사업 · 지역주민 인식개선 사업과 통합지원 사업 * 위의 프로그램들 중 기관의 여건에 따라 선별적으로 진행하고 있음.	전국 25개 기관

제를 주도적으로 해결하고 정착을 이끌어 낼 수 있는 중심 집단이 될 수 있도록 역량강화를 위한 다양한 영역의 정착지원 프로그램을 운영하고 있다.

지역사회복지관은 1990년대 자조조직을 지원하는 형태로 사업이 시작된 이래, 2000년도에 사회복지공동모금회의 지원 사업에 의해서 전국의 3개 기관에서 '북한이탈주민 지원 사업' 이라는 용어로 사업이 시작되었으며 2000년도 초반부터 현재에 이르기까지 급격히 증가하는 북한이탈주민이 지역사회에 편입되어 정착하는 과정에서 직접서비스를 제공하고 있다. 현재는 전국에 30여개 영구임대 아파트 내에 위치한 지역사회복지관에서 본 사업을 수행하고 있으며 이들 기관 중 북한이탈주민 고밀집지역인 서울시의 강서구, 노원구, 양천구 지역의 복지관에서는 '새터민정착지원센터' 를 부설 기관으로 설치하여 전담인력을 확보하여 정착초기단계에서부터 정착안정화 단

〈표 15-2〉 북한이탈주민 정착지원 사업 실시 기관 현황: 지역별 현황

지역구분	기관명
서울지역	공릉 · 한빛 · 가양7 · 방화6복지관
	태화 · 화원 · 신월 · 평화 복지관
경기 · 인천지역	인천지역: 삼산 · 만수 · 갈산복지관
	경기지역: 부천 덕유복지관, 안산 군자복지관, 성남 한솔 · 청솔복지관, 일산 우림복지재단
충청지역	대전지역: 생명 · 법동 · 월평복지관
	충청지역: 쌍용복지관
전라지역	광주지역: 광주복지관, 목포복지관
강원지역	원주 명륜복지관
경상지역	부산 · 대구지역: 부산 몰운대 · 학장 · 개금복지관
	경상지역: 울산 화정복지관

계까지 지원하고 있으며, 각 지역에서는 거주하는 북한이주민의 인원 수와 각 기관의 여건에 따라서 정착지원 서비스를 제공하고 있다.

2) 기관의 특징[1]

(1) 실시 배경

새터민[2]의 정착지원사업을 실시하는 사회복지기관으로 대표적으로 꼽을 수 있는 곳은 지역사회복지관이다. 지역사회복지관에서 새터민 정착지원 사업을 실시하게 된 배경은 지역사회복지관의 설치

1 이 장에서 다루는 '기관의 특징'은 2007년 5월에 진행된 '새터민 1만 명 시대, 지난 7년과 앞으로의 7년'이라는 주제로 북한이탈주민연구 학회에서 발표한 김선화의 「새터민 정착지원을 위한 사회복지 프로그램의 현황과 평가」를 중심으로 수록하였다.

2 이 책에서는 '북한이탈주민'이라는 용어를 주된 용어로 사용하고 있으나, 김선화의 발표 내용을 중심으로 수록하고 있기에 원문에서 사용한 용어를 그대로 사용하고자 한다.

조건 및 그 기능과 밀접한 관계를 가지고 있다.

지역사회복지관은 지역사회 내에서 일정한 시설과 전문 인력을 갖추고 지역사회의 인적 · 물적 자원을 동원하여 지역사회 문제를 해결하고 주민의 복지욕구를 충족시키기 위한 종합적인 사회복지사업을 수행하는 사회복지시설[3]이다. 또한 지역사회복지관은 사회복지사업에 의해 설치된 정부의 민간위탁 기관으로서 지역사회에 거주하고 있는 주민과 그들이 가진 문제에 대해서 가장 민감하게 반응하는 대표적인 기관이라 할 수 있다. 2000년대 이후, 이러한 지역사회복지관이 설치된 지역에 새로운 주민계층인 새터민의 증가는 지역사회복지관의 프로그램에 새로운 변화를 이끌어 냈다.

지역사회복지관에서 새터민 지원 사업을 실시하게 된 배경은 살펴보면 다음과 같다.

· 첫째, 대부분의 새터민들의 거주지역이 복지관이 위치한 임대아파트 지역이기 때문에 지역적 접근성이 매우 높다.
· 둘째, 지역사회복지관은 지역 내 거주하는 주민들의 특성(대상별, 문제 유형별)과 그들의 욕구에 대응하여 전문 프로그램을 시행하는 기관이기 때문에 새터민이라는 새로운 대상층에 대해 민감하게 접근할 수 있었다.
· 셋째, 지역사회복지관은 새터민들의 사회적응과 정착에 필수적인 여러 요소들을 공급할 수 있는 다양한 사회복지 프로그램을 보유하고 있어 새터민에게 응용 적용하는 데 비교적 용이하였다.

이러한 지역사회복지관이 가진 특성들이 지역주민의 새로운 유형

3 「사회복지사업법」 제2조 제3호 "사회복지시설"이라 함은 사회복지사업을 행할 목적으로 설치된 시설을 말한다.

〈표 15-3〉 북한이탈주민 지원 지역사회복지관의 사업 운영규모

구분	내 용
인력규모	· 전담사회복지사 배치 - 전체 사업기관 중 50%(이중, 2~7명의 전담배치기관은 4개 기관) · 자원봉사자 - 정착도우미, 학습지원, 전문영역봉사 등 하루 평균 20~30명(주요 서비스 기관의 현황임)
사업시작 현황	· 2001년 3개 기관에서 사업을 시작 · 2004년 이후 지역 내 새터민 거주 비율이 높아지면서 사업수행기관 확대
프로그램 현황	· 기본(보편) 프로그램 - 사례관리 및 신규전입자 지원(정착도우미사업 외 생활지원) - 아동청소년학습지원 프로그램 - 사회적응 프로그램 · 선택(전문) 프로그램(지역별, 기관별) - 심리상담 및 정신건강지원 프로그램 - 진로취업 지원 사업 - 대상자별(노인,여성) 특성화사업 - 지역주민 인식개선 사업과 통합지원 사업 - 북한이주민 조직화사업
	* 기관별로 사업을 선별적으로 수행하고 있음. * 정착지원센터 설치 기관들은 분야별 사업을 모두 실시하고 있음.

인 북한이탈주민에 대해 타 민간영역보다 비교적 즉각적이고 효과적으로 대응할 수 있게 하였다.

(2) 조직(인력) 및 예산 현황

① 조직(인력) 규모

새터민 사업을 실시하는 지역복지관은 사업 시작 초반인 2000년대 초반에는 대체로 지역복지관의 일반 조직 내(가족복지과, 지역복지과, 재가복지과 등)에 1~2명의 담당자를 지정하여 다른 업무를 담당하는 팀원들의 지원을 받으면서 사업을 실시하였으나, 2006년도를 기점으로 하여 별도 조직을 구성(새터민정착지원팀 및 새터민정

〈표 15-4〉 새터민 지원 지역복지관의 예산 현황

<table>
<tr><th>구분</th><th>내 용</th><th>지원영역</th><th>지원형태</th></tr>
<tr><td rowspan="2">민간지원</td><td>사회복지공동모금회(기획사업 및 일반공모)
아산복지재단 & 삼성복지재단(공모사업)
아름다운재단</td><td rowspan="3">프로그램 수행에 필요한 직접 사업 경비</td><td rowspan="3">프로그램 공모</td></tr>
<tr><td>일반 후원금(개인 및 지역교회 및 기업체)</td></tr>
<tr><td>민간&정부</td><td>북한이탈주민후원회(정신건강사업, 아동청소년 공부방사업 및 기타 프로그램별 공모)</td></tr>
<tr><td rowspan="4">정부지원</td><td>지방자치단체(시 · 도청, 구청)의 자체 예산</td><td rowspan="4">영역별 위탁 사업에 대한 경비</td><td rowspan="4">지원</td></tr>
<tr><td>교육인적자원부: 새터민 청소년사업</td></tr>
<tr><td>통일부: 북한이탈주민지원지역협의회(일부)</td></tr>
<tr><td>정착도우미사업</td></tr>
<tr><td rowspan="2">자체예산</td><td>복지관 자체예산</td><td>인건비, 사업비</td><td rowspan="2">자체부담</td></tr>
<tr><td>운영법인의 지원금</td><td>사업비</td></tr>
</table>

착지원센터)하여 전담부서를 통한 종합서비스를 제공하는 기관(공릉 · 한빛 · 가양7 · 방화6복지관)도 생겨났다. 또한 사회복지사 이외에 다양한 네트워크들을 통하여 전문 인력들의 지원을 받게 되는데, 전담 자원봉사 인력은 평균적으로 약 40명 정도이며, 이들은 대학생 및 성인들로 구분되며 성인들은 전문영역(법률 · 의료 · 심리 · 교육 등)의 자원봉사자 비율이 높은 편이다.

② 예산 현황

지역복지관에서의 새터민 지원 사업은 가양7복지관을 제외하고는 2001년도에 사회복지공동모금회중앙회의 기획사업 지원(3년간)에 의하여 시작되었다. 사회복지공동모금회의 지원 사업 시작 이후, 여타의 기업의 사회복지재단에서 공모의 형태를 통해 지원이 이어졌고, 북한이탈주민지원 지역협의회로 배정된 예산이 지역협의회에 소속된 지역사회복지관에 일부 지원되어 사업비로 사용하고 있으며, 법정단체인 북한이탈주민후원회로부터 프로그램 공모형태를 통한 지원을 받아 사용하고 있다.

또한 지방자치단체들의 역량과 관심에 따라 별도의 예산이 책정 · 지원되는 경우도 일부 있다. 그리고 본 사업을 추진하는 지역복지관의 자체 예산(보조금 및 사업수익금과 후원금) 및 운영 법인의 지원에 의해서도 사업이 추진되고 있다. 일부기관에서는 새터민 사업을 위해서 모금행사를 실시하여 특정사업을 실시하기도 한다. 이렇게 다양한 방법으로 예산을 확보하여 새터민 지원 프로그램을 실시하고 있으며 구체적인 내용을 소개하면 〈표 15-4〉와 같다.

③ 네트워크 현황

새터민들의 정착지원을 위해서는 다양한 자원들이 필요하다. 정착과 적응에 필요한 여러 요소들은 그 서비스를 제공하는 기관이 보유하고 있는 자원들도 있지만, 지역사회 내에 전문기관 등을 포함하여 해당 기관이 보유하지 않은 자원들을 더 손쉽게 제공 가능한 기관들이 있으므로 새터민 서비스 전담기관에서의 여러 지역 내 자원 및 기관들과의 네트워크는 무엇보다도 중요하다.

지역사회복지관은 지역사회 내에 거점을 두고 오랜 기간 활동[4]을 하여 네트워크가 원활히 형성되어 있는데, 현재 새터민 서비스를 제공을 하는 기관들은 기존 복지관이 보유하고 있는 네트워크를 기반으로 하여 새터민 지원을 위한 전담 네트워크 등을 다양하게 형성하고 있다. 이러한 네트워크를 통하여 새터민들이 요구하는 다양한 문

4 전국사회복지관 현황 370여개, 서울시 사회복지관은 96개소로 25개구에 골고루 배치되어 있으며 저소득층 밀집지역 내에 반드시 설치되어 있다. 또한 사회복지관은 1980년대 중후반 이후로 집중적으로 건립되어 지역사회 내에 오랜 거점기관으로 지역사회문제해결에 선도적인 기능을 수행하고 있다.

〈표 15-5〉 새터민 지원 지역복지관의 서비스 네트워크 현황

구분	기관현황(기관명)
새터민 지원기관	· 새터민 지원 민간단체(60여개 : 대한적십자사 및 대안교육 등) · 북한이탈주민후원회
지역기관 (단체,모임)	· 북한이탈주민지원지역협의회(보호담당관 및 지역대표) · 직능단체 및 지역조직(민주평통, 의사회, 새마을부녀회 및 봉사조직 및 친목 조직)
교육기관	· 초 · 중 · 고등학교 교육 복지실 및 대학교 · 일반학원(학습 및 예체능 관련)
복지기관	· 이용시설: 사회복지관, 장애인 · 노인복지관, 보육시설 및 지역아동센터 · 생활시설: 일시보호시설 및 위탁가정 · 사회복지관협회
관공서	· 지방자치단체(구청 · 시청: 거주지보호담당관) · 고용안정센터(취업보호담당관), 경찰서(신변보호담당관) · 동사무소(국민기초생활보장 관련) · 시 · 구의회
의료기관	· 종합병원(아산병원, 삼성병원) · 지역병의원(내과, 산부인과, 정형외과, 신경정신과, 치과) · 지역보건소, 지역정신보건센터
지원기관	· 기업복지재단, 사회복지공동모금회, 기업체 · 한국정보문화진흥원, 한국문예진흥원
종교단체	· 개신교, 천주교, 불교 등 각 종교별 사회복지위원회 및 자원봉사 조직
새터민 관련단체	· 새터민 단체(친목단체, 예술인단체, 자원봉사단체)
기타	· 아파트 관리사무소

제들에 대해서 적정 · 적시적인 서비스 제공이 가능하게 하는 것은 지역복지관이 가진 강점이라고 할 수 있다.

2. 북한이탈주민 실습 내용

1) 프로그램 계획서 작성 및 평가

프로그램 계획서와 과정기록서, 평가서 작성에 대한 학습과정은 지역사회복지관에서의 실습 중 실무에 필요한 대표적인 기술을 습득하는 가장 필수적인 부분이라고 할 수 있다. 지역사회복지관에서는 모든 프로그램을 진행하기 위해서 사전에 계획서를 작성하고, 그에 따라 프로그램을 진행하고, 프로그램 진행 종결 후에는 평가에 의거한 평가서를 작성한다. 따라서 실습생들은 실천현장에서 프로그램 계획서 등의 작성이 어떠한 내용과 방법으로 작성되는지를 학습해야 한다.

프로그램 계획서는 프로그램의 주제를 결정하기까지 논의되어온 프로그램의 필요성을 그 대상자들이 가진 욕구와 문제에 의거하여 제시하고, 그에 따라 프로그램의 목적과 목표를 명확히 해야 한다. 프로그램의 목적Goal은 간략하게 프로그램을 통해서 달성하고자 하는 목적(지향점)을 제시하면 되고, 프로그램의 목표Objective에서는 계량화된 구체적인 목표가 명시(목표3개, 각 하위목표 2개 정도)되어야 하며, 목적을 달성하기에 적합한 목표로 계획되어야 한다. 그리고 목적과 목표를 달성하기 위한 구체적인 프로그램의 내용이 계획되어야 하며, 내용은 각 세부 프로그램별로 방법과 내용을 제시하여야 한다.

또한 프로그램 진행을 위한 시간계획(일정계획)이 계획서에 포함되어야 하며, 각 단위사업별로 준비단계에서부터 진행, 평가 단계까지의 일정이 제시되어야 한다. 그리고 프로그램을 진행하는데 참여하는 수행 인력을 담당자 이름과 이력을 비롯하여 담당자들의 역할과 역할수행에 필요한 사용시간들을 명시해야 하고, 프로그램에 필요한 예산을 제시하여야 한다. 프로그램의 예산은 예산의 출처가 명시되고, 전체 필요예산을 세부항목별로 구분하여 작성하여야 한다. 예산의 항목은 인건비와 사업비, 운영비로 구분하고 사업비에서 각 사업단위별로 세부적으로 기록하면 된다. 마지막으로 프로그램을 평가에 대한 계획이 제시되어야 하는데, 프로그램의 평가는 평가항목과 그 항목을 측정하기 위한 측정도구(척도)와 측정방법이 구체적으로 제시되어야 한다.

프로그램의 과정 기록은 각 기관마다 정해진 서식이 다르지만, 일반적으로 프로그램의 목적과 목표, 내용, 일시가 개괄적으로 기록되고 구체적인 프로그램 진행의 시작과 마지막 단계까지를 상세히 설명하고, 기록하는 것을 의미한다. 각 회차별로 진행되는 프로그램의 내용을 기록하고 간략히 당일의 목표달성여부와 진행과정에서 발견되는 문제점과 향후 프로그램 진행을 위한 사후 평가를 포함한다.

마지막으로 프로그램 평가서에서는 세부단위 프로그램이 진행된 이후, 프로그램 계획에 의거하여 프로그램을 평가하는 것이다. 계획서에 명시된 프로그램의 평가방법과 절차에 맞게 본 프로그램의 목적과 목표가 달성되었는지를 확인하는 과정으로 대체로 프로그램 진행자, 슈퍼바이저, 동료사회복지사들이 함께 참여하는 평가회의를 실시한 이후 그 내용에 의거하여 작성된다.

실습생들은 사회복지기관에서 프로그램을 진행하는 데 수반되는 서류들을 작성하는 훈련과정을 통해 실무적인 기술을 향상할 수 있으며, 실습이전에 다양한 집단을 대상으로 진행되어지는 집단프로그램의 사례에 대해서 학습할 필요가 있으며, 프로그램 평가에 대표적으로 사용되는 측정도구(척도) 등을 조사해 두는 준비가 필요하다.

2) 사례관리와 상담

사례관리는 복합적(다차원적) 욕구를 가진 개인들의 기능과 복지의 향상을 위해 개발된 것으로 공식적 및 비공식적 자원과 활동의 네트워크를 조직하고 조정하며 유지하는 사회사업적 방법이라고 할 수 있다(Moxley, 1989). 사례관리는 비공식적 지원체계(가족, 친족, 친구 등)와 공식적 지원체계(국가 및 공공기관)가 보유하는 각종 자원을 통합하는 기능을 하며(Moore, 1987; Nelson, 1982), 구체적으로 Moore(1990)는 사회사업적 사례관리의 기능에 대해서 다음과 같이 설명하고 있다. 첫째, 외부환경에 적응할 수 있는 클라이언트의 잠재력을 최대화하고, 둘째, 클라이언트와 가족이 여러 서비스와 지원체계에 접근하여 이를 활용할 수 있는 방법을 습득하게 하여 가족, 이웃, 친구 등 비공식적 지원체계가 클라이언트를 보조할 수 있는 능력을 최대화시키며, 셋째, 클라이언트와 가족의 욕구를 충족시키는 데 공식적 도움체계의 능력을 최대화하는 것이다(이윤로, 2007에서 재인용).

북한이탈주민은 남한이라는 낯선 곳에서 새로운 삶을 시작하기 때문에 삶을 살아가기 위해 필수적인 사회적 지지기반이 부족하고 지원체계들과의 관계가 거의 없다고 할 수 있다. 따라서 앞서 살펴본 바와 같이 사례관리가 북한이탈주민이 남한사회에서 정착과 적응의 과정에서 가장 필요한 서비스라고 할 수 있으며, 그렇기 때문에 북한이탈주민 지원 사회복지실천기관에서 가장 보편적인 북한이탈주민 서비스로 사례관리가 실시되고 있다.

대개는 초기 전입 북한이탈주민 가정을 방문하여 초기 인테이크를 실시하는데, 이 과정을 통하여 탈북배경과 재중(在中) 생활 및 제3국에서의 생활을 확인하고, 현재의 당면과제라고 할 수 있는 남한사회 적응을 위한 욕구와 문제를 확인하게 된다. 이러한 인테이크

과정은 몇 회의 초기 방문을 통해 진행되며 관계 형성 이후 욕구와 문제에 따른 서비스 계획을 수립하게 된다. 북한이탈주민의 욕구와 문제 상황에 의거하여 수립된 서비스 계획은 장 · 단기적 차원으로 수립되며, 이후 다양한 지원체계들과 자원들을 연결하여 서비스를 제공한다. 서비스 제공 이후 당초 서비스 제공의 목표였던 문제해결 및 욕구충족 수준 등을 평가하고 재사정을 통한 사례개입 지속여부를 판단하게 되고, 그 결과에 따라 서비스의 종결과 지속을 결정하게 된다.

사회복지 실습생들에게 이러한 일련의 사례관리 과정에 대한 학습과 경험의 기회를 제공함으로써 실천기관에서 가장 보편적으로 제공되는 사회복지실천 과정인 '사례관리' 에 대한 경험을 쌓게 된다. 가정방문을 통하여 북한이탈주민의 생활환경을 확인하고, 그들의 이야기를 듣는 과정에서 북한 말씨와 언어의 차이에 대한 이해와 성향과 태도 등의 특징들을 확인할 수 있으며, 라포를 형성하는 과정에 대해도 훈련하게 된다. 또한 북한이탈주민의 북한생활과 현재 남한생활의 어려움들을 확인하면서 북한사회에 대한 이해와 더불어 남한사회 정착에서의 어려움도 파악하게 되며, 북한이탈주민을 위한 사회복지서비스에 대한 개입 계획도 고민해 볼 수 있는 학습의 과정이라고 할 수 있다.

3) 집단 프로그램

사회복지실천기술 중 집단을 대상으로 하는 실천기술을 직접적으로 적용하는 과정에서 사회복지전문지식을 경험적으로 학습할 수 있다. 대체로 북한이탈주민 정착지원 실천현장에서는 아동과 청소년 그리고 성인 여성 집단에 대해서 집단지도를 경험할 수 있다. 실천기관에서는 대부분 아동과 청소년들의 학습지도와 사회적응을 위한 공부방을 운영하기 때문에 비교적 구조화된 집단을 구성할 수 있으며, 실습과정과 맞게 정기적인 프로그램 진행이 가능하기 때문이다.

또한 공부방 이용 아동과 청소년들은 오래 전부터 공부방이라는 특정 공간 안에서 프로그램에 참여하였기 때문에 집단이 공통으로 가지고 있는 문제와 욕구가 비교적 명확하게 나타나고, 집단지도를 통하여서 그 문제의 해결과정 및 결과를 확인하기에 용이하기 때문에 집단지도를 실시하기에 가장 적합한 요건을 갖추고 있다. 따라서 실습생들이 북한이탈주민 아동과 청소년들을 대상으로 집단지도를 실시함으로써 북한이탈주민에 대한 직접적인 경험과 북한이탈주민 아동과 청소년들이 가진 욕구와 문제에 대해서 구체적으로 알 수 있고 그에 따라 문제해결과 욕구충족을 위한 방법으로서 집단지도 기술을 적용해 봄으로 실천적 지식을 습득할 수 있다. 북한이탈주민 아동과 청소년들을 위한 집단지도의 주제로는 대인관계능력 향상프로그램, 남북한 문화비교에 따른 사회적응 프로그램, 아동들의 또래관계 증진프로그램, 청소년들의 진로탐색 프로그램 등이 있다.

4) 사회적응 프로그램과 정착지원 행사

북한이탈주민의 정착지원 서비스 기관들이 상시적으로 실시하는 프로그램 중 하나가 사회적응 프로그램을 꼽을 수 있다. 사회적응 프로그램은 남한사회에 대한 이해를 위하여 다양한 방법으로 진행되는데, 그중 가장 보편적인 것은 일반적으로 사회적응 요소로 이해되는 문화에 대한 체험 프로그램이라 할 수 있다. 사회적응 프로그램은 기관에 따라 다양하게 진행되는데, 북한이탈주민 밀집지역은 연간 정기적인 프로그램을 실시한다. 봄과 가을에는 자연경관이 좋은 지역 또는 문화재 등의 유적지를 찾아 떠나는 나들이가 있으며, 여름에는 가족단위 또는 대상집단 단위(아동, 청소년, 대학생, 노인, 축구단)별로 캠프(여행)프로그램이 진행된다.

또한, 북한이탈주민의 정착을 지원하는 정착지원 행사는 명절 행사(설과 추석)가 있으며, 이때는 선물을 나누거나 초청하여 명절을 함께 보내는 행사들이 실시된다. 또한 연말에는 송년 행사 및 각종 발표회 등이 진행되어 북한이탈주민 정착지원 기관에서는 다양한 역할을 함께 수행할 인력들의 필요가 높은 시기이다. 매월 하나원을 퇴소하여 지역사회로 전입하는 신규 북한이탈주민의 초기정착지원을 위한 업무와 지역사회 전입하여 지역주민이 된 것을 환영하는 행사들이 실시된다. 여기서 언급하지 않는 다양한 행사가 진행되고 있으며 이러한 사회적응 프로그램과 행사에 참여함으로써 북한이탈주민의 적응과 정착에 필요한 프로그램의 유형과 내용을 파악할 수 있으며, 향후 실천현장에서 실천가로 근무하면서 사업에 대한 아이디어를 얻을 수 있을 것이다.

사회복지 실습생들은 사회적응 프로그램과 정착지원 행사에 보조자 또는 참관자, 일부 내용에서는 진행자로 참여하는 경험을 할 수 있다. 각 프로그램이 계획되고 진행하는 과정 전반에 참여하여 실천현장에서 하나의 프로그램과 행사들이 기획되고 준비하는 과정을 학습할 수 있다. 이 과정 속에서 행사 안내문을 만들거나, 행사 참여자를 모집하거나, 행사에 필요한 물품을 구입 또는 만드는 등의 준비에 참여하고 당일 행사에서는 사회복지사를 보조하여 전체 집단 중 한 개의 조를 담당하거나, 일정 프로그램을 진행하기도 한다.

5) 행정업무

주된 목적사업의 수행을 위해서는 행정적인 측면의 업무는 반드시 수반되는 것으로, 실천현장에서는 실습생들에게 행정업무에 대한 경험을 쌓도록 지원하는 실습교육이 있다. 구체적으로는 공문서를 작성 · 발송하고, 기관에서 사용하고 있는 행정관리 시스템에 기관의 사업의 실적 등을 입력하는 등 전산화 작업을 수행할 수 있으며, 다양한 사업 추진에 필요한 문서들을 워드작업 및 문서화하고 편철하는 등의 업무를 수행한다. 또한, 예산을 집행하고 예산집행처리 절차에 맞게 문서를 작성하는 등의 과정에 대해 학습한다.

이러한 과정을 통해서 실습생들은 대상자들에게 제공되는 직접서비스를 위한 실천기술뿐 아니라 기관과 조직의 운영과 사업이 추진의 바탕을 이루는 행정에 대한 이해를 증진시킬 수 있으며, 실무적인 측면의 경험을 축적할 수 있다.

3. 지역사회복지관의 북한이탈주민 실습 내용 (기관별)[5]

1) 공릉종합사회복지관(공릉새터민정착지원센터)

(1) 북한이탈주민 지원 실습 개요

공릉새터민정착지원센터는 실습지도를 위하여 슈퍼바이저로 팀장과 선임 사회복지사가 선정되었으며, 각 프로그램들에 대해서는 담당 사회복지사들의 지도로 실습이 진행된다. 실습지도학생들은

5 이 자료는 2007~2008년 그리스도대학교 「남북통합지원 복지전문인력 양성과 허브 구축」 특성화 사업에 의거하여 인턴실습에 참여한 학생들의 실습보고서 내용 바탕으로 정리되었음. 또한, 기관 소개 자료는 각 기관의 홈페이지를 참고하였음.

〈표 15-6〉 공릉새터민정착지원센터의 영역별 실습내용

영역구분	실습내용	시간
1. 교육	· 지역사회복지관 이해 교육 · 공릉종합사회복지관 이해 교육(공릉새터민정착지원센터 이해) · 공릉종합사회복지관의 주요 사업 이해	각 1시간 (총 17회)
	· 새터민 전문 분야 교육 - 새터민 정착지원 정책(제도) 및 대상자 특성 - 새터민 사업 영역별 세부 교육(신규새터민 지원 사업,심리상담사업, 취업 및 진로 지원사업, 아동 · 청소년교육사업, 지역인식개선 및 통합 사업, 새터민조직화사업)	
	· 실무관련 교육 - 집단지도계획서 및 프로포절 작성법 - 사례관리 교육 및 가계도 작성법 - 자원동원 및 네트워크에 관한 교육 - 기안서 작성(공문서, 지출결의)및 결재과정의 이해	
2. 집단지도 프로그램	· 새터민 아동 공부방(무지개학교) 6회 · 새터민 청소년 집단프로그램 6회	각 2시간
3. 사례관리 및 상담	· 새터민 요보호 세대 가정방문 사례개입 과정 실습(인테이크 및 가정방문 피드백) - 6회 방문	각 3시간
4. 프로그램 (업무)참여	· 새터민 주요 사업 참여(무지개공부방, 새터민청소년캠프, 신규새터민 신병인수, 새터민 대학입시박람회, 지역주민통합기획단, 부녀회 모임, 축구단 자조모임 등) - 프로그램 진행 및 제반 업무 참관 · 행정업무 (공문서, 전산활용능력 등) · 남북한 대학생 캠프 참여	오전& 오후
5. 회의참관	· 새터민 정착지원센터 정기회의 참관(주 1회) · 각 행사 기획회의 참여	총 6회
6. 기관방문	· 새터민 관련 주요 기관 방문(민간단체 연대 소속 기관)	8시간
7. 연구활동	· 사회복지정책 토론회(MB정부의 사회복지정책) · 기관분석 관련 교육 및 작성	총 2회
8. 자아인식	· 실습생 학습유형 탐색(LSI척도 활용) · 개별 슈퍼비전, 동료 슈퍼비전, 자기평가(실습일지 등)	1회
9. 대인관계 능력 향상	· 실습생 휴-데이(실습생 멤버십 트레이닝) · 사업참여 활동 등을 통한 대인관계 능력 향상	1회

※출처: 공릉사회복지관, 2008.

가능한 방학 중 4주 동안 진행하는 것을 원칙으로 하고 있으며, 필요에 따라서 학기 중 실습이 진행되기도 한다.

실습생들은 방학 중 4주간의 구조화된 실습에 참여하여 4주간의 실습지도 계획서(일정표)에 따라 실습을 받게 되며, 과제중심모델이 적용된 실습 슈퍼비전을 서면과 구두로 받게 된다. 특히, Fortune(1994)이 제시하고 있는 실습지도의 핵심내용에 의거하여 실습교육 내용을 구성하였으며, 실습생들이 기관의 사업을 참여하고, 관련된 분야의 교육을 받고 사회복지실천기술을 훈련할 수 있는 프로그램을 진행 및 참여하는 것뿐만 아니라 실습생들이 이 분야의 전문가로 육성되기 위하여 실습생의 연구보고서를 제출하도록 지도하고 있다. 다양한 내용들이 4주간의 학습 흐름에 따라서 진행되며 영역별로 구분한 실습지도의 내용을 제시하면 다음과 같다.

(2) Fortune(1994)의 실습내용에 기초한 북한이탈주민 실습내용(공릉새터민정착지원센터)[6]

앞서 7장에서는 사회복지 전공생들이 북한이탈주민 정착지원 서비스 기관에서 사회복지 현장실습을 하는 데 있어서 학습해야 할 내용을 Fortune(1994)이 제시하는 일반적인 사회복지현장실습 지도의 핵심적 내용에 의거하여 북한이탈주민 정착지원 기관의 특수성에 맞춰 학습해야 할 내용들을 제시하였다. 여기서는 Fortune(1994)이 제시하는 기준에 의거한 사회복지 현장실습의 핵심적 내용에 의거하여 공릉종합사회복지관에서 북한이탈주민 지원 전문가를 육성하기 위한 실습지도의 내용은 다음과 같다.

6 공릉종합사회복지관, 2008.

① 전문적 발달을 위한 지식 · 기술

실습지도 핵심내용	Fortune(1994)이 제시한 내용에 의거한 북한이탈주민 실습지도의 내용	공릉 새터민정착지원센터
실습지도 세부내용	· 실습신청서에 의한 실습 목적 · 목표에 대한 숙지와 구체적인 적용을 위한 자기 고찰 · 실습생 학습유형 탐색 - 자기이해 및 상호 이해 증진 - LSI척도 (Learning Style Inventory) 활용 · 실습생의 자세와 역할 인식을 위한 교육 · 사회복지의 가치와 윤리강령 교육 및 토론 - 윤리적 갈등 상황 토론 및 가치관 정립 · 사회복지 환경 변화에 대한 이해(세계화와 다문화주의 등 사회복지실천 대상의 다변화적 측면에 대한 이해) · 사회복지실천 평가를 위한 교육 · 사회복지실천현장 이해를 위한 필요 교육(북한이탈주민 사업 전반과 제반정보 교육) · 슈퍼비전: 실습전반에 대한 슈퍼비전	· 실습신청서(실습계획서) 작성: 자신의 실습목적과 목표수립(개별 슈퍼비전) · 과제중심 모델 적용에 의한 학습계약서 작성: 주 1회 개별 수퍼비전 · 실습생 학습유형 탐색: LSI척도 (Learning Style Inventory) 활용 · 사회복지의 가치와 윤리 학습(사회복지 윤리강령 토론) · 사회복지실천 현장 필요 교육 - 사례관리/지역사회 복지자원 조사활동, 후원홍보활동(아웃리치) - 북한이주민 관련 교육(북한이주민 특성이해, 각 프로그램별 교육) · 슈퍼비전 - 사회복지사로서의 empowering을 위한 슈퍼바이저로부터 슈퍼비전 - 동료 슈퍼비전 실시

② 행정적 측면의 지식 · 기술

실습지도 핵심내용	Fortune(1994)이 제시한 내용에 의거한 북한이탈주민 실습지도의 내용	공릉 새터민정착지원센터
실습지도 세부내용	· 기관 이해를 위한 교육 - 연혁과 미션(비전) 및 핵심가치, 조직 이해 - 주요 사업내용 및 예산의 출처, 관계기관 · 지역사회 소개와 대상 집단에 대한 이해 · 부서별 업무회의 참관 및 회의록 열람(구조화된 회의 피드백 및 슈퍼비전 참관) · 기관의 슈퍼비전 체계에 대한 교육(슈퍼비전 지침서 및 기록서 열람) · 주된 행정업무 부서에서의 업무 참관 (총무과 및 예산회계 집행 부서) - 기관 제반 운영 규정 열람 및 교육 - 예산 집행과정에 대한 경험 및 예산서 작성 실습	· 기관소개(역사 및 주요사업) & 지역사회복지관에 대한기본 교육 · 지역사회복지자원 강의(지역사회 내 복지서비스 현황 파악 및 분석) · 실습일지 코멘트 · 사회복지사 주간 업무회의 참관(구조화된 회의 피드백) · 실습을 통한 동료 실습생 및 슈퍼바이저, 사회복지사들과의 의사소통 · 실습일지 작성 및 각 보고서 작성들을 통한 문서작성 등에 대한 훈련 · 사회복지행정업무(기록, 관리: 사회복지직접 서비스 제공에 필요한 사회복지사 행정업무 이해, 전산시스템 실습, 지출품의서 작성, 공문서 작성법)

실습지도 핵심내용	Fortune(1994)이 제시한 내용에 의거한 북한이탈주민 실습지도의 내용	공릉 새터민정착지원센터
실습지도 세부내용	· 사회복지 행정 관련 업무 경험(기록, 관리: 사회복지직접 서비스 제공 관련 행정업무 실습, 전산시스템 실습, 지출품의서 작성, 공문서 작성) · 프로포잘 작성법 학습 및 프로포잘 작성 · 지역사회복지자원 조사활동 - 사회조사활동 & 복지 네트워크 및 복지자원 현황 파악 분석	

③ 정책적 측면의 지식 · 기술

실습지도 핵심내용	Fortune(1994)이 제시한 내용에 의거한 북한이탈주민 실습지도의 내용	공릉 새터민정착지원센터
실습지도 세부내용	· 사회복지 정책 전반에 대한 학습 - 주요 사회복지정책 열람(정부 홈페이지 스크린) · 기관의 주요사업에 대한 정부의 정책 학습과 토론 - 중앙정부(통일부)와 지방자치 단체의 정책 및 역할학습 · 북한이주민밀집거주 지역사회에 대한 이해 · 북한이탈주민 정착지원제도와 민 · 관 전달체계 이해 · 북한이탈주민 서비스 기관의 네트웍 현황 학습 - 서비스 의뢰 및 접수과정에 대한 실습 & 기관방문	· 지역사회의 이해(지역사회복지관의 이해, 정책에 따른 복지관 사업소개, 특화사업의 이해) · 기관에 영향을 미치는 사회복지제도 관련 특강 · 새터민정착지원센터에 대한 이해 및 주요사업과 사업실시 배경 이해 · 새터민 서비스 제공을 위한 관련기관과의 연계 활동 소개 · 새터민정착지원제도에 대한 논의 · 새터민 관련 주요 기관 방문(제도에 의해서 형성된 주요 기관 탐방)

④ 기본적 대인관계 기술

실습지도 핵심내용	Fortune(1994)이 제시한 내용에 의거한 북한이탈주민 실습지도의 내용	공릉 새터민정착지원센터
실습지도 세부내용	· 동료 실습생과의 실습과정을 통한 기술 향상 · 동료 실습생들을 통한 peer - supervision	· 실습생 오전 · 오후 미팅을 통한 실습 슈퍼바이저 슈퍼비전 · 동료 실습생들을 통한 peer - supervision

실습지도 핵심내용	Fortune(1994)이 제시한 내용에 의거한 북한이탈주민 실습지도의 내용	공릉 새터민정착지원센터
실습지도 세부내용	· 실습 슈퍼바이저 슈퍼비전 · 실습 과정 중 사회복지사들과의 관계 형성을 통한 조직 생활에 대한 경험 · 실습 교육(강의) 과정에서의 의사소통 · 실습과정의 과제 수행을 통한 기술 향상	· 사회복지사들과의 관계 형성을 통한 학습(행정업무, 프로그램 참여시) · 실습 평가회 및 실습 일과 이후 직원들과의 의사소통

⑤ 클라이언트 체계의 개입을 위한 지식 · 기술

실습지도 핵심내용	Fortune(1994)이 제시한 내용에 의거한 북한이탈주민 실습지도의 내용	공릉 새터민정착지원센터
실습지도 세부내용	· 북한이탈주민의 특성에 대한 이해(탈북의 원인 및 과정에 대한 이해, 남한사회의 적응현황에 대한 기본 이해, 북한에 대한 사회 · 문화 · 경제적측면의 이해) 교육 · 사례관리교육 및 북한 이주민 사례관리(사례관리 case 열람 & 사례관리계획 및 실행, comment 받기) - 가정방문 및 지역사회 자원동원 경험 · 주요 문제 및 욕구를 가진 클라이언트 면접(상담)과 기록: 관계 맺기 훈련 · 집단지도 프로그램 기획과 실행과 평가(집단 활동 계획서, 과정기록서, 종결 평가서 작성하기) - 아동 및 청소년을 대상으로 실시 - 집단진행 슈퍼비전(동료 및 슈퍼바이저) · 척도사용법 교육 - 프로그램의 평가 및 개입의 효과성 평가 · 지역사회조직 활동 - 북한이탈주민 조직화를 위한 활동(조직화를 위한 조사 및 여론형성) · 정책개발활동 및 사회행동, 옹호활동 - 클라이언트(새터민)의 권익증진 및 보호(인권보호 등)를 위한 언론활동	· 총 17회의 새터민 관련 교육 실시(정책과 제도, 새터민 이해, 새터민정착지원 프로그램 교육) · 사례관리 교육 및 새터민 사례관리 대상자 가정방문(사례관리 계획 및 실행, 코멘트 받기) · 주요 이슈를 중심으로 한 대상자 개별 상담 및 가정방문 · 집단지도 프로그램 기획 및 평가(집단 활동 계획서, 과정기록서, 종결 평가서 작성하기) · 새터민 관련 이슈에 대한 토론 및 정책 형성과정 학습(민간단체 활동)

2) 가양7종합사회복지관(서부새터민정착지원센터)

(1) 실습 내용 개요

실습의 내용은 크게 교육, 실무, 사례회의와 슈퍼비전으로 이루어진다. 교육은 북한이탈주민 사업에 대한 이해증진, 전문사회복지사로서의 자질함양, 사례관리자로서의 지식 등에 관한 이론적 교육이 전반적인 사업계획 및 인턴실습계획, 또는 필요시점에 따라 진행된다. 실무업무는 제반행정관련 업무와 사례관리이다. 사례관리는 사례관리기법, 상담기법 등의 이론 교육이 실시된 후 상담 및 사례관리 업무를 수행한다. 각 실습생이 담당한 사례는 사례회의를 통하여 슈퍼비전을 받고 서비스제공을 결정하며 추후 집중관리대상으로의 분류를 검토한다.

(2) 교육

① 북한이탈주민 지원전문 사회복지사로서의 자질함양을 위한 교양 교육

관련 NGO 활동(모임)에 동참하고, 문화 워크숍 등에 참석하여 소양을 증진시키기 위한 교육을 진행한다.

② 북한이탈주민에 대한 이해 증진을 위한 교육

북한이탈주민, 정착도우미, 관련공무원, 시민단체 등과 연계된 프로그램에 참가하여 북한이탈주민의 개별적, 환경적, 경제적, 심리 정서적 현상의 이해증진을 도모한다.

③ 북한이탈주민 정책 교육

정부의 정착지원제도와 방향의 변화, 민간기관 사업의 역사와 현황에 관한 교육을 통하여 북한이탈주민 사회복지실천의 거시적인 안목을 키우고 적절한 서비스제공과 프로그램 개발 능력을 함양한다.

④ 전반적인 실무에 관한 교육

수행업무에 관한 이론과 기법에 관한 교육을 실시하여 지식을 기반으로 한 서비스를 제공할 수 있도록 교육한다.

· 행정업무: 사례의 DB구축, 초기상담일지, 상담일지를 비롯한 관련양식작성법
· 자원봉사자관리: 자원봉사자관리기법- 자원봉사자의 역량을 활용하여 자원제공자 자신의 자아실현욕구가 충족될 수 있도록 관리
· 상담기법: 해결중심 단기모델, 상담면접의 원리와 촉진관계, 첫 대면, 상담목표 설정, 내담자 요인 평가, 상담자의 민감성, 책임성
· MMPI: MMPI 검사방법 및 효용성과 그 적용에 관한 교육
· 정착도우미사업: 정착도우미의 역할과 그 의의를 학습 - 전문성, 책임성, 활동방법 등.

(3) 실무

실무는 행정업무와 개별사례관리이다. 행정업무는 DB구축과 사례관리에 수반되는 서류작업 등, 관련된 전반적인 업무를 수행한다. 실무의 핵심은 개별사례관리이다. 대상은 아동과 성인으로, 지역을 가양8단지와 9단지로 분류하여 실습생들이 분담한다.

구분	세부내용
	〈프로그램 참여 및 사례관리〉
신규전입자 지원활동	· 관내로 배정된 새터민을 하나원에서 인도 받음 · 신병인수를 위한 서류작업 · 주민등록 및 생계급여 신청 · 영구임대주택 계약
가정방문상담	초기상담일지 및 재상담 일지 작성 · 경제적, 환경적 생활상 · 최근의 사건과 동향 조사 · 신체적, 정신적 건강상태 확인 · 주 욕구사정 · 생태체계 확인 · 취업실태 조사
내방상담	상담일지 작성
전화상담	집중관리대상자에게 정기적으로 전화를 하여 근황을 확인
관리대상자 선정	만성적이고 복합적인 문제를 가진 사례를 집중관리대상으로 선정하여 정기적이고 지속적인 서비스 제공을 위한 선별작업과 개입계획수립
Follow up	의료비 지원연계, 장학금 지원연계, 정서적 지지 등 사례별 위기상황에 개입과 서비스 제공
행사참여와 지원	각종 행사 참여를 통한 관리 및 지원
	〈행정업무〉
File 작업	초기상담일지, 주민등록등본, 생계비수급권 증명서를 구비한 개인파일
DB 작업	'진우' 프로그램에 개인정보 입력
프로그램 기안	행정문서 작성과 기안
SWOT 분석	기관의 내적, 외적 요인과 강점과 약점을 분석하고 해결방안 모색

(4) 사례회의와 슈퍼비전

사례회의를 통하여 동료 슈퍼비전과 개별 슈퍼비전을 받는다. 클라이언트의 표출되지 않은 욕구에 대한 동료들의 관점을 통하여 상담가로서의 민감성을 증진시킨다. 또한, 동료 실습생의 클라이언트에 대한 유용한 정보가 좀 더 정확한 사정을 돕는다. 슈퍼바이저의 슈퍼비전을 통하여 전문적인 기술과 지식을 습득하고 개입유무의 결정과 서비스계획을 수립한다.

3) 한빛종합사회복지관(한빛 새터민정착지원센터)

(1) 기관 및 새터민정착지원센터 업무에 대한 오리엔테이션

기관의 비전 및 역사 · 조직도 · 주요사업에 대한 오리엔테이션과 새터민정착지원센터의 배경과 목적, 주된 사업에 대한 오리엔테이션을 진행한다.

(2) 신병인수(하나원 방문)

주요 사업인 하나원 수료 이후 지역사회로 전입하는 신규 정착 새터민들의 신병인수 과정에 대한 참여와 초기전입과 지역사회 적응지원 등을 진행한다.

(3) 새터민 홈스테이 행사 진행

하나원과 연계된 교육프로그램 중 하나인 남한가정과의 홈스테이

행사에 진행요원으로 참여하여 안내 및 접수를 담당한다.

(4) 새터민을 위한 행사 홍보

새터민을 대상으로 하는 각종 행사 및 자원봉사자 모집과 관련하여 전화홍보를 비롯한 홍보를 한다.

· 새터민홈스테이를 위한 참여자 모집 홍보
· 지역주민과 함께하는 새터민 서포터즈 모집 홍보
· 새터민 취업박람회 참여 관련 홍보

(5) 행정업무

지원사업과 관련된 내 · 외부 결재서류 정리 및 공문서 접수 등 행정업무를 경험한다.

(6) 새터민 아동 방과후 교실 지도

새터민 아동공부방 프로그램에 참여하여 보조교사의 역할을 수행한다.

· 학습지도: 과제 및 개별학습지도
· 독서지도: 독서 습관 기르기
· 놀이지도: 놀이를 통한 또래관계 형성
· 현장학습: 문화체험을 통한 남한사회적응

16 NGO에서의 북한이탈주민 실습

1. 북한이탈주민 실습기관NGO에 대한 이해

1) 기관 현황

북한이탈주민들의 남한 정착지원 기관 중 민간의 영역으로 구분할 수 있는 기관은 크게 사회복지관과 NGO 단체들로 나눌 수 있다. 사회복지관은 비영리법인이 정부로부터 수탁하여 운영하는 것이지만, NGO는 자생적인 조직으로 설명할 수 있다. 북한이탈주민의 남한 정착지원을 실시하고 있는 NGO기관들은 3개 유형으로 구분할 수 있다. 청소년들의 교육과 사회적응을 지원하는 대안교육기관과 아동·청소년들의 사회적응과 통합을 지원하는 기관, 북한 인권과 해외탈북자들을 지원하는 기관으로 구분할 수 있다. 따라서 북한이

〈표 16-1〉 북한이탈주민 실습기관 유형

기관유형	기관의 사업내용	기관명
청소년 대안교육기관	· 검정고시 준비를 위한 학습지원 · 학습지원 교육 · 문화체험, 사회적응 프로그램	하늘꿈학교 여명학교 셋넷학교
아동 · 청소년 사회적응과 통합 지원 기관	· 아동 방과후 학습지도 및 사회적응지원 · 멘토 매칭을 통한 학습지원 멘토링 활동 · 방학 중 집중 학습지원 활동 · 하나원 내 청소년 문화통합지원 프로그램 · 북한이탈주민 청소년기관 지원 사업 및 정보망구축사업	남북문화통합교육원 열린사회강서양천시민회 북한인권시민연합 무지개청소년센터*
북한인권 (해외탈북자) 지원 기관	· 북한인권침해 실태 데이터 베이스 구축 · 북한인권침해로 인한 심리(정신건강)문제 사례에 대한 상담과 치료 · 해외탈북자 보호 및 지원 사업 · 대북지원사업 및 북한인권 옹호활동	북한인권정보센터 좋은벗들

*무지개청소년센터는 정부의 출현 예산에 의해서 재단법인으로 운영 중인 단체이다. 이 책에서는 북한이탈주민 지원 실습 기관의 범주를 크게 지역복지관과 NGO 등으로 구분하고 있으며, 사업 내용의 유사성을 볼 때 또 다른 구분 범주가 없어 편의상 NGO범주에 넣어 설명하였다.

탈주민 정착지원 실습 기관으로 NGO기관도 3개의 유형으로 구분할 수 있으며 기관 현황을 살펴보면 〈표 16-1〉과 같다.

2) 기관 특징

북한이탈주민의 남한 정착지원을 실시하고 있는 NGO기관들은 대부분이 자생적인 조직으로 정부보조금을 공식적으로 받지 않는 단체들이다. 따라서 NGO 기관들은 그 단체를 구성하고 있는 회원과 일반시민, 후원자들의 회비와 후원금으로 운영되고 있으며, 그 외에도 여러 가지 특징들을 가지고 있다. 북한이탈주민 지원 NGO기관들이 가지고 있는 특징들을 기관설립목적, 기관의 조직구조 및 인력구

〈표 16-2〉 북한이탈주민 실습기관의 특징

구분	내용
기관 설립목적	북한이탈주민들의 적응과 정착, 인권보호를 주된 목적으로 설립
기관 조직 구조(인력현황)	· 조직의 구조 - 대부분의 기관들이 명확한 목적사업을 수행하기 때문에 보통 1~2개 부서로 비교적 단순(사업부서, 총무부서) · 인력현황 - 상근전담인력과 비상근 인력 및 자원봉사인력으로 구분 - 상근 전담인력의 수는 적고, 비상근 및 자원봉사 인력은 다수 - 다양한 전공분야의 인력이 근무
기관 예산	· 예산의 출처 - 회비, 후원금, 공모 지원금(사회복지공동모금회 및 기업복지재단) - 정부의 보조사업(공모사업: 서울시, 통일부, 교육과학기술부)
연계기관 및 관계의 유형	· 연계기관 - 북한이탈주민지원 민간단체연대, 정부부서, 후원기관(자원봉사) 지원기관, 연구기관 · 관계의 유형 - 형식적 관계보다는 상호 유기적이고 상호보완적 관계(적극적 관계)
기관의 분위기	· 관료적이기 보다는 자율적인 분위기 · 과업 지향적이기 보다는 관계지향적인 분위기

조, 기관의 예산, 연계기관 현황과 기관의 조직 내 분위기로 구분하여 살펴보면 〈표 16-2〉와 같다.

2. NGO에서의 북한이탈주민 실습내용

북한이탈주민 지원 NGO기관에서의 실습내용은 이러한 기관들의 특징에서 언급된 바와 같이 분명한 설립목적과 목적사업이 있기 때문에 그에 해당하는 사업을 중심으로 이루어진다고 할 수 있다. 따라서 여러 유형의 실습내용보다는 몇 가지 주된 목적사업과 연결된 활동이 실습의 주된 내용으로 구성된다.

1) 관련 분야에 대한 교육

기관에서 실습생들에게 각 기관의 목적사업과 관련된 사업 분야에 맞는 다양한 유형의 교육을 실시한다. 구체적으로는 『북한이탈주민 보호 및 지원에 관한 법률』과 정착지원제도 등의 정책과 제도적인 교육과 서비스 대상에 대한 이해를 증진시키기 위한 교육(탈북 청소년 관련 및 해외탈북자 현황과 실태), 주된 목적사업과 연결성이 있는 유사 학문분야의 경향과 활동을 이해할 수 있는 교육 등이 주를 이룬다고 할 수 있다.

2) 목적 사업에 대한 참여

이 실습내용이 사실상 실습생들이 현장에서 가장 많은 것들을 학습할 수 있는 영역이라고 할 수 있다. 기관에서는 북한이탈주민을 대상으로 하는 직접서비스에 대해서 실습생들에게 일정 부분의 역할을 부여하여 실습교육을 실시하는 영역으로서 서비스 및 프로그램을 기획하고 진행하고 평가하는 전반적인 과정을 모두 실행하기도 하며, 각 기관에 따라서 일부 과정에만 실습생들이 참여하여 실습교육을 수행하기도 한다. 그러나 그 참여 정도의 차이는 있겠으나, 실습생들이 이론적 지식을 실천적 지식으로 전환할 수 있는 가장 적합한 실습교육의 영역이라고 할 수 있다.

(1) 프로그램 진행 및 보조

각 기관들이 북한이탈주민 관련 사업을 진행하는 프로그램에 실습생이 참여하는 것을 의미한다. 예를 들면, 특정 대상에게 몇 회의 집단프로그램을 진행하기 위해서 프로그램 계획서 작성, 프로그램 진행, 진행과정 기록서 작성, 평가서를 작성하는 일련의 과정을 훈련받기도 하며, 이미 기획된 1회성 프로그램에 대해서 특정 영역 담당자 및 보조자로서 활동하고 행사에 대한 진행과 평가과정에 참여하기도 한다. 이러한 과정을 통하여 실습생들은 프로그램의 기획과 평가를 실천현장에 적용해 볼 수 있으며, 대상자들과 직접 만남을 통하여 북한이탈주민에 대한 이해의 폭을 증진시킬 수 있으며 대상자의 욕구와 만족도를 확인하는 계기를 갖게 된다.

(2) 행사참여

각 기관들이 상시적으로 또는 부정기적으로 진행하는 북한이탈주민 관련된 행사의 계획과 준비단계, 진행단계, 평가 단계 등의 일련의 과정을 경험하는 것을 통하여 실습교육을 제공받을 수 있다. 예를 들면, 청소년들을 위한 대안학교에서 이루어지는 입학식과 졸업식과 같은 행사와 특별절기에 맞는 행사들에도 실습생들이 참여하여 해당 기관들이 기관을 운영하고 이용자들에게 제공하는 다양한 형태의 서비스를 경험하게 된다.

(3) 멘토링

북한이탈주민 지원 NGO 중에는 북한이탈주민 청소년들을 대상으로 서비스를 제공하는 기관이 많기 때문에 청소년들과 실습생이 1:1로 연결되어 멘토링 활동을 통하여 대상자에게 서비스를 제공하는 실습교육이 있다. 멘토링 활동을 위해서 1:1로 정기적인 상담과 지원 활동 과정 속에서 실습생들은 면접의 기술과 사례관리의 기술을 습득할 수 있다. 또한 상담과 지원 활동의 내용을 기록하는 과정을 통하여 사회복지 기록 기술의 향상을 기대할 수 있다.

3) 행정업무

주된 목적사업의 수행을 위해서는 행정적인 측면의 업무는 반드시 수반되는 것으로, 실천현장에서는 실습생들에게 행정업무에 대한 경험을 쌓도록 지원하는 실습교육이 있다. 구체적으로는 공문서를 작성 · 발송하고, 기관에서 사용하고 있는 행정관리 시스템에 기관의 사업의 실적 등을 입력하는 등의 전산화 작업을 수행할 수 있으며, 다양한 사업 추진에 필요한 문서들을 워드작업 및 문서화하고 편철하는 등의 업무를 수행한다. 또한, 예산을 집행하고 예산집행처리 절차에 맞게 문서를 작성하는 등의 처리과정에 대해서도 학습한다.

이러한 과정을 통해서 실습생들은 대상자들에게 제공되어는 직접 서비스를 위한 실천 기술뿐 아니라 기관과 조직의 운영과 사업이 추진의 바탕을 이루는 행정에 대한 이해를 증진시킬 수 있으며, 실무적인 측면의 경험을 축적할 수 있다.

3. 북한탈이주민 실습 사례(기관별)[1]

1) (사)북한인권정보센터

(사)북한인권정보센터는 2004년도에 북한인권 침해실태에 대한

1 본 자료는 2007~2008년 그리스도대학교 〈남북통합지원 복지전문인력 양성과 허브 구축〉 특성화사업에 의거하여 인턴실습에 참여한 학생들의 실습보고서 내용 바탕으로 정리하였다. 또한, 기관 소개 자료는 각 기관의 홈페이지를 참고하였다.

데이터 베이스를 구축하여 북한인권침해 실태를 알리고, 인권침해 피해자들을 위한 인권보호활동 및 PTSD에 대한 치료와 전문상담사업을 실시하고 있다. 또한 다양한 북한이탈주민 관련 연구 사업을 통하여 북한이탈주민 정책 자료를 제시하고 있다. 센터는 인권팀과 상담팀으로 구분되어 관련분야의 전문가들이 연구원으로 사업을 수행하고 있다(〈표 16-3〉 참조).

〈표 16-3〉 (사)북한인권정보센터 실습지도 내용

실습영역	실습내용
교육	· 북한이탈주민에 대한 이해 및 북한 인권에 관한 (자체)스터디 참여 · 북한인권 관련 토론회 및 세미나 참여
프로그램 및 사업 참여	· 자료수집 및 관리 담당(신문/인터넷 스크랩 및 도서관 자료 복사) · 북한인권 피해 사례가 분석된 자료의 입력 · 북한이탈주민 조사 시 예비조사 직접 참여 및 심층면접 참관 · 북한이탈주민 PTSD 보조 업무: 센터 내 상담팀 내의 PTSD 업무 보조
행정업무	· 세미나 및 스터디 준비 참여 · 연구과제 보조 · 발송업무 및 간단한 문서작성

2) 하늘꿈학교: (사)좋은씨앗

하늘꿈학교는 (사)좋은씨앗에서 운영 중인 북한이탈주민 청소년들의 기숙형 대안학교이다. 서울과 천안에 2개소가 있으며, 실습 교육이 이루어지는 곳은 서울에 위치한 하늘꿈학교이다.

하늘꿈학교를 이용하는 북한이탈주민 청소년들의 연령층은 중학생부터 만 25세 성인으로 구성되어 있다. 이용인원은 약 20~30명 정도이며, 교육은 초입, 중 · 고 · 대입 검정고시 준비를 위한 교과부터 대입을 위한 논술까지의 교과목 수업을 진행한다. 학교의 운영시간은 월~금요일까지 수업이 진행되고 9시에 아침조회를 시작으로 5시까지 하루 일정이 구성되어 있다. 수업과목은 검정고시 학습 과목이 있으며 주로 영어, 수학, 국어가 중점적으로 교육되고 있다. 학습 수업을 위한 반구성상에 있어서의 특징은 연령별이 아닌 이용자들의 학습 수준별로 구분되며, 각 교과목 담당교사는 자원봉사자와 직원들로 구성되어 있다(〈표 16-4〉 참조).

3) 한누리학교: (사)남북문화통합교육원

한누리학교는 (사)남북문화통합교육원이 운영하는 지역아동센터로서 북한이탈주민 아동과 청소년들의 방과후 학습지원 및 사회적응지원 기관이다. 규모는 작은 편이지만, 오랫동안 (사)남북문화통합교육원의 북한이탈주민 지원 사업의 경험에 의거하여 다양한 교육과

〈표 16-4〉 하늘꿈학교 실습지도 내용

실습영역	실습내용
교육	· 북한이탈주민 청소년 지원 제도에 대한 교육
프로그램 및 사업 참여	· 체육수업 진행 : 사회복지사가 주진행, 실습생은 보조진행 · 대안교육기관 네트워크 학교 연합 체육대회에 학생인솔 참여 · 하늘꿈 축제 - 축제 STAFF, 보조 진행자 역할 조별활동 지도자 역할 · 현장학습 참여 - 용산에 위치한 삼성재단 리움 미술관에 학생들과 같이 견학을 하였다. · DTS 준비 - 프로그램 진행에 필요한 제반준비(정리 및 인테리어, 명찰제작 ,판넬제작등) 및 학생들과 조를 이루어 참여(영어 학습 및 게임에 참여 하였고, 함께 분임토의, 댄스배우기 등에 참여)
행정업무	· 제반 업무 보조 - 컴퓨터 프로그램 설치 , 책 타이핑 작업(북한탈북자 자원봉사가이드), 워드작업(신청서 전산화) 등등 각종프로그램 참여(예전프로그램)
기타	환경정리, 책장 정리

지원이 이루어지고 있는 방과후 지원 기관이다(〈표 16-5〉 참조).

4) 무지개청소년센터

무지개청소년센터는 이주 청소년(다문화, 새터민 청소년들)의 사회적응과 통합을 위해 지난 2005년에 재단법인으로 설립되었다. 무지개청소년센터는 지역사회에 직접적인 거점을 두는 것은 아니지만, 하나원 안에서부터 지역사회로 나오는 과정에서 지원하고 있고, 지역사회 내 거점을 두고 있는 기관들과 연계 및 협의체 등을 구성하여 지원활동을 하고 있다. 구체적으로는 지역사회 종합지원사업(밀

〈표 16-5〉 (사)남북문화통합교육원 실습지도 내용

실습영역	실습내용
교육	· 북한이탈주민 관련 영상물 시청(3회)과 주제와 관련된 논의 · 평화통일교육 교사양성과정 워크숍 참여(1박2일) - 법인 기관인 남북문화통합교육원에서 주최한 평화통일교육 교사양성과정(북한이탈주민 청소년과 함께하는 생생토크, 북한 문화에 대한 이해, 평화지향적 통일 교육 프로그램으로 구성) · 문화 이해지 훈련 - 서로 다른 문화권의 사람들이 만났을 때 상대방을 이해하기 어려워 갈등이 발생할 수 있는 상황을 설정해 놓고 각각의 상황마다 상대방의 행동의 이유를 생각해보게 하고 그 이유를 문화적 배경 속에서 이해하게 함으로써 상대방에 대한 이해를 깊게 해 주는 훈련으로 북한이탈주민에 적용한 훈련 · 북한이탈주민의 지원정책에 대한 교육 및 논의
프로그램 및 사업 참여	· 학생 학습 지도 · 문화활동 계획 및 참여 - 수요문화체험 - SK Telecom과 함께하는 문화체험 활동 〈10월-11월〉 - 뮤지컬 "그리스" 관람 : 2007년 12월 31일(송년마무리) · 2007 북한이탈주민 청소년 송년축제 "잊지 말고 다시 만나요" - 행사 기획과정에 참여 및 진행, 평가 과정에 참여
행정업무	· 예산집행 및 집행내역 정리(지출결의서 작성 및 영수증 정리)
기타	기관 환경 미화

집거주 지역 중심), 종합정보 서비스사업(이주자에 대한 다양한 정보 축적 보급), 정착개발 및 연대사업(지역기관 연계), 프로그램 개발 및 교육사업(하나원 방문 교육지원, 비교문화학습)을 실시하고 있다(〈표 16-6〉 참조).

〈표 16-6〉 무지개청소년센터 실습지도 내용

실습영역	실습내용
교육	· 북한이탈주민 청소년 관련된 영상물 시청 및 교육 · 외국의 이주민 청소년정책과 제도에 대한 학습(study) · 국내 북한이탈주민 청소년에 대한 문헌 학습 · 북한이탈주민 청소년 지원 전문자원봉사자 양성과정에 참여
프로그램 및 사업 참여	· 대규모 행사 참여(준비, 진행, 평가) - 남북 문화비교 체험 (학교순회 교육) - 인천광역시 새터민 청소년 종합지원협의체 협약식 지원 업무 - 인천지역 협의체 실무자 연수 · 새터민 청소년 멘토링
행정업무	· 예산 집행 및 물품 구입 · 공문 작성 및 전산화 작업 · 기관과의 전화통화 및 유대 업무

□ V부 참고문헌 □

15장~16장 참고문헌

김선화(2007), 「새터민 정착지원을 위한 사회복지 프로그램의 현황과 평가」, 『새터민 1만 명 시대, 지난 7년과 앞으로의 7년 자료집』, 북한이탈주민연구학회.
양옥경 외(2003), 『사회복지실천론』, 나남신서.
이윤로(2007), 『사회복지실천기술론』, 학지사.
공릉종합사회복지관(2008), 『공릉새터민정착지원센터 실습지도 계획서』.
그리스도 대학교 특성화 사업단(2008), 『SSNI 국내인턴실습 보고서』.
Moxley, D. P.(1989), The Practice of Case Management, Sage Publications: The International Professional Publishers.

그리스도대학교 SSNI(남북통합지원) 사회복지실습 서식 개요

연번	구분	작성 안내	비고
1	실습 신청서	· 실습 기관 신청을 위한 서식으로, 기관의뢰를 위해서 작성함. 작성하여 사업단으로 제출(사업단은 본 서류를 바탕으로 기관에 학생의뢰)	사업단에 제출
2	학생신상서	· 기관이 확정된 후, 학생에 대한 이해를 증진시키기 위해서 기관으로 발송하는 자료로 사용됨 · 지도교수도 학생들을 이해하기 위한 자료로 사용됨	사업단에 제출
3	실습 계획서	· 실습 전에 학생들이 본 인턴실습을 통해서 달성하고자 하는 목표와 계획 등을 기록하는 서식	지도교수에게 제출
4	실습 일지	· 본 양식은 매일 매일의 인턴실습 일정과 내용을 기록하는 서식으로, 실습기간동안 매일 작성하는 서식 · 각 기관에서 제시하는 별도의 양식이 있으면 그것을 사용하면 됨. · 일지는 기관과 학교에 동시에 제출(기관에는 다음날 작성하여 제출)	실습수업시간에 주별로 제출
5	기관분석 보고서	· 학생들이 실습하는 기관에 대한 전반적인 내용을 기록하는 것으로, 수업시간에 기관소개의 자료로 사용됨. · 본 자료는 작성하여 수업시간에 제출하면 됨.	실습수업시간에 제출
6	실습중간 평가서	· 실습이 1/2정도 진행되었을 때 작성하여 제출하는 서식으로 학교와 기관에 동시에 1부씩 제출(그러나 일부 기관에서는 중간평가서식을 별도로 제시할 수 있으므로 그 서식을 따르고, 일부기관은 중간평가 절차가 없을 수 있음. 그런 경우는 기관에는 제출하지 않아도 됨)	
7	실습종결 평가서	· 실습 종결일에 실습을 마치면서 전체적인 평가의 내용을 기록하여 학교와 기관에 동시에 1부씩 제출(중간평가서의 경우와 동일하게 예외 사항은 적용하면 됨)	
8	실습 평가 설문지	· 본 서식은 설문지 양식으로 구성된 것으로, 인턴실습기관 및 본 특성화 사업단의 인턴실습지도 전반에 관한 평가 설문지임. · 실습이 종결된 후, 마지막 실습수업시간에 작성	

SSNI(남북통합지원) 사회복지 실습 신청서

1. 인적사항

(사진)	학생명		성 별		생년월일	
	소 속	그리스도대학교 　　　　 학부 　　　　 전공 　　　　 학년				
	현주소					
	전화번호	집: 　　　　 핸드폰:		E-mail		

2. 사회복지관련 경력

구분	기관	기간	내용
실습			
	슈퍼바이저:		
	슈퍼바이저:		
자원봉사			

3. 인턴십 활동 희망 기관 유형

구분	새터민 아동 지원기관	새터민 청소년 지원 기관	지역사회 중심 정착지원 기관	북한인권 및 북한관련 기관
표시				

4. 인턴실습 희망 기간

실습기간	방학 중: 매일 출근 한달간( ) → 희망 시작 일 :
	학기 중: 매주 화요일 16 주간( )

5. 자격증 취득 현황 (특기)

SSNI(남북통합지원) 사회복지 실습 계획서

<table>
<tr><td>이 름</td><td></td><td>연락처</td><td colspan="3"></td><td>지도교수</td><td></td></tr>
<tr><td>학 교</td><td colspan="2"></td><td>학년</td><td colspan="2"></td><td>학번</td><td></td></tr>
<tr><td>실습기관</td><td colspan="7"></td></tr>
<tr><td>실습
지도자</td><td colspan="3"></td><td>실습기간</td><td colspan="3"></td></tr>
<tr><td colspan="8">인턴목표</td></tr>
<tr><td colspan="8">인턴기관 선택이유</td></tr>
<tr><td colspan="8">인턴과정에서 배우고 싶은 것</td></tr>
<tr><td colspan="8">학교(교수) 및 인턴기관(인턴십지도자)에게 바라는 점</td></tr>
</table>

〈학생신상서〉

1. 인적사항

성 명		생년월일		성 별		사 진 3×4
주 소						
전 화			핸드폰			
소 속						
실습 지도교수		E-mail				

2. 학력

기 간	학 력

3. 경력

기 간	경 력

4. 전 실습지

기관명	실습기간	주요실습내용

5. 자원봉사경력

기관명	자원봉사기간	주요자원봉사내용

6. 이수했거나 이수하고 있는 전공 과목 (모두 기입)
7. 사회복지(아동복지)를 전공하게 된 동기
8. 실습 희망분야 및 역할 (구체적으로)
9. 사회복지실천 시 자신의 강점과 약점
10. 이번 실습의 목표
11. 졸업 후 계획

SSNI(남북통합지원) 사회복지실습 일지

<table>
<tr><td>인턴실습일</td><td colspan="4">년 월 일 요일(회)</td></tr>
<tr><td>인턴실습생명</td><td colspan="2"></td><td>지도자</td><td></td></tr>
<tr><td colspan="5">일 정</td></tr>
<tr><td>시 간</td><td>장소</td><td colspan="2">내용</td><td>담당자</td></tr>
<tr><td></td><td></td><td colspan="2"></td><td></td></tr>
<tr><td>인 턴 실 습
내 용</td><td colspan="4"></td></tr>
<tr><td>인턴 실습
평가 및 적용
(하루일과 정리)</td><td colspan="4"></td></tr>
<tr><td>슈퍼비전</td><td colspan="4"></td></tr>
</table>

SSNI(남북통합지원) 사회복지실습
기관 분석보고서

실습생명		기관명	
기관주소	(전화)		

1. 기관의 역사
1) 기관 설립동기 및 설립목적
2) 기관 사업의 역사적 변천
3) 기관 역사에 대한 실습생의 평가

2. 기관의 목적

3. 기관의 주요사업 및 프로그램
1) 클라이언트 및 대상 지역
2) 주요사업
3) 서비스 전달체계
4) 기관의 대상층 및 주요사업에 대한 실습생의 평가

4. 기관의 행정사항
1) 기관의 조직구조
2) 예산, 후원 및 지원 사항
3) 기관의 행정구조와 예산 사용 및 후원에 대한 실습생의 평가

5. 기관이 속한 지역사회, 물리적 환경의 특징
1) 지역사회
2) 물리적 환경(시설, 공간 등) - 사진 포함(가능한 한)

6. 지역 내 · 외 타 기관들과의 연계
1) 관계유형 및 내용
2) 기관의 타 기관과의 관계유지에 대한 실습생의 평가

7. 기관의 특별한 면이나 전반적인 사항에 대한 인상이나 느낌

SSNI(남북통합지원) 사회복지실습 중간 평가서

이　　름	
학교 및 학과	
인턴실습기간	
인턴실습기관	
실습참여분야	

Ⅰ. 실습 목표

- 실습 목표 달성에 대한 평가

Ⅱ. 기관 실습 내용에 대한 평가

- 기관 실습 업무 내용 기록 및 평가

Ⅲ. 실습 통해 배운 점

- 실습과정에서의 자기성찰 및 실습내용의 자기화에 대한 평가

Ⅳ. 실습의 개선점 및 제안

1. 기관
2. 학교
3. 개인

SSNI(남북통합지원) 사회복지실습 종결 평가서

이　름	
학교 및 학과	
실습기간	
실습참여분야	

Ⅰ. 목표 달성에 대한 평가

1. 지식적인 목표
2. 기술적인 목표
3. 가치적인 목표

Ⅱ. 실습 내용 평가

1. 사업내용에 대한 평가
2. 교육내용에 대한 평가

Ⅲ. 실습기관에 대한 평가

1. 기관의 역할수행정도에 대한 평가
2. 전문성 및 사명감에 대한 평가
3. 시설환경적인 측면에 대한 평가
4. 기관의 이미지 등에 대한 기술

Ⅳ. 실습생에 대한 평가

Ⅴ. 실습의 개선점 및 차기 인턴실습을 위한 제안

1. 기관
2. 학교
3. 개인

SSNI 사회복지실습 평가 설문지(실습생용)

Ⅰ. 전문적 발달을 위한 교육내용

1. 지식습득

(1-매우 그렇지않다/ 2-그렇지 않다/ 3-그렇다/ 4-매우그렇다: 이하 동일)

문 항	1	2	3	4
북한이탈주민들의 특성에 대하여 알게 되었다.				
북한이탈주민들의 탈북과정에 대하여 알게 되었다.				
북한사회에 대하여 탈북 관련된 북한 내 · 외적 환경에 대한 이해를 하게 되었다.				
북한이탈주민들에 관련한 정부정책을 알게 되었다.				
북한이탈주민들에 대한 서비스 전달체계에 대하여 이해하게 되었다.				
북한이탈주민들의 한국사회 적응과정에 대하여 알게 되었다.				
국제적 관점에서 북한이탈주민 문제에 대한 인식을 갖게 되었다.				

2. 기술습득

문 항	1	2	3	4
북한이탈주민들과 초기관계를 맺는 방법을 습득하게 되었다.				
북한이탈주민들의 문제를 사정하는 기술을 습득하게 되었다.				
북한이탈주민들과 의사소통하는 방법을 습득하게 되었다.				
북한이탈주민들의 문제해결을 위한 개입기술을 습득하게 되었다.				
북한이탈주민가족에 대한 개입기술을 습득하게 되었다.				
북한이탈주민 개인에 대한 개인 기술을 습득하게 되었다.				
북한이탈주민을 위한 지역사회네트워크 구축에 대한 기술을 습득하게 되었다.				

3. 가치관 습득 및 태도 변화

문 항	1	2	3	4
북한이탈주민들에 대한 편견이 없어졌다.				
북한이탈주민들의 한국사회 적응에 대한 관심이 많이 생겼다.				
북한이탈주민들과의 경험을 통하여 인권에 대한 인식을 갖게 되었다.				
북한이탈주민이 가진 문화적 특성에 대한 이해를 통해 이(異)문화적 관점을 갖게 되었다.				
통일에 대한 관심이 생겼다.				
통일이 하루빨리 되어야 한다는 생각을 갖게 되었다.				
사회복지사로서 북한이탈주민들에 대한 실천에 있어서의 가치관과 태도가 형성되었다.				

II. 행정적 측면의 지식 및 기술

(1-매우 그렇지않다/ 2-그렇지 않다/ 3-그렇다/ 4-매우그렇다: 이하 동일)

문 항	1	2	3	4
북한이탈주민 지원 기관의 지원 체계에 대해 학습하였다.				
북한이탈주민 지원 서비스 제공에 필요한 행정적 기술(문서작성 및 진행과정 등)을 습득하였다.				
북한이탈주민 지원 서비스 관련된 업무회의(평가회의)를 통해 업무논의 과정에 대한 이해를 증진시켰다.				
북한이탈주민 지원 관련 민 · 관의 행정적 협력 체계에 대해 이해를 증진시켰다.				

III. 정책적 측면의 교육 내용

(1-매우 그렇지않다/ 2-그렇지 않다/ 3-그렇다/ 4-매우그렇다: 이하 동일)

문 항	1	2	3	4
북한이탈주민 관련 법에 대한 이해를 증진시켰다.				
북한이탈주민 관련 제도에 대한 이해를 증진시켰다.				
북한이탈주민 지원 관련된 정책의 수립을 위한 정보획득과 과정에 대한 이해를 증진시켰다.				

IV. 기타

1. 기관과 슈퍼바이저

(1-매우 그렇지않다/ 2-그렇지 않다/ 3-그렇다/ 4-매우그렇다: 이하 동일)

문 항	1	2	3	4
수퍼바이저는 전문가로서 실습생에게 적절한 모델이 되었다.				
수퍼비젼 시간이 적절히 제공되고 효과적으로 활용되었다.				
실습학생의 능력에 대하여 정확한 피드백이 제공되었다				
북한이탈주민에 관련된 다양한 학습기회가 제공되었다.				
기관은 북한이탈주민들과 관련된 이론에 근거한 실천이 이루어지고 있다.				
기관은 북한이탈주민 관련 기관의 자원이 풍부하다.				

2. 기타사항

(1) 북한이탈주민 인턴실습 기관으로서 실습생을 더 잘 지도하려면 어떤 점이 좀 더 보완되어야 한다고 생각하는가?

(2) 실습경험 중 가장 흥미롭고 교육적이었다고 생각되는 경우 3가지를 설명하시오.

(3) 다른 북한이탈주민 인턴실습기관에 비교하여 실습기관으로서 가장 강점은 무엇인가?

(4) 후배에게 실습기관으로 추천하고 싶은가 혹은 그렇지 않은가? 그 이유는 무엇인가?

(5) 실습 중 가장 어려웠던 점은 무엇이었는지 설명하시오.

국문

ㄱ

ㄷ

ㅅ

ㅇ

ㅈ

ㅎ

영문